THE
DISTANT I

Thoughts
from two continuing entrepreneurs

远方

两位持续创业者的点滴思考

寿星林　高航◎著

电子工業出版社·
Publishing House of Electronics Industry
北京 · **BEIJING**

U0598605

图书在版编目（CIP）数据

远方：两位持续创业者的点滴思考 / 寿星林，高航著 . —— 北京：电子工业出版社，
2018.11
ISBN 978-7-121-34910-2

Ⅰ . ①远… Ⅱ . ①寿… ②高… Ⅲ . ①创业 – 研究 – 中国 Ⅳ . ① F249.214

中国版本图书馆 CIP 数据核字 (2018) 第 187937 号

出版统筹：刘声峰
策划编辑：刘　晓
责任编辑：刘　晓
印　　刷：中国电影出版社印刷厂
装　　订：中国电影出版社印刷厂
出版发行：电子工业出版社
　　　　　北京市海淀区万寿路 173 信箱　邮编：100036
开　　本：720×1000　1/16　印张：20　字数：288 千字
版　　次：2018 年 11 月第 1 版
印　　次：2018 年 11 月第 1 次印刷
定　　价：69.00 元

凡所购买电子工业出版社图书有缺损问题，请向购买书店调换。若书店售缺，
请与本社发行部联系，联系及邮购电话：（010）88254888，88258888。
质量投诉请发邮件至 zlts@phei.com.cn，盗版侵权举报请发邮件至 dbqq@phei.
com.cn。
本书咨询联系方式：QQ 307188243。

用创业的方式感受世界

　　虽然我们每天都在混浊中生活,但我们仍然要用清澈的眼睛看世界。当我们用混浊的眼睛看世界的时候,看人、看物都是不清晰的,是充满怀疑的。因为我们的心也是混浊的,以浊浊之心经世,世人皆浊。我想,虽然我们历经艰难,备感辛苦,虽然我们不断被打击,经常受委屈,但我们仍然要相信自己,绝不动摇,仍然要用清澈的眼睛看世界。清者,清明如水;彻者,通融透彻。以清清之心看世界万象变幻,看到的不是迷乱,而是自然。

　　在最困难的时候,我们也要仰望星空,看星光点点,看曙光乍现。在最黑暗的深夜,我们也要用我们清澈的眼睛,凝视湛蓝。"世界很小很小,我们的心很大很大"。

——《我想用清澈的眼睛看世界》

2010 年 9 月 28 日凌晨 5 时 14 分

　　夏夜,难以入眠,我在寂静的花园里,听清风吹过。人过四十,很

多年折腾的时光从脑海中流过，每天都在被一种无形的力量推着跑动。端午节前，父亲第二次接受前列腺手术，当时我在出差的路上，没能及时到场。等我见到他的时候，他已经在家休息了。我匆匆吃完饭，怀着沉重的心情离开，然后沿着灯光回到城市。我蓦然想起，那年父亲送我去上初中，离开时他不住地回头看我，忽然摔倒在马路边的田野里。那是一种让人一生难忘的、带着慈爱的狼狈。

远处是城市的灯光，彻夜亮着，这是一个时代睁着的眼睛。我想起过往种种失落，消极的情绪涌来，就如这夜色一般，一下子让人浸在一种淡淡的悲伤里无法自拔。我们这样的创业者，如同这夜空里隐在云背后的群星。人们在面对浩天时，是否都如同我现在这样，感到茫然、敬畏、震撼与渺小呢？这个城市中每一天都在发生各种创业的故事。它们标签式地立在我们前行的路上。

我羡慕父母亲的生活，稳定、坚实、平凡、持久。我很多次从中汲取力量，让自己的生活与创业之路发生改变。他们给了我生命，同时又给了我无比丰富的精神本源。我渐渐明白，原来这个世界上所有的事情都将回溯到人的出生这一个点上。**无论走到哪里，我都是那个曾经在油菜花盛开的时节，在广阔的田野里、在清澈奔流的小溪边寻找世界与探寻未知的男孩。**

这本书中有一篇《初夏的果园》，这是我写得最好的一篇关于果园的文章。果园的基因铭刻在我的血脉里面。

果园是一个很美的意象。四季不同，一天之中，亦诸多变化。每每回首，我必然会想到果园的生活。我在果园里读书，那是一种至静、至清的环境，放松、逍遥于世俗又融于自然。我常常一坐就是一整天，或沉浸于书中，或迷情于万物生长。

那时的假期，晨雾初开、阳光初升的时候我就去果园了。我常坐于山石，或是一把竹子做的椅子上，然后一直待到太阳下山、飞鸟归林的时候才离开。那个时候，人是恬淡的，一点小情绪也没有。时光仿佛是一条缓缓流过足间的小溪，滋润而美好。我一个人在果园里什么事情都干过：或自言自语，或自导自演，或朗诵，或奔跑于草丛树林，或静静观察飞虫的表情。

毫无疑问，大自然就是一所大学，很多人都不知道果树的生长和养护的过程，也不知道一株迎风开放的野百合的根系是怎么样的，当然更不知道一个枝上结了五六个果，为何我的父亲要主动删减到只留一两个果实。果实要防虫咬、鸟偷。每年冬天的时候，我们家要采购很多废报纸，将其精心地裁剪，做成一个个精巧的纸袋。挂果的时候，一个个果子用纸袋套起来，防虫咬、防鸟偷，这样做也确保了果实的品相很白净。

果园形成了生命基本的逻辑：付出劳作就一定会有收获；再辛苦也会有大小年，不必慌张。老天不保佑，没有风调雨顺，收成自然就会受到影响。但收成不好，也可能是你个人的技术问题，或者是你没有去认真地浇灌、专注地耕耘和挖掘。这里有基本的价值观。

这不是一本鼓励创业的书，也不是一本成功者自我标榜与营销的书。这本书是我们的一部分创业笔记。把笔记收录起来，用书的方式呈现，是一种自我的完成与阶段性反思。很多想法一写下来就已经过时，现在读来，也已经被我自己否定。但这些毕竟是我们感受世界的过程，哪怕稚嫩到可笑也没有关系。

因此，本书中并没有多少可以参考的经验与心得，但是我们写这些文字的时候，内心是无比真诚的。自从知道什么是文字后，用写作的方式记录所思所想，就成为我的一种习惯。短暂的人生中，走出学校之后二十年左右的时光，已将我们最好的青春覆盖。与成功者们比较，我们不值一提，与自己比较，我们已经实现了超越，哪怕只有一点点超越，也是生命对于奋斗者的奖赏与赞许。

创业给了我们感受世界的机会。在长时间的实践过程中，我渐渐体会到生命之不易、之珍贵；在不断的磨砺中，我知晓了"天之道，损有余而补不足。人之道，则不然，损不足以奉有余"。世界很公平，而竞争绝对不会公平。通过创业这种方式触摸世界，可以学会如何更好地生存与生活。创业就如同庖丁手里的那把小刀，那是一把经历了千百次磨炼的刀。用这把刀，我们解构人性、了解生活、感受世界。

创业就是人生重要的一场邂逅。如我和高航，亦如我和其他兄弟们这般，仿佛是注定的，又是如此的偶然。我们都将人生最重要的时光用来创业，一点一点地构建我们对这个世界的认知，直到内心深处生出一枚小小的时光之茧。

寿星林

2018 年 6 月 18 日·杭州

未 来 之 路

比尔·盖茨在 1995 年写过一本书，叫《未来之路》，这本书出版的那一年，我上大二。我通过暑假期间的勤工俭学，赚到了 2 万元钱（怎么赚的以后再说）。我用这笔钱买了一台联想的奔腾电脑，我是整个年级里第一个买电脑的人，因此结识了一群志同道合（一起玩电脑）的朋友。1995 年杭州文三街的房价是 1800 元 / 平方米，阿里巴巴诞生地——湖畔花园在当时算是豪宅了，也就 2000 元 / 平方米。买电脑的这笔钱，在当时的杭州都够付房子的首付了。转眼 23 年过去了，联想的笔记本电脑一台只要几千元，而杭州文三路的房价已经攀升到七八万元 / 平方米了。世事变得如此之快，比尔·盖茨在书中写的预言，有的实现了，有的没有实现，但这并不重要，重要的是他成了全球首富，他的事业取得了极大的成功。

思考未来是构建个人认知体系最重要的一件事，它决定着一个人所有的判断和行动。随着我们事业规模的不断变大，我对这个的体会也更为深刻。前几天我碰到一位老部下，当年他刚刚大学毕业，就从西北来到了杭州临安，加入了我的一个 7 ~ 8 人的初创项目——"新视影院"，这是我和运营商合作的互联网视频点播项目，也曾一度垄断了杭州部分县市的市场，但后来因为版权政策原因而关闭了。项目终止后，他辞职去了北京，一晃 13 年过去了，他在北京成了家、生了孩子、买了房、买了车，通过个人的奋斗，他已经成了一家企业的资深高管。重逢时他说："老高，13 年了，每次见你，你都是那么的斗志昂扬、意气风发，不论是当年做小网站的时候，还是今天讲区块链和数字金融的时候。"回想走过来的这十几年，我还真是一个特别能折腾的人，无数次冲锋，无数次战斗，经历过各种困境，经历过各种努力和疲累的极限，但我始终坚信我们能迈向更高的台阶，永不服输。我不是一个才华横溢之人，草根创业、白手起家，但要比韧劲、比长心，我肯定自信满满！带团队需要精气神，这是一种天然的、无形的感召，百舸争流的新时代，谁愿意去跟随毫无斗志、花天酒地、整日懈怠、没脾气、没性格、无所思、无所想、无见识之人？那么，精气神源自哪里？就源自对未来的思考、对未来的信仰。

我们的事业源自深度的思考，我很庆幸我们选择了区块链这个极具爆发力的行业，并且我突然发现，我们所有的积累、所有曾认为是沉没成本的付出，突然之间都有了变现价值。这个感受是如此的强烈。时代的升维，就如活跃的地壳，眨眼之间，就能把掌握先机的人送到地球的顶端，让这些人看到那天穹绝美的炫蓝之弧，而懒散慵碌之辈就只能被雾霾笼罩。

区块链不是一种单独的技术，它是一种能够创造全新规则的元规则，它将改变人类文明 5000 年来所依赖的基础条件的限制。它不仅仅能够让高度中心化的信息系统孤岛（过去 30 年信息技术发展的成果）之间建立连接，并能进一步让现实世界（原子世界）与虚拟世界（比特世界）建立连接，让人脑（碳基计算）和电脑（硅基计算）建立连接。无数人的大脑组织在一起，完成一个社会化的工程，就是一种分布式的碳基计算，这种计算成就了我们今天的文明。现在用区块链技术把无数的专用算法计算机组织在一起，就是最初级的分布式硅基计算，这是萌芽，也是希望，或许也可能是灾难。我们能感受到造物主创造新生命的力量，所不同的是，这些新物种的进化速度将远远超过我们的想象。未来的生物工程、人工智能、物联网都离不开区块链，而所有这些技术的进化，最终的结果就是把碳基和硅基、把人和网（链）融合在一起。

在这种趋势下，计算能力将是未来最重要的生产力，数据是生产资料，组织算力的区块链及链网是全新的社会关系，而人的智慧就是算法。这是价值互联网时代最重要的生产力四要素的关系。金融或者货币，仅仅只是工具而已。金融是为了有效地配置资源，而货币是为了融通，在价值互联网时代，实现这些目标都将有新的方法和新的模式。可精准计量的生产力，本身就可以作为货币，作为交换的等价物，这是不是意味着传统意义上的货币最终会走向消失？而在链网中透明公正的智能合约，无须第三方信用中介就可以起到各种资源配置的作用。历史有时候会比较讽刺，纸币刚出现的时候，所有持有黄金和白银的人都愤骂和恐惧，结果银本位的大清朝就此成为"砧板之肉"；布雷顿森林体系提出来的时候，所有认为美元可以兑换黄金的人都愤骂和恐惧，结果坚持锚定的日不落帝国就此衰落；以区块链为基础的无第三方信用中介的数字加密货币体系提出来的时候，整个世界依然是在愤骂和恐惧，但它已然是国运奇点。价值互联网真的是我们国家弯道超车最好的机会，但还是有不少人看到的都是风险和叛逆，而不愿意去思考未来到底会发生什么。不管他们是否愿意，第三次经济全球化已经开始了，虽然泥沙俱下，但势能已成。只有好奇并敢于行动的国家，才会成为这一轮历史的主角，只有好奇并敢于行动的个人，才会在这一轮财富的重新配置中，获得丰厚的回报。

或许是我想得太远了，我想说的是，思考未来、启发意识、找出逻辑，这样才能确定未来的方向、规划未来的道路。趋势是最大的赛道，创新是最大的机遇，这个时代，不可辜负！让我们一起建功立业吧！

高航

2018 年 1 月 8 日

目录 CONTENTS

目录 🐾 CONTENTS

第三章

叩首问心

第四章

相信未来

目录 CONTENTS

第一章 渴望远方

> **"** 路漫漫其修远兮，吾将上下而求索。
>
> ——屈原《离骚》

在路上，我们是谁

寿星林　　2016 年 12 月

在路上，我经常问：少年，你是谁？你从哪里来？想要做些什么？

我坚信，我及我们的存在有着特定的意义。我的到来与在未来某一天的离开，必是一种安排。我存在的意义也许就是为了不辜负这种安排。这场人生旅行，必须由我独自来完成。夜深人静，我和许多人一样，都会冥冥中感知某种存在，都会继续问：少年，我是谁？

就在不久前，一个新的生命在莫名中孕育，这是一个男孩，即将在冬季降临。我怀着喜悦期待这种生命的恩赐，他将印证我所经历过的人生，在路上，将多一个人陪我一起看春花秋月、细水长流。

一个 75 后，在这一个特殊的时代，不想听从命运的安排，像懵懂的少年一样，面对未知，纵身一跃。我混沌、我清醒、我醉过、我纵情长笑、我掩面长泣。

何为创业？在路上，就是一种创业。创业其实是每个人都要经历的一种生存状态，是一个自我构建的过程。生命中的人与事，都是自我的演化。这种自我的演化，逐步形成了我们后天的"人格"。

我们在创业或者建设一个组织时，是不是也要问：我是谁呢？那么成败的问题就排到第二位去了。我们的所行、所思必然要有一个站得住脚的理由，一个可以从心底里说服自己全力以赴、无所畏惧的理由。这个理由就是我们的初心。初心决定了我们所做的事情的意义与价值。

二十年的所见、所闻、所思、所行，无不印证了一句话：好的人平安喜乐，好的人能有好的事业，好的公司基业长青。

一直有一盏灯，如或明或暗的星光，照亮我们的前路，指引我们的征途。这盏灯或许就是我们的初心。

创业公司需要凝聚什么样的公司理念与价值观呢？

其一，必是善根。

二十年前出现过许多"农民企业家""乡镇企业家"，他们靠大胆、靠原罪式的财富积累，辉煌一时，不久之后，败者众。后来，时代又造就了一批企业家，回头看看，存者寡。再后来，地产大兴，巨头辈出，但是调控一来，靠银行贷款造起来的大厦，倒者众。新商业模式兴起，互联网＋时代出现了红极一时的某租宝等公司，如昙花一现，受害者遍野。从我身边的例子看，老板有了钱开始做善事、造福民生，这样的公司留下的机会较大。这些时代的创业者，抛弃了暴发户式的狂喜与茫然，有农民的踏实、工匠的专注、佛教徒的淡定与虔诚。金钱能够激发野心，能够让人疯狂，也能变成改变命运的筹码。不做亏心事，不怕鬼敲门。创业的目的，就是通过不断积累善因，以此来征得善果。"心善志坚"是我们最重要的企业文化本源。

其二，是存真。

存真的第一层意义是守规则、开放、透明。在过去，死于做假账的企业比比皆是。假账代表着不透明，一个不透明的企业，无法摆到桌面上来，更无法走向资本市场。一个不透明的公司，不可能有合伙人文化。因为不透明，所以没有人愿意和这样的创始人合作；因为不透明，所有人的努力成果都有可能被伤害。不透明、不真实的企业，往往很难形成健康的治理结构。数牛金服一开始就倡导透明的企业理念，提出了"四个透明"原则，这显然已成为行业规范发展的标准。

存真的第二层意义是保持真实、去伪存真，还原事物本来的真相。互联网技术为存真提供了科技的工具。浙金网是业内第一家以区块链思想构建运营逻辑的平台。我的合伙人高航先生是区块链技术领域的专家，他创建的保全网已成为国内首个运用区块链技术实现数据真实保全的平台。

存真的第三个意思是追求真实、守护真实。我们创业的过程就是一个不断追求真实、践行真实、守护真实的过程。只有不断地经受"知行合一"式的磨砺，才能让我们离真实更近一些。真实是需要靠坚定的信念来守护的。讲了一句假话，就需要用更多的虚假来补充，会使我们陷入"恶因"与"恶运"的恶性循环中。

其三，是守护。

守护家人、守护团队、守护伙伴。我最早出来创业的初心就是希望有能力为家人提供更好的生活条件。团队与我一起创业，必然需要一起守护彼此。现阶段，创业风险极大，在一个没有善根的企业中工作也是十分危险的。合作伙伴、投资人、客户是我们守护的对象，这是我们存在的价值与努力的意义。

有人说，未来已来。事实上未来从来就在我们身边、就在我们心里。科技进步与社会革新是解放我们自身桎梏的伟大力量。追求善根，坚持存真，执着守护，我们终将寻找到一条适合自己发展的道路。

诗一样的创业

寿星林　　2016 年 6 月

1

　　我想起 1996 年 7 月，那是一个夏天，空中响起几声闷雷。我回头看了一眼相伴一年的小楼，从空旷的校园操场走过。放暑假了，教室空荡荡的，但仿佛还有学生早课的朗读声传来。我狠了狠心，走出大门。世界很大、很神秘，我想去看看。

　　那个时候，我的合伙人高航是财税部门的一名技术骨干。也许，他也已经开始梦想有一天要离开了。

　　这所叫"夏禹乔中学"的对面，是一片肥香的田野。此时，稻浪滚滚，正是农忙时节。每年的四五月份，油菜花金黄金黄的，渲染着这片天地。我要坐一种叫"三卡"的小车，在摇晃中回到县城，目的地是一家叫"天屹集团"的乡镇企业。我希望自己在那里，完成从书生到企业人的转变。按照当时时髦的话讲，这叫"下海"。两年后我又离开这家企业，踏上另一段旅程。十多年以后，当我故地重游时，一个高端楼盘拔地而起，成为这座小城的一道风景。"天屹集团"曾经盛极一时，是中国电线电缆行业的先驱者与开拓者。之后的某一天，我在一家书店遇见了原来的老板。他正在二次创业。

　　我想说的是，那个时代的"乡镇企业家""农民企业家""民营企业家"是值得尊敬的。我生于江浙，与他们为伍，幸哉。我大致总结了一下那个阶段的企业家的命运，不禁唏嘘。他们中的绝大部分已泯然众人，他们创办的企业大都破产或被并购；极小部分仍在苦苦坚持，期待着时来运转的一天；更小的一部分人的公司成为上市公司，脱胎换骨。在很长一个时间段里，企业赚钱的模式大致有这么几种：研发新产品赚钱、收购国企资产变现、依靠银行资金圈地并改变土地性质来弥补亏损或赚钱、靠出口退税赚钱等。当然我只看到了这个时代的一角缩影。

　　这是一群没有经过正规商学院教育的创业者。他们摸着石头过河，带着《闯关东》《走西口》式的雄心，征战于商场。我想说，倒下的也是英雄。他们在那个阶段，完成了他们的使命，用践行的方式为后人的创业积累了成功与失败的经验。他们也许并不知名，无法在中国企业的发展史上写下浓重的一笔，但他们做出的探索是值得肯定的，他们付出的心血也是值得尊敬的。我想，如果换一个时间与空间，把现在的条件附加到过去，也许他们都会发展得很好。因为他们的生存能力是空前的，只是那时的环境、生态及制度还不太成熟。在过去三十年的不同阶段，没有一次创业是与"缺钱"无关的，而"缺钱"就与"融资"有关。

　　在九十年代末，"资本运作"还是一个新名词。企业家们一般都认为，企业需要"负债经营"，而"上市"是可以一步登天的神话。在那个阶段，集团公司漫天飞，做大、做强不光是企业的目标，也是政府的政绩。如何融到资金、如何用借来的钱扩大规模成为企业经营者的一项重要工作。那时浙江的中小企业都在相继投入制造业，并试图通过不断技改、不断引进国际先进的设备让自己的产品更接近国际标准，成功打入国际市场。全民族创汇的热情汹涌，那真是一个"万众创新创业"的、波澜壮阔的时代。

我想我们国家现在的外汇储备，就是从那个时候起打下基础的。当然，这股热潮带来的问题也不少，低层次的重复投资与跟风投资的情况普遍存在，但在特定阶段，这些情况也是有利于行业的竞争发展与水准提升的。企业的命运始终把握在银行手里，这一切仍然与"银根"有关，与"金融"有关。银行的"手"一松，企业的日子就好过；银行的"手"一紧，企业就有可能遇到资金断流的风险，还好那个时候有人口红利且没有新《中华人民共和国劳动法》。而正是那个时候，华为在深圳成立，并迅速成为行业的领军者。浙商中的李书福们、温商集团们也开始崭露头角。那是一个群星璀璨的时代。我个人认为从 1995 年到 2005 年的这十来年，是过去一个时期最好的时代。这个阶段也决定了日后江浙模式与广东模式不同的发展路径。

九十年代末还有一个重要的关键词是"房地产"，也与"金融"有关。我曾经创办过一家地产策划代理公司。2007 年底的时候，临安当地的一个地产公司找到我，希望我代理策划销售他们的一个楼盘。当时的代销价格是 4500 元／平方米，基本接近成本价了。那时，临近春节，我因为要去旅行，所以就没有及时与他们签署合同。就当时地产的荒凉程度，我一点不着急。可春节一过，这个楼盘的价格几乎涨了一倍。那个时候，我已经没有机会了。房地产的发展进一步让民营企业家失去了投资制造业的兴趣。涉足房地产成为中国民营企业家发家致富的必由之路。他们的基本模式就是：通过做大实业的流量来从银行融资，之后再成立地产子公司进行开发，银行则睁一只眼闭一只眼，坐收渔翁之利。

而当宏观调控再次来临的时候，又一大波企业倒下了。

2003 年，浙江民间金融界迎来了第一个创新事物：担保公司。后来很有名气的"中财金融广角"也是在那个时候成立的。而在这之前，广东中科智担保已很具规模，甚至开始在境外"资产证券化"。回过头去看，由于受"分业"思想的影响，从担保公司、典当、融资租赁、小贷公司、民间融资中心、创投、私募基金、互联网金融等一路走来，单一商业模式的推进风险较大，难以为继。担保公司逐步成为民间高利贷公司的"托儿"。监管不成熟、从业者不成熟、行业不成熟等多种要素的"发酵"，往往会将一个好东西变成了一个坏东西。这也为后来"民间理财公司""假 P2P 平台"在市场上造成的混乱埋下了伏笔。

金融从某种意义上来讲是不能创新的，只能学习与借鉴。金融的门槛之高，是因为它关系了民生，没有什么比老百姓的稳定生活更加重要了。二十多年以来，虽然我们的金融监管水平有了巨大的进步，但是仍然存在着"一放就乱，一管就死"的现象。从本质上讲，这不是因为这种新生的金融业态与范式有多大问题，而是一种"创新泛滥"之后的因果。但是我们也看到，创新的大门正在缓缓打开。《合伙企业法》《私募基金管理人办法》《互联网金融健康发展的指导意见》等法规的推出，让市场正在向一个有法可依的方向前进。

我本人也从事过民间借贷。民间借贷的本质不是雪中送炭，而是火中取栗。市场上的损失让我意识到金融的本质是如何管理风险，同时更需要植入"善"的基因。花几千万买回来的心得，原来如此简单。所以，无论是2009年鲲鹏资产成立后的运作，还是我与老高创办的数牛金服，我们都一直坚守自己最根本的经营底线与经营原则。数牛金服开发的浙金网平台的"四个透明"标准，已成为行业监管的准则。这不是因为我们有先见之明，而是因为我们一开始就思考了金融的本质与逻辑。互联网科技在金融当中的应用，让金融更加透明、更加高效、更加智能。

金融彻底地改变了我的创业观。在我曾经梦想的诗歌一样的征程中，无数企业的飞蛾扑火、无数朋友的悲欢离合，差不多都与金融有关。这是一个由规则与陷阱构筑的、危险的世界。不知道那种如履薄冰的感受是不是"诗一样的创业"，但要活下来的基础是面对诱惑时的淡定与面对低潮时的处变不惊，而对自我与对人性的深切关注，是走得更远的基因。只要守住底线，认真前行，我想要解决吃饭问题是不难的。因此，我们的发展定位与投资逻辑更加清晰。

"投资、进出口、消费"一直是拉动中国经济的三驾马车，我们从中选择了投资，因为在这当中，体量最大、需求最持久的，也许就是投资。我们又在这个领域中选择基建投资，选择了"傍大腿"，即与地方政府融资平台合作。六年以来，我们通过持续服务地方政府的投融资平台，累计融资超过 100 亿；通过为稳健的高净值客户提供固定收益理财，慢慢度过了公司创业过程中的瓶颈时期；而通过科技、通过互联网＋，将民间资本与基建融资的需求相对接，成为我们在"新型城镇化运营服务"过程中最有创新与示范意义的案例。这种去中介化的模式，降低了基建融资的成本，因此更加高效、更加透明、更加符合国家政策。纵观我们走过的创业路，我们追求的是一个"稳"字。而这个"稳"字就是我们追求的善根，是我们追求的"诗意"。我们没有过多地追求"流量"、追求创新，我们只关注本质。因为只有将最好的资产卖给最合适的人，才能实现我们创业的价值与普惠大众的梦想。

在这里，我必须要为地方政府融资平台讲几句。这是 2003 年之后，中国特有经济体制下的必然产物。分税制改革使财权主要集中于中央，事权主要落到地方。地方政府要做很多事，却没有收入支撑，而土地出让收入由于受到政策影响，体现为一种常态的不平均和区域性不平衡。发达地区与欠发展地区政府可调动的资源也不一样。特别是 2009 年之后，地方政府负债经营，大批项目上马开建，而政策调控之手又来了，有的地方土地出让收入连续几年为零。怎么办呢？地方政府旗下的国企们构建了一条向市场引资的多元化的通道。自国家开发银行为地方政府融资平台发放第一笔贷款开始，通过发行债券、银行融资、信托、资管、私募、非标 ABS 互联网金融等方式，各省各级地方政府融资平台全力以赴，确保了一个阶段项目流动资金的接续与正常运营，可谓功不可没。正是因为地方政府融资平台的负债自救，中国基建之舟才没有"硬着陆"。从某种意义上说，中国的"地方债"与全世界的"政府债"不同，是发展过程中的重要创新。

在经过了较长时间的酝酿之后，中国式 PPP 正式推出，解决地方负债问题有了新的工具与方法。目前，中国 PPP 的投资与实践正在逐步由摸索走向发展，这也给数牛金服在基础资产发现与创新方面提供了肥沃的土壤。

自 2003 年始，创业已有十三年，从一个人摸索，到一个团队的努力，这就是创业的意义，如诗如画。数牛金服旗下的浙金网也许是中国最早一家为客户同时提供"云储存数据保全"与"区块链存证保全"的平台。数牛金服之所以能够向国内更多战略合作伙伴输出模式与技术，与整个科技团队的积累密不可分。就在不久前，数牛科技应运而生。我的合伙人高航在区块链技术的研究应用领域深耕细作已有数年。他是中国最早的比特币玩家与技术极客。另一位合伙人王雷来自传统媒体，是浙江省知名的新闻评论员，他的激情与才情、务实与能干，让我重新定位了媒体人。江跃波是浙金网的 CTO，也是数牛科技的 CEO，他来自中国最早的区块链技术团队。蒋照平曾经在淘宝工作，又几经创业，最终加盟数牛科技的核心团队。小赵是鲲鹏的 003 号员工，2009 年加盟鲲鹏的时候，他是出纳兼前台，现在已经是公司的 CFO 了。徐坚江是鲲鹏的 002 号员工，公司最苦、最累的岗位他都做过了，现在他是投资银行部的负责人。还有银剑兄等伙伴，一路行来，风雨同舟。我们正逐步成长为一个由"科技、投行、财富管理"三大板块为主线的金融科技公司。

创业十三年，我做过好多次证婚人。看着小伙伴们一个个成家立业，在杭州有了一席之地，我很满足。每次，看见小伙伴们又长大了，我的内心都是温暖与湿润的，也许这就是我当初选择创业的意义吧。

2

有人说我是浙江搞金融的人中最能写诗的创业者，那高航就是技术极客中情感最丰富、文笔最好的一个。我们彼此合作，又相互构建了独立的内在精神花园。

自 2013 年 6 月，天弘基金与阿里推出的"余额宝"面世，金融科技就在不断地革新着传统资产管理行业。到 2014 年的 6 月份，我已经数月没有很好地休息了。鲲鹏在这个历史性的时刻需要做出怎样的选择呢？通过参与浙江股权交易中心互联网金融平台的启动与具体项目运作，我们积累了一些经验。那么是否可以趁着行业高速发展的节点推出自己的平台？因为无论从团队、经验、资金等哪个角度考虑，我们都具备了试一试的基础。但是经过一段时间的调研，我发现事实比想象中难很多。互联网金融的门槛实际上非常高，不但需要具备资产端的能力、风险控制与资产管理能力，还需要有很深的"科技"底蕴。一个与"钱"打交道的平台，每天有数千万资金进出，安全、稳定、持续升级的底层保障不是买一个软件服务就可以完全解决的。哪怕花重金委托第三方机构开发，在可持续发展得方面也有很大的问题。

凡事皆有因果。2014 年 9 月，我想到了我多年的老友高航。他比我小一届，是我在临安中学的学弟。记得 2003 年我创办"金源投资"时，曾请他帮忙开发"临安财富网"。那时他是"天舰网络"的"舰长"。我们一见如故，相交融洽。2006 年左右，他在做"网印天下"项目。那是一个将个性化需求、过剩产能与互联网科技结合的好项目。每每有一些困惑与新的事业点，我们都会通过网络交流。

在我的印象中，他稳定、智慧、温和、热忱、专注。我没有看见过他像我这般心灰意冷与激情洋溢的交替。想到这里，我立即拨通了他的电话，与他相约在苕溪河边的"天目青顶"茶馆，我说："兄弟，我碰到难题了，你怎么看？"他听完我的项目说："那我们合作吧。"之后，我数度来到回龙村，这个传说中中国区块链探索与实践的草根基地。在这里，我认识了我想认识的、我需要的所有创业伙伴。壹比特团队几乎是为数牛金服浙金网项目量身打造的团队。他们在数字货币产业领域进行了"先锋金融"探索，是一支具备了很强金融属性的科技团队。

于是我们说干就干，壹比特团队于 2014 年 10 月陆续走出回龙村，成为数牛金服的创业伙伴。他们告别了舒服的、隐居式的技术极客生活方式，迅速融入这座为创新而生的美丽的城市。

壹比特团队与鲲鹏团队的融合与碰撞，在第一阶段诞生了数牛金服，诞生了浙金网。我是浙金网最早的产品经理，从概念、定位、逻辑、法律关系、市场、客户等各个方向进行了全面的架构。老高从技术角度将这种创新机制演化成技术逻辑与语言，并付诸高效的实施。其间不知有多少个不眠之夜，有多少次思想的快速融合与迭代。这种创业激情的产生是有基因的。在过去的十多年间，市场对于金融风险的教育已深植于我的骨髓中。金融服务看上去是"中介"，但其本质关系了百姓的民生。我们有机会参与创新与实践，就必须要将风险管理放在所有机制的首位。稳健与安全成为我们创业的根本。高航与我在这一点上的认识高度一致。他从财税系统纵身一跃，要么天高任鸟飞，从此长空万里；而一旦风险失控，就有万劫不复之危机。中国的金融创新，特别是互联网金融创新领域，对于创业者而言风险难测。

我们在创办数牛金服之初就意识到市场的乱象已显。那个时候某租宝还没有上线，中晋还很高大上，很多经济学名家还在为泛亚站台。我和高航经过深思熟虑，为数牛金服的浙金网平台定了几条底线。我们首先在业内提出了"四个透明"原则：项目透明、资金透明、风险透明、信息透明。这一点与后来监管部门关于平台信息披露的原则基本吻合，成为行业的共识。基于区块链干净、透明、可验证、唯一、不可篡改等要求，以及类交易所平台的金融中介自律、规范、严谨等基本的指导思想，我们从保护投资者权益、约束自身健康发展的角度出发，在业内首推"数据保全司法存证"。根据数牛金服第二阶段的迭代战略，我们将推出"区块链保全"服务，从而成为业内首家应用区块链技术为投资者提供数据保全服务的平台。

之后，我们提出了以"善"的文化建设公司的理念。作为一家金融科技公司，"善"与"不善"关键看投资者的钱用在什么地方了。我们确立了公司第一阶段"新型城镇化运营服务商"的定位。我们的资金被用于"造城""治水""筑路"。我们没有去做民间借贷，也没做当时火热的"股票配资"。我们怀着使命感为社会投资者与地方政府基础设施建设之间搭起了一座直接融通的桥梁。接着，我们基于区块链的思想，构建了去中心化的全国性业务发展战略。我们与山西股权交易中心战略合资成立公司，将我们在浙江的实践输出；又在江苏与国资平台谋求合作，打造地方性的国资互联网金融平台。这些实践旨在打造一个无形的、去中心化的网络，在未来某一天，可以形成资源、渠道的有效交叉。关于"资金池"，我们一开始就决定了全托管模式，尽管这在用户体验上会带来一定的麻烦。不碰钱、完全干净地做好平台，成为我们坚守的底线。在全国2000多家平台中，我们率先于11月份上线北京银行存管，向合规化迈出了更精深的一步。

人生有缘，一起创业，是千年修来的缘分。我们在合作的第一天就定下了一个约定：胜则举杯相庆，败则拼死相救，各自天涯则遥相呼应。高航是我区块链思想的引领者，他为我这个传统金融服务业出身的、固执的少年普及了最基本的去中心化思想。《区块链与新经济》一书已经出版，这是他在区块链领域多年探索与实践的梳理与总结。很开心，这篇文字也成了这本书的后记。

已经记不清 1995 年 7 月的那一日，我是几点离开学校的，我也记不清过去的二十年间，在路上的每一个情节、每一种孤独、每一场笑、每一滴泪。但我坚信，当初"下海"是对的。这个时代，需要努力的人民教师，也需要尽职的财税系统公务员，但更需要一群如我们一样坚持创业的江南少年。

创业有苟且，但也有诗和远方。

创业公司的价值观与团队成长

寿星林　　2016 年 10 月

我一直在想，创业公司靠什么才能走得更加长远？创业团队的成长之路又是什么？看我们党的成长史，其实答案就很清楚了。从长征、抗战到解放战争，最终赢得胜利，这是何等强大的专注？创业就如同长征，而道路之难、过程之复杂，只有亲历者才能深有体会。

有主义、有思想、有价值观的创业，是方向清晰的创业。这样的创业，创业者不会因为创业的路长而感到焦虑。现在有一种说法是创业必须在两年之内初步成功。这个出发点是好的，可真正的实现率有几成呢？急功近利必然导致价值观的趋利性与战略的变形。我研究了最近上市的几家企业，其创业时间都不少于八年。而两年正好是中国企业一般的生命周期，很多企业就是死在这个时间点上。我想说明一个常识：创业时间没超过五年的创业公司，不可能是一家成熟的公司，也很难建设一支成熟、稳定、可持续的团队。

一支好的团队，是我们可以开始"长征"的基础。但是，我们要有充分的思想准备，迎接各种变动与挑战。价值观和心境的成熟与进化过程中会发生很多事情。在这种变化的过程中很多创业团队难以坚持下来，最终只能消失。在这个过程中，有一点也非常重要：坚持一种好的价值观不动摇，坚持一个核心团队的领导不动摇。

关于团队的成长之路，我经常思考另一个问题，那就是一个有血、有肉、有思想、有文化、有抱负的伙伴，在进入公司后，他的路会如何演进呢？

团队的成长是另一种"长征"，是个人生命层次的演进与蜕变，是一种介于主动与被动之间的自我觉醒。

我认为成长的第一步是要清晰认识自己的工作内容与对应的工作价值。这是我们每个人存在的坐标。如果你的工作或参与对公司没有价值，那么主动离开是最好的选择。第二步是让自己变得不可或缺。这其实是一件比较容易办到的事情，只要你比你的同伴多做一个小时、多思考一个问题、多参与一个项目、多读一本书等，就可以达到这一点。第三步是善于总结与持续学习。总结的能力是难能可贵的，大部分人不懂得如何将复杂的事情说简单，说到连"小学生"都能听明白。而持续学习可以升级自己的宽度与深度。比如每个月读一本书，坚持一年读完十二本，必有奇效。学习还包括协同与互动，必须保持开放的心态，向客户、朋友、同事展开"吸星大法"。第四步是创新的启航。具备了前面的基础，你就开始懂得变通，并且可以举一反三了，那么你可能就具备了创新能力。之后，你和公司的关系就面临着一个转折点，或更进一步，成为公司的核心，具备了分享公司成功的条件与基础；或由于和公司在理念与价值观上的冲突而离开公司，寻找实践创新的道路，开启另外一段"长征"。

以上四步的演进，似乎与个人资质有关。有的人是主动进化，而有的人则被动地等待被改变、被培养。这其中差别很大。

那么一家创业公司该如何搭建一个好的平台让伙伴们更好地完成上面四步呢？这是值得我们研究的。我想数牛金服应当努力拥有并践行这些标准：

1.绩效是检验收获的核心标准。个人与公司是靠绩效来连接情感的。没有绩效，光靠嘴说是不行的。

2.合情、合理、合法地获得回报，并为这个回报付出多于任何人的、走心的努力。坚持有付出才有回报，坚决反对不劳而获。

3.将创业的过程或在创业公司工作的经历作为人生必要的历练过程来对待。保持淡定与从容。

4.公司与个人都需要不断升级与拓宽自我。狭隘与自私带来的结果只能是故步自封。

5.远离"风口"，不追时髦。一切创新的机会都来自我们对市场需要的真实发现，而非主观理想主义的评判。

6.凡是要靠协议加固的合作，都是阶段性的。

7.要坚定地相信：善最终会战胜恶。扬善即是抑恶。相信因果，心怀感恩。

8.相信常识。

创业是人生最重要的一场邂逅

寿星林　　2015 年 3 月

对于每一个人的人生而言，"修身、齐家"的基础是什么？那就是必须有一技之长，必须有可以自食其力的能力。

但这些还不够，如何让家更美好？如何让身边的人们更快乐？那就必须要创业，成为一名创客。创业不一定要自己当老板，而应在每一个时间点上，将我们的工作与生活努力做到极致。所以，我想说：创业是一种对极致的追求，创客就是一群创造人生极致的人。

我们如何去创业？为谁创业？

公司是什么？我觉得就像是一个"蜂巢"。每一个岗位都是一个创业的岗位；每一个单元都是一个创客的单元。我们是群体创业者、协同创业者，是群体智慧的集合体。

我们出身草根，不是富二代，也不是官二代，因此没有时间花前月下；我们的智慧不是用来等待下班后的约会或一次美好假期的，而是要在有限的时间里，爆发出自己最有价值的灵感与锋芒的。我们有限的时间是用来改变人生的。

为谁创业呢？当然不是老板。简单来讲，大家一起合作、一起做事情、一起事后分钱，无非是怎样分钱、怎样分能让大家开心与快乐的问题。那么，到底是为谁呢？最直接的就是为自己，为了证明自己的存在，证明自己曾经来过，同时也证明这种存在对于爱人与家人的意义。这个社会是由家庭组成的，我们每一天的工作与努力，也是这个社会整体进步过程中不可或缺的一环。最近，大家都在刷屏观看《穹顶之下》，柴静用她的创造与践行，在大家的思想天空中，划出了一道惊艳的闪电！

我们团队的平均年龄在30岁以下，正是青春少年、风华正茂的时候。处于这个年龄段的人如果不加紧创业的脚步，让自己成长、让自己变得不可或缺，那么到了我这个年纪，将会十分后悔。

在如此美好的年纪，你应该与创业有一场美好的邂逅，如果没有把握机会，这会成为你最难过的回忆。成为一名创客，将成为你在这个时代里最好的、最重要的选择。

古人说：莫欺少年穷，说的是少年时代是人生最好的时代，是一个可以创造奇迹、为美好的人生打下坚实基础的时代。

创客是什么？

创客的思想是什么？过去，女孩子们都有开服装店的梦想；而男孩子会选择开咖啡店。现在，这些都已经不是新鲜的创业故事了。这是一个全新的时代，这是一个围绕用户展开技术创新与商业模式创新的时代。互联网科技已经改变了我们的生活、我们的工作方式、我们的创业模式。我们共同创建的一个平台上，同样可以实现创业，同样可以创造出最惊艳的、让用户满意的服务与产品。现在不是一个孤军奋战的时代，而是一个高度协同、高度分布式、高度圈层化、高度无边界的时代。

我们的浙金网平台，从产品创造开始，就不断地进行着优化与迭代的创新。每一个为此付出的团队成员，都是一名标准的创客，都在从事一项新商业模式的创新与实践。这个产品会更加快速、高效地服务那些需要稳健安全理财解决方案的投资者，哪怕只是改变这个世界很微小的部分。

持续创业是创客的基本精神

我本人一直将创业当作人生最重要的邂逅，没有什么比这更浪漫、更加富有激情了，因此，创业是持续的。对于我而言，不管是在自己独立做一份事情的时候，还是在某一个工作岗位上时，我都认为是一种创业的行为。当我用创业者的思想理解我的工作时，我的每一天都是增量的。

所以，我的创业没有中断过，从 1996 年开始，到现在整整 20 年了。虽然没有世俗意义上的功成名就，但是创业的过程让我的人生逐渐变得圆满起来。

早期创业的时候，每年的年底我都要思考一个问题：资金够不够付工资和奖金？怎样才能够？创业这么多年，我自豪地讲一句：我从来没有在年底拖延过一次员工的薪酬。2005 年春节前的最后一天，我从客户那边要回了钱，在朝晖路的一家"两岸咖啡厅"，我给员工分完钱，口袋里只有一万元。真的就只有这些了。2009 年我也有一次独立创业的中断，我用所有的积蓄，送走最后几名坚守的员工，但总算有始有终。那时，我的家人经常不理解地问我：创业不就为了多赚点钱吗？什么时候是个头？你不如回学校教书算了。我在想：如果要这样，那还是我吗？

"把团队合理的想法与利益放在第一位"，这是公司重要的企业文化。无论是我，还是高航，这些年来我们在各自创业的过程中都始终在践行。

"有所为，有所不为"是创客的基本原则

我们相信善良的力量，这份力量足以实现我们的梦想、改变我们的

人生。任何有价值的商业模式与技术一定存在巨大的利他性，是"善"的。如果只利己，必不长久。这就为我们在设计产品、运营产品、风险管理中灌输了最基本的价值观。

创客的基本思想：没有条件，创造条件。没有市场，创造市场

没有人有无中生有的能力，创客需要有一种侠客精神：

一往无前的勇气，坚定不移的信念，快速高效的执行，灵活智慧的变通，像水一样融合连接各种创新的思想与文化，不断提高自己的意识，萌发与涌流全新的创造。

2002 年，我大胆地接了一项对临安地产市场进行调整并对某地块进行产品定位的市场研究项目。这是我第一次接类似项目，完全没有经验。于是，我找人做项目经理，找人建统计模型，与团队成员一起设计调研表格，我们把它设计成了楼书的样子，很精美，我的想法是要把推广融入调研中。接下来就是数据采集的过程，我动员全体员工调研了近一千多个样本，最后完成报告。客户对比非常满意。这就是一次无中生有的过程。在接下这个业务的时候，我还不知道该找谁来做，项目小组的核心团队全都是临时的，但我坚信上天一定会照顾那些奋斗者。

虽然，我们的人生还有漫长的修行路要走，但是，我们是奋斗者，我们是创客，创业是时代给予我们的改变自我、超越平凡的机会。我们必然要一路走好、一起奋斗、一路珍惜！这是我们人生中最重要的一次邂逅。我愿意和大家一起把握！

创客的理念：善者天佑，智者无虑，勇者无惧，知行合一！

不确定状态下，创业公司的两道题

寿星林　　2017 年 8 月

我最近填报一个课程时，遇到一个问题，大致是这样的：你最近感到瓶颈的事情是什么？我很认真地想了想说：在不确定性成为新常态的背景下，作为创业者的我，面临的可能是两道题目，一是关于战略人力资源管理的思考与迭代。创业与人有关，比如说关于职业经理人使用的思考。二是在不确定性持续增强的压力下，企业该如何确定公司战略。这是一个选择题，复杂且要每天面对。

关于职业经理人的话题

"每一个创业者心目中都会有一个理想的职业经理人。"创业几年之后，创业者的内心孤独焦虑，需要有人对话，那些运气好、能找到情投意合的合伙人的创业者除外。职业经理人的使用也是非常关键的。公司规模不断扩大，管理节点在增多，需要更多的专业人士加入，职业经理人应运而生。这也许就是创业者学习的开始。在当前环境下，要找到一个合适的职业经理人，这个过程是需要交学费的。

人生是很漫长的，无论是创业者，还是职业经理人，都会有很长的时间来体验生命中的甜和苦。我本人既是创业者，也是职业经理人，但我的心中同样住着一位理想的职业经理人。

我心中的职业经理人应当是一位有素养的专业人士。什么是素养呢？就是素质与教养。素质就是专业技能与职业技术。拥有这些素质，就拥有了为公司创造价值的基本条件。拥有这些素质，就是所谓的有能力，有能力就应当有业绩。口说无凭，当以行动与业绩向全体团队证明你"能"。一个失去了业绩支撑的经理人，非但不够职业，而且属于"耍流氓"，耍来耍去看上去很忙，却是在浪费企业的资源与能力。因此，不"立功"何以"立言"，又何以"立行"？

教养则是指人品。我们必须以正常人的心态来面对所谓职业经理人离开公司后的所言所行。人的内心，以恶为主，能以善意来面对人生挫折的人都是很牛的人。因此，"只能以所谓公司的种种坏，来反证自己的种种优秀"。这个理论是阳光下的自我欺骗。当然作为公司的领导者必须要保持理解与宽容。员工数落公司的不是，甚至数落老板的不是，这都能理解，有则改之，无则加勉，因为这就是人心，也是创业者必须过的一个心志关，就如一个朋友讲的那样："你都把人家开掉了，你还想听见什么好话呢？"

创业十多年来，我最大的收获是知道了"识人用人为经营的首要之道"这个道理。但就如何找对人、用好人，我还需要不断地探索与学习。一个有教养的人，可以从小白开始，逐步成为公司的支柱，成为合伙人。一个无知的人，哪怕给他再多的爱，也是烂泥扶不上墙的。因此，我们发现时间是考验一切的标准。内部培养与干部提拔实为上策，空降则需要万分小心。空降者的重力很大，破坏性也很强，公司付出多，却可能颗粒无收。关于核心团队内部培养的体会是在血与火的教训中得出来的，这也是制约创业公司发展的重要瓶颈。可用、可信任团队的积累也许是一个公司最核心的资本。经过时间的考验，团队之间彼此了解、彼此信任，哪怕有些纷争，甚至拍桌子，也可一笑了之。而一般的职业经理人往往是经不起时间检验的，他们急功近利、拔苗助长，他们大都对公司的历史不了解，对创业的过程也没有尊敬与认同之心。他们对老板言听计从的背后，实际上是世故的虚伪与圆滑。人品好一点的，最多埋怨几句；人品差的，离开公司以后，还时不时地会在背后射出阴冷的毒箭。人生不易，创业更不易，需要好的队友甚至战友，而他是不是职业经理人呢？人生是一个漫长的过程，我们会遇见许多人，碰上许多事情。我们看到有人起高楼，也看见许多人走向没落，这是正常的人间世态，需要我们保持一颗平常心。能不能从内部培养职业经理人？空降的职业经理人能不能放心使用？企业在什么阶段需要职业经理人？值得创业者做持续深度的思考。

职业经理人首重人品。投资或合作是一件长期的事情，是需要双方在时间的验证下共同体验生命的苦与乐的，如果没有把握背靠背，那还是算了。这是我踩了许多坑之后的心里话。我们需要的战友也许能力不一定是最强大的，但一定不会在你困难的时候踩你一脚。人品的基础是道德，缺德之人必然也不会有好的人品，自然更不可能是你心目中理想的职业经理人。我们把钱投给一家公司，事实上是把信任与信用交给一个团队的首领。这个首领是一个创业者，同时也是一个职业经理人。我们把一个重要部门交给一个职业经理人，实际上也是一笔不小的投资。创业者与职业经理人的角色有时候是重合的。创业者要为股东的回报而努力，而职业经理人需要以业绩来尊重这份信任，这是基础的职业人品。

其二是能力。能力是我们生存吃饭的根本，没有好的、专业的技术，就不可能有业绩，职业经理人就无法在一个团队中混下去，自然会被淘汰。但若是人品不行、心志不纯，那么职业经理人的能力所起到的作用往往是相反的。人品不好的职业经理人是公司的一粒毒丸。我开玩笑地说，如果你恨一家公司就让猎头公司向这家公司推荐这个人。因此，如果创业者没有能力驾驭那些人品差、能力强的人为自己所用，则需要将能力要素排在人品之后。记住：可用可信任。

其三要看人商。作为一个人需要具备的基本"味道"，我们将其简称为"人味"。"人味"最大的特征是懂得感恩。一个没有感恩之心的人不可长用。有人的地方就有江湖；有职业经理人的地方，就有职场；有职场就会形成"场域"。虽然职场的人形形色色，但是我坚信，一定是那些聪明、善良、心里阳光、有"人味"的人才会逐步地从职场中脱颖而出。因为他们带着正能量的场域，他们形成的职场是增量的场，而不是减量的场，他们的存在要么照亮他人，要么像北极星一样稳定而执着地指明方向，这样的人就是具备了很高人商的职场精英。一群有感恩之心的人，会形成一个有"人味"的"场域"。

不确定性的环境下，公司的战略选择是什么？

政策的不确定性是创新时代的新常态。我们不能因为不确定而动摇了我们创业的初心与价值观。

人类在面对不确定性时，一般情况下会有三种选择：急流勇退再次选择、停滞不前观望等待、开拓进取蜕变进化。这三种选择都是带有人性的特征的。退而求其次是一种明确的选择，重点在于果断，放弃有时候也是一种好的选择，退出有时候可以即时止损，但却说明我们还不成熟，当初的商业思考没有经受住时间的考验而被迫退出了市场；停滞观望是态度模糊的选择，这是一种最有害的面对姿态，在特定情况下的模糊是被允许的，可当面临战略性选择时，模糊带来的是无价值的消耗，乐观向前似乎更符合我们的价值观，哪怕要再次选择，我们更愿意是在前进中做出独立的判断。作为一个创业者，身临其境时，模糊代表了不自信与能力的缺失。明确的选择战略是一种积极进取的少年人的心态。

我们深切地意识到，在前进中获得进化与蜕变是创业可持续的重要力量。持续地学习，不断获得丰富的知识，是我们在创业过程中"渡劫"的重要支撑。通过战略选择与深度的思考，创业者完成了自我的进化与蜕变。这是一种去掉负能量，转而获得更加积极的正能量的重要过程。适合你的战略往往就是最好的战略。战略与选择伴侣是一样的，往往不是一见钟情那种类型，反而说不定早就在你的身边了。一家公司的发展往往有其重要的发展基因。这个基因能够让公司在初创期较快地形成正常的业务流、信息流、资金流，这条"河"一旦形成，轻易改变"河道"就有可能引发"决堤"。

不同的阶段，我们都需要对自己的公司进行深度思考，而不是做简单的、人云亦云的选择。比如前几年互联网金融火爆、人人叫好，现在好像大家又不提这个概念了。是的，我们很早就清楚必须从资产端开始到平台到财富管理一体化合规构建我们的"浙金网"理财生态。我们在这个生态中布局了金交中心、公募基金销售、区块链保全网业务。在大监管时代，由于我们提前三年做了很多工作，以"善"与"不作恶"的价值观引导企业发展，坚持金融服务实体经济，因此我们依然保持了较好的发展，也保持了经营性现金流的增量，是国内科技金融领域为数不多的年年盈利的公司。我们很早就聘请了有证券资格的会所进行审计，以确保财务的合规与透明。

此外，我们布局区块链科技，从团队到产业链都拥有较为丰富的资源。因此，"数牛云"正在逐步走向市场，并开始被投资机构与用户关注。我们在区块链金融科技与区块链大数据基础设施建设方面进行布局，这是条有血有肉的路，并非凭空拍脑袋想出来的战略。当我们和客户交流以"政融通"产品为基础的 PPP 云时，他们对我们并不陌生，因为我们已经持续为他们提供服务近七年了。就是这样，时间可以验证一切。

在不确定性的环境下，创业者或是创业团队承受了巨大的压力，这甚至是一般的职业经理人所不知道的。在这样的情况下，很好的定力是决定一家企业能否在大浪淘沙中生存下来的最根本的心理根基。我经常这样提醒自己：如果很容易就成为一家上市公司，那么这个游戏也太简单了。成功来得太快了，那么失败也快了。一家好的公司没有超过五年的磨砺，没有经过一个经济周期的折腾与低潮，生命强度也是极其有限的。

创业者需要阶段性地深度思考，静下心来，给自己出几个题目。在不确定性很大的背景下，当我们仰望星空，我们会发现群星辉煌灿烂，大熊星座依然稳定地指向北方的宇宙。我们的道路很长，时不时会发现自己进入了一个无人区，事实上这是一种智慧穷绝时的幻想。只有持续学习与实践，获得持续的蜕变与进化的力量，我们才能走出这样的不真实。深度思考我们面临的问题，梳理出蜕变与进化的路径，找到我们缺少的条件，不断深化我们的战略选择，这是我们的必行之路。

职场自我精进增值的七个关键词

寿星林　高航　　2017 年 3 月

"职场如百舸争流，万类霜天竞自由。如何在公司的平台上脱颖而出，成为不可或缺的人？如何让自己变得更加值钱？有七个关键词很重要。"

寿星林说职场精进增值的六个关键词

1. 目标

古往今来，四海八荒，有志者事竟成。凡志向远大、目标清晰的年轻人，都可以在众生竞流的进程中，获得自己的位置。志向是愿景，而具象后则为目标。

一个人在进入公司前，**首先要了解这家公司的目标。公司的目标与自我的目标的契合度，决定了公司和个人未来的发展，也决定了平台发展与自我成长的空间与高度。**

明确了公司的目标后，接下来要做的就是将自己的目标与公司的目标绑定。这个绑定的过程是要建立互相信任：**让公司的领导知道你想要什么？你能做什么？**如果你不相信公司的目标可以实现，那么别混日子，赶快离开；如果你相信只要通过努力，公司的目标就可以实现，而在这个实现的过程中，自己也有机会参与并得到提升，那么就全力以赴吧。任何的犹豫和懈怠都会让你的发挥打折扣。

2. 行动

了解目标是"知"，而开始向着目标努力工作是"行"，知行合一，才能大放异彩。行动是一种态度、一种气场、一种正能量。

有的小伙伴喜欢等安排，一个"等"字浪费了他的机会与时间。什么是时不我待？就是不要等别人来安排，不要等领导的指令，而要主动地发现问题、发现不足，主动地请教、主动地请求任务。为帅者如果看到了将士的"求战之心"，也一定会信心百倍的。有时候，一个人的主动，也许会带动一个团队的积极性。

从现在开始，主动请战吧！不要怕犯错误。行动力就是我们能力最好的证明。行动力是员工主动承担责任的具体体现。这是任何一个公司、任何一个领导都希望看到的状态，之后更多表现机会就会向你涌来！

3. 技能

在行动中，我们能够发现自己的不足。人无完人，更何况那些参加工作不久的人，因此，我们须熟练地掌握一些技能。技能可以分两种，**一是专业技能，二是沟通技能。**专业技能可以让我们更好地完成工作，而沟通技能可以让我们得到领导、团队的支持与协同。

首先我们来聊聊专业技能。这与个人的工作定位有关，我们用产品经理来举例。产品经理的内涵与外延极大，大到创始人本人也是产品经理，公司即产品；小到工作的细节、用户微小的体验都可以算一个产品。我在过去多年的实践中汇总了几个词：**收集、整理、解析、归纳。**产品经理除了掌握自己专业的技能外，还要学会收集。收集可以增加知识的宽度与广度，你要有一个产品数据库。而整理则让你抽丝剥茧，提取精华。"解析"则提升到逻辑与理论的高度。归纳，就是指熟能生巧，达到可以创新的程度。这四个关键词反复做，必有成效。

接下来我们谈沟通技巧。沟通技能考验着我们的智慧与情商，也体现了谦卑与尊重。武侠小说中有一种武功叫"吸星大法"，其实就是一种高效的沟通技能。如何获取最有用的、最有价值的信息，如何区分有用的、有价值的信息是一种能力。这其中就包括与领导沟通、与同事沟通的能力。与领导沟通要直接：直接表达你的诉求，只要目标与公司的一致，态度积极主动，领导都会开放地与你对话，从而让你更直接、更准确地了解公司的目标，将事情"做到点子上"。与同事沟通要"分享"，要"和"，要"微笑"，要"鼓励"，要主动将你的好想法说出来，形成"价值交换"，让彼此都受益。

4. 绩效

如何做出绩效？

绩效是什么？本质上讲就是**目标的完成度**。个人有目标，部门有目标，公司也有目标，绩效就是检验目标的完成度，也决定了公司的生死存亡。**绩效就是"功劳"，而所谓"苦劳"就是"白忙活"。有绩效的人就是对公司有价值的人，也是有机会成为不可或缺的人。**

要善于将大目标化小，不断完成小目标，最终实现大目标。制定个人目标与部门目标都不要好高骛远。不积小流无以成江海，小目标积累起来就是大功劳。这是我本人的一点拙见。突破性的进展一般情况下也是在不断积累的过程中爆发出来的。

如何评估绩效？

绩效的重要评价之一就是：能解决问题，有实效，有用。有一类绩效是看得见、摸得着的，每一天、每个月，个人与部门都要紧盯那些看得见、摸得着的绩效：是否给公司带来现金流？是否能推出用户体验更好的产品？是否解决了困扰团队已久的瓶颈？是否让流程更加通畅、效率更高？是否带来了新市场、新业务？签了多少合同？达成率是多少？等等。

除了有用，绩效评估中还有一个纬度，那就是及时。 及时本身就是一种很好的绩效，慢动作就是等着人来杀。我们评估一个人时常会用"干练"这个词，往往是用来夸这个人做事情"又好又快"的。

如何评价自己在绩效中的作用？

做出成绩，公司就必须有奖励，这符合"价值交换"的规律。那么如何评价自己在绩效中的作用就很关键。这里也有四个关键词：**市场、平台、团队、个人。** 将任何一个词夸大都是不合适的。作为公司（平台），要有绩效发现机制与激励机制，不能让绩效得不到认同。作为团队的负责人，要让那些产生绩效的个人冒出来，获得展示自我的机会。作为个人，除了尽情发挥还是尽情发挥，要相信真金不怕火炼。如果此处不公，就要反映，反映没有效果，就选择用脚投票，这是市场规律。

5. 不可或缺

不可或缺就是不能缺，缺了就有损失。不可或缺的人就是对公司目标的实现有重要支撑作用的人。 哪些人才是一个企业不可或缺的人呢？

第一是拥有职业精神的人。

我不讲"德"，但必须讲职业精神。什么是职业精神？我想，职业精神是由职业道德、职业素养、职业技能等几个方面组成的。举几个例子：

有一类人，了解公司的目标，能积极主动地围绕公司的目标前进，不断提升自己的专业技能与沟通技能，逐渐成为团队的中坚力量。做一天公司的人，就要为公司全力尽职一天。

有一类人，奉行先做出业绩，再谈回报，他们心怀感恩与善意，答应的事情就一定会拼尽全力完成，哪怕最终效果没有达到，也会有所交代。

有一类人，从不会因为收到一份其他公司的邀请就开始朝三暮四，他们哪怕要离开，也会光明正大、有始有终，绝不给公司留下不能收拾的尾巴。

有一类人，能正确评估自己的贡献，不是自己的绝不多取，是自己的分文不少，坚守所谓无功不受禄的底线。

第二是患难见真性的伙伴。

一个企业的发展，不可能一直顺风顺水，必然会经历各种"坎"。职场中有一类人比较"聪明"，他们善于把握各种机会，一般情况下，公司一碰到难处，他们就会离开，另择高枝。相反有一类人比较"笨"，他们对困难看似比较麻木，实则是自愿与公司共患难、渡真劫。一般情况下，当公司好起来的时候，比较"笨"的这类人，就变成了公司的骨干，甚至成了股东。**他们在困难中磨砺了自己的心志与技能，从而实现了自我增值。**

第三是志向远大、朝气蓬勃的年轻人。

年轻的力量永远是公司不可或缺的力量。我们从年轻中走来，从不成熟的时代走来。年轻能为公司带来正能量，能激荡出新的浪涛。

春节的时候，我面对大海，想起公司的目标，也想起来我刚入职场时的困惑与无助。那个时候，我真真实实地是一只职场菜鸟，什么都不懂。而我当时的公司没有很好的机制帮助我尽快熟悉规则、提升能力，靠自我摸索要付出的代价是极大的。我在想，**一个好的公司就应当是一所好的学校，是我们共同实现"自我觉醒"的精神道场**。我们所有的公司合伙人，在致力于公司业绩提升的过程中，也在尽可能建立一种机制，帮助年轻人尽快地融入创业的环境中，确立正确的职场价值观。

6. 精进

让自己不可或缺，就有可能让自己增值，最终实现"财富自由"。许多年以来，我最深的体会是：**投资自己，是我做过的最成功的投资**。而**选择**是前提。所有因果，均与选择有关。

选择一个好的行业

选择一家有目标的公司

选择让自己成为不可或缺的人

尽可能努力让自己有机会获得"期权"乃至"股权"

付出不亚于任何人的努力

不断学习、自省、自悟

决不无功受禄，只取自己问心无愧应得部分

或许将来你也想创业，没问题，有机会将老板变成你创业时的合伙人吧，因为他最了解你。

"财富自由"的基本要诀是先做好自我财富管理。我们自己才是人生最大的本钱。

高航说第七个关键词

7. 成就

自我增值的核心路径是不断积累成就，成就与选择有关，也与胸怀和格局有关。我们经常会听到一夜暴富和快速成功的案例，但是当我们静下心来仔细去分析，我们会发现这种宣传要么别有用心，要么背后有不可告人的逻辑，他们并没有真正创造价值。一旦被错误的利益追求蒙蔽、误导，就一定会走上歧途或者被人利用。

选择走康庄大道，选择一个正能量的团队，选择一个有操守和有远大目标的企业，都是有所成就的基础。万丈高楼平地起，必须把基础打实，很多时候我们总是羡慕别人起高楼，而在自己打基础的时候失去了耐心。

在不同的职业阶段，我们会面临不同的困难和挑战，这个时候定力是非常重要的。科技金融的发展，让技术人员有机会通过技术的迭代而非资源的叠加打造出一个百亿级，甚至千亿级的新金融平台，当亲身经历了这样的过程后，我们会充满自豪，会感受到真正的成就激励，这就是时代赋予我们的机遇。

没有足够的耐心和定力是不可能有所成就的。有一些融到钱的 IT公司，招聘时开出很高的工资，发展中追求短期的目标，大量的事实证明，绝大多数公司都会成为泡沫。企业最终的走向是创造合法、合理的利润，不追求效益的企业，不是"怪"就是"妖"。

最后的总结

如果要对我们的成长路径，做一个最现实、最理性的分析，我想应该是这样的：

选择一个有前途的大方向，明确自己奋斗的各个小目标，克服惰性，开展切实有效的行动，掌握方法，不断训练自己的技能，在这个过程中不断沉淀自己的职业资源，包括**信任、人脉、经验、战友**……让自己的每一天都在精进，都有显性绩效，都能够清晰地感知外界，能够建立内生的相互激励，并通过团队和组织进行放大，这样就能快速地成长为不可或缺的那个人。

在这样的成长路线上，我们的个人估值会随着公司整体的发展不断地增长。个人是公司的一个基本单位，公司也是社会的一个基本单位，两者的道理是相通的。公司也需要一个同样的过程来让大家的成就去显现、去放大、去获得资本市场的认可，个人的财富自由和这个过程是密切相关的，如果对阿里、腾讯、华为的前 100 号员工的财富增长做一个分析，我们就不难发现，**财富增长最快的那个人不一定是最聪明或者当时能力最强的，但一定是在几个核心阶段获得最大的杠杆的那个人，也一定是最忠诚、最坚韧并且学习力最强的那个人**。获得团队倍增的红利是实现财富自由的不二法则。

我们不能忍受平庸

寿星林　　2015 年 4 月

昨晚，我看了新拍的电视剧《平凡的世界》，虽然与原著出入较大，我却依然感动着。好的作品，经历时空变迁，依然可以在人的内心深处燃起绚丽的星光。

"只有永不遏止的奋斗，才能让青春之花即使凋谢也是壮丽地凋谢。"那是一种多么澎湃的情怀啊。少平说："我是一个平凡的人，但我可以活得不平凡。"这个不平凡就是不平庸，就是一种坚定的、永不停止的、改变自己的愿望。

一个好的团队，可能不是一个明星团队，但却是一种神奇的组合：一群平凡的人，高效地组合在一起，完成一件不平凡的事情，每个人都像宗教徒一样，对自己所做的事情全情投入，每一个人都在这件事情的发展中，全力以赴、极尽升华。

更多的时候，我们处在对平庸的漠视当中，忽视青春年华之珍贵，忽视合作发展之机缘，仇恨那些批评自己的人，痛恨那些背弃自己的人。我们会对自己的生活与工作感到满意，会安慰自己已经尽力而为。但忽然之间，我们发现匆匆十年过去了。孔子说：逝者如斯夫！

在这个时代，没有一家企业、一个组织可以对平庸做出让步。如此残酷的竞争环境，那些比我们更具智慧的生灵，都在拼尽全力、绽放自我。

我们讨厌做平庸的事、出现平庸的业绩、获得平庸的收入与回报。

平庸就意味着可以被替代，平庸就意味着没有竞争力，平庸就意味着我们很快会被这个市场与时代淘汰。我们没有选择了！

速度是什么？

速度就是想在前面、做在前面、快人一步。天下武功，唯快不破。快的人一定是聪明的人。快的人也许会犯错误，但有时间可以调整。人生不论对错，拼尽全力，哪怕从头来过。

快不是盲目的，是有准备的快，是专业的快。好的武林高手，讲的是心、神、动作合一，形成一个不可破坏的整体。所谓磨刀不误砍柴工，有准备的人、有心的人、聪明的人就会比别人更快一些，更容易把握机会。

在科技金融这块阵地上，只有快，只有不怕犯错误，才能领先一步。就这一点，我也在不断反思。因为，我们的战略往往会比同行快一步而行动却总慢半拍。到目前为止，我依然很难判断好与坏。

高效是什么？

高效说的是结果，是指比别人多一点成果。这个多出来的一点，不是由灵感产生的，而靠的是平时的积累。那些按时上下班的人们，是很难体会这其中的快感的。在有限的时间里，如何才能压缩出比别人更加多的潜能？唯有笨鸟先飞，唯有持续改进方法与工具。

每次看到我的合伙人又在办公室待了一个晚上，第二天照样精神百倍地披挂上阵时，我们总是相视一笑。我喜欢这种感觉，这家伙昨天又有收获，今天又进步了。高效的人，就像是一块海绵，消化吸收的速度也会快人一步。

时间法则

有的人的时间不够用，而有的人却在有限的时间内完成了更多的工作与思考。有的人按天算时间，有的人按小时算时间，有的人按分来规划一切。对于时间的使用，人与人之间是那么的不同。

时间对每个人都是公平的，每个人每天都只有 24 个小时，为何有的人效率高，而有的人如此低效？那是因为他们对时间法则的把握不同。工作可以间断，但思考不会间断。

思考是我们延续时间最有效的工具。所谓日有所思，夜有所梦，在梦里也一样可以思考问题、解决问题。所以讲有的人比别人多活一倍的时间，是指这个人通过思考延伸了时间的有效性，从而让他的生命变得更加有价值。

能让我们持续思考的基础是热爱。当我们热爱一件事情的时候，我们就会全情投入。但仅靠利益驱动自我是不够的，还必须观照自己的内心世界：我到底需要什么？我需要守护什么？我的存在对于家人、朋友、团队以及社会的意义是什么？思考之后，碎片化的时间就会慢慢聚集起来，形成一个整体。

空间法则

空间不是问题，不论是在办公室，还是在路上，或是在家里，我都可以工作。因为空间不是束缚我们发展的要素。空间形式上比时间更散乱，但其规则是由文化决定的。中国人的文化是一个"靠"字，在家靠父母，出门靠朋友，所以说人脉为根基。对人脉与交际适当做一些减法与梳理，就可以调整与优化我们的生存空间。

旅行分为思想的旅行与身心的旅行。思想的旅行是在孤独中漫步，让沸腾的水静下来，从而发现内心的本源。而身心的旅行是外出到陌生的场景去感受世界，听不同的人生故事，与不同的人交流学习，看不同的人的生活状态。旅行可以让我们跳出自己的空间看自己，这样也可以让自己得到进化。

致力于做一个简单的人

我们已经很难有一颗赤子之心了，但我们可以追求做一个简单的人，把内心的"垃圾"一点一点清理掉，每天既做加法，也做减法，乐此不疲，让心灵持续迭代与升级。

简单是我们产生更强专注力的唯一法则。保持简单的最好办法是关注现在的事，把现在事情立即解决掉，拒绝做太长远的思考。想多了，会让人产生不必要的迷茫。人简单了，事情也会高效起来，人际关系也会好起来，团队也会更加和谐。

过去，有个同事能力不错，办事也还积极，但却容易想太多，时间长了，他觉得大家都对他有意见，最后向我递了辞职报告。我当即就同意了，创业型团队中这样的人不能多，多了就有是非。大家一起工作，

对事不对人，是"人生最重要的一场邂逅"。这么浪漫的一件事情，被他搞成了公司政治，说成了小团体。这样的人，自己不辞职，我也要让他离开。

当我看到团队的成员出现暮气沉沉的精神面貌时，我就会感到很急，不能忍受。我们都是平凡的人，却不能接受平庸。因为只要接受了，只要内心不再有梦想了，那么我们就进入了"死亡倒计时"。

"易"的精神

寿星林　　2016 年 4 月

这段日子，我和夫人盘算着给没有出生的儿子取名字，最初达成共识的一个字是"易"，就是希望儿子以后过得容易些，不要像老头子这么"难"。我喜欢"易"这个字，哪怕世易时移，王朝更替，"易"的精神没有变（最后的名字没有取这个字，而是叫羲文。这其中有什么关联，大伙一看便知）。

静下心来想想，创业与"易"的精神也如此相关。对于创业而言，"易"就是无所畏惧的进取。

大家都喜欢做容易的事。因此，在一个创业型团队中，复杂的事情要想办法让其变得简单；难懂的道理要想办法用最易懂的方式表达出来；沟通的时候，要尽可能简单、直接，这样更加容易让人听明白，自然就会提高效率。能直线完成的事情，就不要走曲线。能者上，响应者上，积极进取者上。

"易"字代表阴阳交替，说的是变化与守恒。这种变化不是一种随便的"改弦易辙"，而是与时俱进，与时代及场景同步，正应那句老话：没有一成不变的事儿。

"易"是进步，是变化之道，也是守恒。许多事，表象变化，其实质却在潜移默化，在孕育更大的生机与道理。从耕种这件事情上看：春天育种、夏天忙耕、秋天收割、冬天储存。而天地环境随着这种进程变化而变化。这样的规律折射到我们的创业中，则告诉我们要遵循事物演进与变化之道，不可拔苗助长。官二代、富二代创业看上去比较容易成功，实际上却留下了更大的变数与因果。祖辈余荫也是一种能力，但是如何使用却很有讲究。无论时代如何更替，这个世界的基本规律没有变化。大家做事情的机会是均等的。

对于创业而言，"易"是一种积极的获取，是竞争。没有竞争，这个世界就是"一汪死海"。有了竞争，百舸争流，好的运气与机会就会在竞争的场景中流动。成功是竞争之后开出的"易"之花朵。"易"的精神就是进取与不惧。"易"是融入与改变，而不是被动感知，继而被时代淹没。

"易"是机会，在变化中产生无限的可能。"易"是轮回，是起点，也是终点。"易"是计算，是谋划，是大数据。而如何获取这种机会更需要一颗坚定无畏的心。所以，随波逐流者昙花一现；投机取巧者，用聪明埋葬自己；只有那些看到机会，并"知行合一"者，才会成为"易"的受益者。"易"是创新，是发现，是行动，是改变，是积极地响应。"易"是一张网，我们都是网中的节点。知"易"而行难。

"易"是无所畏惧的进取。属于我们的机会，如果不去抓住，就会转瞬即逝。眼睛会欺骗我们，我们看见的不一定是真的；直觉也会误导我们，而心是唯一的，与心对话，心会给我们指明方向，也只有心能把握"易"的精神。违心的事，尽量不要做，顺心意的事情要多做，也许那就是机缘。"易"没有框框，不限制我们的行为，"易"是明知山有虎，偏向虎山行。

　　"易"对于我们而言似有一种使命感。18年前，我到过武昌，在长江边不识愁滋味，前日，与友人再次远观大桥，放眼城市，一种巨大的厚重的气息让我有些窒息，8条地铁连接城市，10条新的地铁正在修建，这是"易"。江水永恒流动，城市过客变化，而我们的初心没有变，这也是"易"。

　　有坚守、有放弃、有变通、有融合，在时光的长河中，磨砺出一颗"无所畏惧的进取心"！于组织，于个人皆如此。"易"字蕴含的深义就是我们公司应当长期学习与坚持的文化。

"观自在"和"随心意"

寿星林　　2016 年 7 月

　　我的身边有一帮创业的兄弟姐妹。我的心与他们的心一样经历着细小的、琐碎的、无形的、被动的磨损。创业者是不能经常找人诉苦的，曾几何时，我们学会了独处。

　　干投行的人，被称为"投行狗"。大家都有一种体会：在路上，在路上，在路上。这是个体力活儿。可我至今还对在路上充满热忱。在路上消除了时间与空间的阻隔，让我们心念通达，让我们更接地气；在路上，我们会更加"观自在"，会慢慢发现另一个自我；在路上，我们能慢慢"随心意"，负面的能量会离我们远去。

　　在五粮液的产地宜宾，长江、金沙江在这里聚首，然后一路向东。昨天我从钱江之畔来到这里，静下心来，在这雨夜的城市中，我听见一种巨大的脉动的声音。

　　今天下午四点，我们已经在渭水之滨的西安。明天一早，动车又将带着江南的少年，穿过崇山峻岭，去往另一座古城——太原。无论是在飞机上，还是在高铁上，我们已经很难感受到空间的阻隔和距离的困难。可爱的国家，在不断创新与变革中，正以一种加速度冲向未来。这是一个让人兴奋得发抖的时代啊！

　　这个周五下午我得飞回杭州了。一是因为我想家了，二是周六公司还有一次团建活动，人力资源部让我讲讲公司的营销体系，另外再讲讲公司的发展，向团队传递正能量。

最近，公司的基础团队有一些波动，辞了几个人，也走了几个人。虽然是最正常不过的调整，却也是两年来调整最大的一次。一直以来，我都坚信核心团队不能动，也不会动。能成为核心团队，就代表大家在价值观、目标、利益上都达到了一定的统一。什么样的人可以进入核心团队呢？基本上讲就是不那么"眼高手低"、不那么"好高骛远"的人。

基础团队为什么会有情绪的波动呢？为什么基层的员工会认为公司停滞不前呢？为什么有埋怨，而之前我们没有听到？为此，公司合伙人专门开了一个会。我们的结论有几个：其一，这是公司迅速发展过程中，由于文化、组织、管理、业务等多种要素的快速演进而产生的问题，是我们向更优秀的公司迈进的过程中必然要经历的阵痛。其二，随着公司的发展，哪些人能发挥作用，哪些人合乎公司长期发展的需要，也都逐步清晰起来了，这是一种自然淘汰。其三，公司核心团队与中层干部的领导力还不够，没有很好地将公司发展的正能量迅速传递到基层，没有正确、及时地关心与辅导基层员工的成长。其四，激励机制上还需要进一步完善与优化。虽然我们经常在讲"不让雷锋吃亏"，但到底有没有让他们吃亏呢？会不会是我们的懈怠导致他们冷了心的？我本人也在会上深刻检讨了自己，埋头征战，速度有了，但质量还需要极大的提高，基础还需要不断打实。事实上，公司今年的发展远远超过了去年，在现金的储备、项目的发展、平台的建设以及战略的演进等方面都有长足的进步。

刚才，夫人还开玩笑地批评我，脑子里想的全是工作。我忽然想到，是不是因为我太把精力集中在工作上，而忽视了团队的感受？在公司的沟通层面，我一直主张直来直去，对事不对人，骂人的情况也是有的，可能伤了员工的自尊。的确，人与人不一样，一代人与一代人更加不同。看来，漂亮的、帅帅的90后们，确实需要公司多些照顾与关心，他们脆弱、敏感，却才华横溢。念及于此，我便不再纠结，一个公司的核心文化基础上，要允许多元思想的存在。

这几年，在创业的过程中，我一直很注重自己心境的成长。因为，我个人的心境会直接影响到公司的发展方向。一直以来，我对于自己心性的评价是勉强60分。我的心境追求是六个字："观自在"与"随心意"。这六个字讲的都是关于心的力量。心的力量是左右我们气场与能力的重要基础。这么多年，我一直在模仿我的父母亲辈。他们在农村年轻过、努力过，他们每一天与每一年干着基本相同的事情，然后慢慢老去。我和他们的差别，只是在不同的时间与空间节点上，干不同的事情。

"观自在"，观的是自己的心，是时时反躬自省的心。"随心意"，随的也是自己的心，是坚持坦荡向善之心。这绝对不是没有规则，乱做一气，绝对不是盲目与跟风，也绝对不是一时意气，追悔莫及。作为比80后与90后年长的70后，我还得唠叨几句。

我发现，到了四十岁，阻挡自己突破的，不是机遇，也不是没有贵人相助，而是自己内心的纠结与疲倦。如果活得没有原则，内心就一定是纠结的，因为会去比较、会去分辨、会去痛恨、会去嫉妒。这些显然是心的"垃圾"。坚持"观自在"与"随心意"可以帮助我们去掉这些东西。

还是回到团队的问题上。我上周日参加一个活动，一位朋友在谈到团队问题时这样说："其实他们不知道自己想要什么，在一个公司里，'熬'字很重要。就说阿里吧，最终获益的、成长了的还是那一批坚定地留在公司的人。只要一个公司是向上的，是发展的，只要这个公司没有那些危及个人的风险，机会是会等出来的，是会'熬'出来的。"听了她的话，我就不那么纠结了。之前，我一直在检讨自己的问题，毕竟公司遇到瓶颈，最大的症结一定是在我这里的。而事实上，我差点就把自己套进去了，没有了"观自在"，也不那么"随心意"。

再举一个例子，就是同业竞争的问题。自从数牛金服在国内首推"互联网科技+PPP"模式后，跟风与模仿者也开始多起来了。一开始是在省外，最近家门口也有类似平台加入进来，甚至还从我们这里挖人。这个事情一开始让我很恼火，我想我们必须打上门去，核心团队也做了充分讨论。当时，有人悲观地说："看来我们的模式很容易被复制，那么我们的竞争力是不是没有了？"有一位离职的基层员工说，给他一点时间，他就可以完整地做一个平台，超越数牛金服。这些非常消极与负面的情绪，甚至影响了我。我连续几天都没有从不良的情绪中走出来。那天晚上，在贵州松桃县，天空下着小雨，我静静地听内心的声音，豁然开朗。

我后来是这样和团队讲的：其一，竞争是好事情，也是最正常不过的事情。有人模仿我们，说明我们之前的路走对了。同时，市场的规律就是百花齐放的，这样可以给我们的客户更多选择，也可以让我们看到自己的优缺点。其二，对于"叛逃者"，我主张相安无事，好好谈谈。天下熙熙皆为利来，只有合作，才能产生效益，相爱相杀多半会走向末路，让我们的合作伙伴也有更多选择与比较。其三，我们创立与打造这个模式，走过了许多弯路，踩过很多坑，这些经验与积累不是靠简单的模仿就能获得的。我们交的学费，竞争者与模仿者一样也要交。更何况，我们每一天仍在进步、演化、蜕变。其四，检讨自身，不要让别人轻易找到进攻的路径，防人之心不可无。我们有"矛"，也要有"盾"。讲完这些，我发现内心一下子顺了，精神抖擞起来。

我们的心是一个时时跳动的、自然的系统。心随意动，意就是念头。心要自在，念头必须通畅。创业也是这样的，没有一种"好"的执念支撑，必是走不长远的。前天，浙江电视台经济生活频道请我和高航去做一档关于创业的访谈，节目中我谈了我们创业的初心，谈到什么样的生意是值得我们全力以赴去做的：

其一，必是一个有正确价值观的事情。比如金融服务这个行业，"不作恶""善信真"是基础。那些放高利贷的朋友们，结局可期。为什么呢？因为这钱赚得心里不踏实。其二，必定是有合理利润的事情。创业必须回归商业的本质。靠"烧钱""融资"的模式运营的公司基本上会前赴后继地死去。其三，对于行业的进步与经济的发展多少能有一点点创新与改变的事情。社会进步是一个长期演进与发展的过程，颠覆式的创造并不适合如我们这般的凡人。

只要具备以上几点，这个创业就值得全力试一试。这是对我自己讲的，也是对同事们和广大创业者们讲的。有了这个基础，我们就能逐步做到"观自在"与"随心意"。比如，前一段时间监管部门让我们报送数据，我们立即以最快的速度将最完整的信息呈送。为什么数牛金服能做到呢？因为我们是透明的，我们不需要修饰与掩盖什么！

创业者有许多不为人知的伤感与孤寂，还有许多忧虑、恐惧与不安全感，就像种了一片果园，有时怕鸟儿来破坏，有时又担心天气不好影响收成。我从小就是这样看着父亲经营果园的。任何一个公司都如人一样，都有寿命，我们每一天在做的事情就是让我们的创业不那么容易失败。我每天回家后做的一件重要的事情就是照顾我的花园，照顾满架子的"肉肉"。我真心实意地栽培它们，它们也以千姿百态来回报我。那一刻，我的内心是自在的，是喜悦的。

有一本叫《了凡四训》的书，大伙儿必须读一读，其中让我印象最深的是"积善因，得善果"。从逻辑上讲，这也完全合乎科学。在创业的路上，唯一能改变我们命运的就是拥有一颗向善、勇敢、美丽的心。在路上的兄弟姐妹们，请相信，我们经历了人生风雨的洗礼后，必然会有所收获。

深夜时光里的碎碎念

寿星林　　2016 年 11 月

1

最近碰到老友的时候，他们都会调侃我：最近不是 A 轮了吗？怎么没有见你写文章？老婆也纳闷：不是说儿子出生了就要给儿子写一篇文章的吗？然而，文章这类物质，想写是没有的，这就如同一个生意，想出来的商业模式往往是不成立的。

我想说，夫人确实生了一个很好的娃，感谢我们家夫人。现在我只要不出差，立马想的就是回家。虽然，娃还没有从呼呼大睡的状态中变得正常化，但优质的土地上，哪怕种一株白菜也能散发出清香。哪怕是有再多的烦心事儿，只要看一看儿子的照片，我的心马上变得温暖起来。生活似乎又给我点亮了一盏明亮的灯。我忽然发现，我还没有来得及教育儿子，他却开始感悟起我来了。这就是"平衡"。

白天与同学在交流：还要补三门课才能写论文。我已经快一年没有回到课堂了。前几日，我看到微信朋友圈里有人推荐《未雨绸缪：如何突破障碍变革》这本书，今天书送到了，但还没有来得及拆。这个题目让我比较有感觉，这些年我过得很没有安全感，我对危机的感觉就像猫闻到鱼的味道。自从入了这个圈，人便泡在风险里了，得让风险把自己浸透，然后才能更加熟悉这片凶恶的丛林。

前段时间，我去视察一个刚开的线下客服中心。看到情况不对，回来后我马上开会，会上忍不住多讲了几句，话有点重、有点糙。结果一位新员工就在公司群里发了一段声讨我的文字，还好有"人民群众"站出来为我讲话，不然我的心里不知道多郁闷。当然，我的心胸也没有那么宽，第二天即将其"斩立决"。又过数日，其妻也递交了辞呈。这是一件经典的好心办坏事的案子。我的初衷是要增加他们家的收入，结果我骂人的脾气不是一个愤青级五好青年可以接受的。走就走吧。

关于骂人的事儿，我在公开场合检讨过很多次，公司只有极少数人没有被我骂过。我心里也知道，哪怕人家知道您老兄是对事不对人的，但也一定会怒。我哪有理由要求每个人都理解我、谅解我呢？有人埋怨我管得细，这就更没有办法了。如果我不细，不像看儿子一样看紧我的公司，估计在这个冬天来之前，公司就散了；如果我不像葛朗台似的精打细算、量入为出，那公司今年就一定没有利润，明年的增长就不能做到心里有底，我就得像很多大龄创业青年一样，抱着PPT到处参加比赛。如果我不为了捍卫公司的价值观搞阶段式集权，那么公司就会因为没有核心渐渐沦入民主式的浪费与低效中。

这个世界上，其实没有比创业更加让人糟心的事情了：人人都可以要激励，但还不允许我话糙些。而对于我来说，不要说激励，连句安慰暖心的话都是多余的。因为，大家似乎认为老板是最不需要激励的。公司都是你的，还激励个啥。最后还是老婆、儿子知道体贴人。

所以，革命尚未成功，同志还需努力。走到最后的才是生死兄弟，大部分是过客。过客就给彼此留些好的印象，像我这样直来直去、话糙较真的，只能打入恶人之列了。创业企业温声温气的沟通效果差到了极点。

自从公司融资后，我就再也睡不踏实了，那么不融资行吗？怕是不行的。在这个时代，公司需要有市场的定价，不然连一个期权计划也做不出来，因为没有市值。你必须证明，你是一只身轻如燕的猪。在科技金融这个领域，我们公司一直是"反人类"的。我给自己定了几个指标：利润、净资产增长率、估值，并力求这几个指标都能渐渐亮起来。我说服自己并试图说服团队：不要追风口，在市场中发现真实的需求，并寻求解决之道。我们做那些离用户最近或离钱最近的活儿，也许这会被人理解为思想落后、经营保守，但投资人的钱在增值。先不提上市的雄伟目标，先活下去，活得安安心心的，才是当务之急。我也不担心团队中会走掉一定比例的成员，只要公司有钱、有项目、有扎实的市场基础、有一帮脑子里有干货的同道中人，我怕个啥。在"龟兔赛跑"的过程中，我们情愿做那只长命的"龟"。

一家科技金融公司，股东也好，社会也罢，都向我们提出了更高的要求，其核心就是"透明"，我们的解决之道也是"透明"。这个核心的经营思考来自我们的价值观，我们起心动念创业是为了要赚"善"的钱、有良心的钱。善与良心就是我们的价值观。善是最优美的人生曲线。这种价值观正渐渐蔓延到我们这个组织的每一个角落。如果没有这样的价值观，那么我们只是在做一个生意。做生意是很容易迷失方向的。这些年，我们每天都和很多钱打交道，每天都在不断抵制诱惑中淡定徐行。

我相信，那些离开公司的伙伴们，至少偶尔会想起有一家这样的公司，每一天都在努力让自己更加透明，每一天做的每一件事情都希望能放到桌面上来接受检验。践行这些，虽然累，却很值得，晚上睡得着。

2

2016 年对于我的团队而言是重要的转型年。其一是我们经历了从浙江走向全国的转折。偏安于江南一隅的小日子在年初结束了，市场逼得我们去全国各地找"食"吃。走出去，拓展了我们的视野与空间，打破了我们对空间的陌生感。公司赚钱了，我长吁一口气，2017 年粮食也准备好了；红旗插到了贵州、山西、云南、河南、四川、湖北、湖南、安徽等省；合作伙伴也多元化了。明显的不足就是核心骨干的高度与宽度不够以及中层干部的执行力断层。这些问题只有在发展中才能显现出来，并寻找解决之道。

其二是我们经历了国家针对金融创新领域的专项整治。我对一兄弟说是价值观发挥了作用。没有价值观的践行，估计我们就被整治掉了。过去数年，我们虽然走得慢了，但基础是干净的，没有历史的包袱。当初组建公司的时候，我坚持要有自己的科技团队，虽然很贵，但很值得。

其三是业务板块得以延伸与提炼，明确了公司"科技型投行"的战略定位。在过去的实践中，我们发现，传统金融通过互联网进行加速与升级的需求仍然有很多空白点。而之前，我们在"金融云""区块链"等领域的思考与实践可以有用武之地了。于是科技、投行、财富管理三大相邻、相关、相融的板块被正式确立为公司的三个支撑点。

其四是投行部门正式升级为资产管理中心。一批年轻人走到前台，开始发挥作用了。资产管理中心对于创新资产的基础研究工作已经可以纲举目张了，这是我们第一次主动熟悉与研究市场。投行部门与科技部门的协同与融合，让科技与金融真正有了融合的可能。如果没有我们在投行领域的实践，我们的科技团队面对金融机构的时候就是一帮"菜鸟"。反过来，如果没有科技团队的教育与熏陶，我们的投行团队也基本上只能"贴地"飞行。

其五是财富管理中心成立了。用"服务即营销"的思维构建公司财富管理体系的左手，用科技驱动财富管理生态的"金融云"打造财富管理体系的右手。来年的布局基本形成，招贤纳才进行时。在过去五年中，我们的团队服务了超过 100 个项目与 3 万多名投资者。我们将一如既往地向 C 端与 B 端传递我们的价值观。我们的价值观是我们的立身之本，是财富管理的核心支柱。

快年终了，我必须选好的讲、选正能量的讲，这不仅是给自己打气，也是想告诉家人，这一年没有好好陪他们，是因为我们的团队一直在努力，很争气。

还有许多值得一提的突破，懒得再写。2016 年的工作，让我更加坚定并明白了几个道理：公司的战略不是写出来的，是走出来的。要做理想的现实主义者，公司要赚钱，公司也要融资，公司还要阶段式集权，集中一切火力攻占布局中的关键点，不要怕团队"用脚投票"，发展才是硬道理，前进才有盼头。在所谓的"财聚人散论"面前，我选择日子先过得紧一点，先确保小康。我们所做的一切，都是为了让创业不那么容易失败。

我有自知之明，我不是一个坏人，却是一个有很多毛病的人。我也坚信，我们的公司是一个好公司，团队是一支好团队，当然，缺点也很多。任何着急的改变，都有可能会造成损失，扬长避短为好，将好的东西发挥到极致，或许坏毛病也会渐渐地变好起来了。用清澈的眼睛看世界，世界很明亮；用混浊的眼睛看世界，到处都是阴谋。

如果要问我做什么风险最大？我想一定是股权投资，即所谓 AC、VC、PE 等。我很敬佩把钱投给我的那些机构，同时也暗暗为他们叫好：有眼光。几千万元投给一家轻资产的科技金融公司，投给一家可能有各种问题的公司，需要多大勇气。我在想，万一我偷懒了怎么办？万一我壮志消沉，想要归于田园怎么办？一家创业公司，需要迈过多少个"坑"才能安全地走完一个闭环呢？想想都后怕。那么这就是我努力的方向了。有一天，我可以对投资人说：我去度假了，公司的事你们放心。好想有这么一天啊！

实干的精神与亲历亲为的工作态度，正在逐步向公司的每一个角落渗透。我们开始走出去，主动地寻找市场的需求点，这是我期望看到的，这能让公司形成一种人人务实的"势"。这种"势"是我们发展的动力之一。坚定地守住一个"小"字，很重要。公司小，人就会保持警惕与谦逊，不会自以为是，也能做到不刷脸、不赶场、少开会、不追风口，不会让自己在自我麻醉中成为"大咖"。追求和谐关系的同时，亦要提倡"直"与"执"。直来直去多好啊，只有阳谋。而偏执有时候或可理解为对价值观的坚持。没有城府的内部关系，也许更加适合一家创业公司。

现在好像有一个说法是：创业者的内心是不能有冬天的，同时必须会自燃，要先暖和兄弟们，再自己检查伤口。其实我的内心很少有晴天，更多的是下很大的暴雨。其实我的内心并不宽广，还需要修炼。创业者就是基金中的劣后，赚钱了先分给员工，再分给自己，亏损了先亏损自己。法人代表其实就是基金管理人，承担了无限连带责任。创业者是股东，损益表的最后一行是净利润，是所有参与方分配完成后，最后可以分给股东的钱。

创业的过程绝对是一个快乐的过程。我遇见山西，见闻了晋商之悠久与深厚，当然也遇见汾酒。我去贵州，为这片地上灵山大河、地下储满宝贝的土地痴迷，当然也品尝了最地道的茅台。在宜宾，我望川中风土，观世态人情，体验五粮液之丰富与俊美。最近有个项目在云南省祥云县，祥云这个地方我知道，2007 年我自驾去丽江时就路过这里。投行业务是金融生态中的杠杆与枢纽，而江浙是中国金融发展与创新的"井冈山"。我在与不同地区、不同组织、不同朋友的交流中，取长补短，收获满满。我已经不觉得是在创业，而是在旅行了。在人生的这场百年征途中，江南的少年，很开心。

有人问我，你们公司的核心竞争力是什么？我回答：迅速地发现市场的需求、客户的痛点，并务实地落地。为了这句落地，我们看似做了很多无用功，看似是瞎子摸象，但是最终市场给了我们正面的回应。这里面的欣喜，不是一两杯茅台的滋味可以形容的，其中最让人欣喜的是绝大部分团队成员在这一场人生历练中表现得积极而淡定。

3

今早起来，我与老王一起去了慈溪，然后奔余姚，待我们回到公司时，灯还亮着，我们心里很暖和。小陈他们磨了几天的基金方案也最终落定发出。接着是两位兄弟来访。期间赶紧吃了一点东西，精神大振。老蒋从湖南回来了，带来了让人激动的好消息。待我们订好去遵义与太原的行程时，已近九点。

我办公室的内部有一个零乱的房间，今年三月份迁址时搬过来的一堆东西一直原封不动地堆放在那里。我始终没有勇气打理。我的球包孤独地站立着，球杆已有锈迹，想来有三年没有摸杆了，估计要穿长裙站红 T 了。我想着想着，不禁发起呆来。这时，夫人的电话响起来，我赶紧回家。

2016 年，我做得最正确的选择是继续不受干扰地专注于同一样事情。作为一个大龄创业者，我的精力只限于将自己熟悉的领域做得更深一些，然后慢慢地扩大外延。也只有在 2016 年，我能清晰地知道，明年公司大概能赚多少钱。也只有在 2016 年，生命给了我许多惊喜，比如家里多了一个叫"羲文"的小子。

无聊的时候，我继续追各种剧，继续看我喜爱的仙侠，继续临摹我的字帖，继续买各种老了准备看的书。天气凉了，不知不觉间，好不容易种起来的"肉肉"死了，但花坛里几株倔强的草仍然活着。我还是想想放假了去哪里好好睡几天吧，将生物钟完全打乱。太阳照常升起，杭州依然我行我素，下雨时下雨，阴天时阴天。道法自然。

G20 之后，杭州成了世界的杭州。这座星光沐浴的城市，给所有创业者们带来了最好的运气与机缘。我们享受着在杭州的时光，创业着并努力让自己的生活更加美好。来杭州吧，住上几天，然后，你就不想走了，相信我。

杭州·杭州

寿星林　　2016 年 8 月

8 月，杭州美丽如斯。只要你站在杭州的风里，只要你的心还在，你就可以感觉到杭州，感受到那份美好的心情。

算算日子，自 1998 年来杭州，到现在已近 18 年。这个城市的东、南、西、北，我都生活过、工作过，很多条美丽的街、很多个精致的咖啡馆、很多有趣的人与事、很多场风花雪月的故事……我和许多朋友一样在这里生活、在这里创业，与这座城市相伴相依。

为什么许多像我这样的 70 后痴爱杭州呢？我们不是土生土长的杭州人，为什么会被杭州深深地吸引呢？若择一城终老，我仍然选择杭州。

在莫干山路的一家小饭店，我和一位多年的兄弟感怀过去。他是湖南人，来杭州近二十年了。他在浙大读书，在杭州工作、成家，然后从零开始创业，到现在事业有成。他说，他已经与杭州分不开了。记得 1998 年，我们共事于同一家公司。我辞职远行时，他以口袋中仅有的五百元相送。兄弟啊，在杭州可以遇见的兄弟。在那个少年意气的时光里，在杭大路紫云饭店、在白沙泉，我和我的朋友们曾经一起走过。

想起 2005 年回到杭州创业在地板上打地铺的日子，那是最紧张也最有效率的一段旅程。想起那些笑过、哭过、伤过、痛过的时光，泪水与欢笑同行，惊喜与悲伤相融。这个城市总是在我们最困难的时候，扶我们一把；总是在我们将要放弃的时候，给我们希望的光亮。这就是杭州，上善若西湖之水，融万物、纳天地。我有时候在想，这也许就是为什么这个城市可以有宗庆后们，可以有马云们。因为她没有小城市的市侩与现实，她如此包容与坦然，她原谅一切善良的失败，她鼓励所有勇敢的创新。

这是一座四季分明的城市。春花烂漫时，曾经有一个少年站在西湖边畅想未来，信心满满。夏天，这个城市是黏稠的，是艳光四射的，是全情绽放的。而秋天的景致是极致浪漫的那种，若能牵一个心仪的少女，在南山路走上一回，再到望江门吃上一碗家乡味道的小馄饨，便是人间最美的体验。杭州的冬天，虽然也"杀机"四伏，但是总能让人感受到一丝温暖与希望，即使在金融危机那年，大雪压城，朔风四起，也没有让人们失去对爱情与自由的向往。二十年间，人世沧桑变幻，杭州依然如故，亭亭玉立，依然保持着那份灵气四溢的初心。

我们总能在不同的咖啡馆碰到熟人。渐渐地你会在不经意间发现，这些人们在这座城市的滋养下变得聪明与智慧。他们在这里相爱、在这里生死、在这里愁伤、在这里欢乐。他们的心中永远刻着这座城市的印迹，从此以后，无论天涯海角，都将只能是杭州人。

在杭州生活，在杭州创业，来到杭州，就可能再也舍不得离开。在杭州生活，在杭州创业，我在杭州遇见爱情。我的夫人是我的创业伙伴，我们遇见的时候，我的公司只有五个小伙伴。大约在深秋，我的儿子将带着生命的悸动出现在杭州的山水里。这是我在杭州18年工作与创业最美好的小结。很多年过去了，那些曾经共事的友人都已成家立业，生活美满。那些依然在一起创业的伙伴们，也一个个成家立业、买房、生子。我也已经开始站到台上，给友人们证婚了。那如奔马般飞逝的时光，铭刻着我们在杭州一起共同经历的岁月与友谊。

无论走到哪里，我都会不自觉地与杭州做些比较。显然，这落了下风。可是，这是不自然的，这是由内而外的。每次回到杭州，一下飞机，扑面而来的是杭州轻柔的抚摸，风中洋溢着熟悉的、骨子里的温存。杭州，如同我们永恒恋着的家园。在杭州生活，在杭州创业，她亦师、亦友、亦至爱、亦至亲，我真是醉了……

第二章　践行渐远

> " 不闻不若闻之，闻之不若见
> 之，见之不若知之，知之不若行之。
> ——《荀子·儒效》

践行，坚定的心

寿星林　　2015 年 6 月

　　很多年以来，我终于明白："创业会在不断践行中，磨砺出一颗坚定的心。"

　　人的成长，从单纯到复杂。创业，由简入繁，由易到难，由小到大。我的父母，在三十多年前，用种果树换来的钱，建造了村里第一幢三层小楼。对于他们而言，这就是一种了不起的创业成果。他们从零开始，凭着专注与执着，一点一点积累，直到达成所愿。在这个过程中，每一个白天与黑夜都是创业的过程。想起父母用自己的努力培育我成长，让我有了独立谋生与发展的能力，我的内心就有了一丝温暖。我身上流淌的血并不高贵，却接地气，是最能体会春夏秋冬变化的。

　　创建家庭、娶妻生子、教化后代、延续传承，是一种创业。人生的旅行匆匆百年，如过客一样，最终归于虚无。那么我们在这个世界上做的每件事情、留下的每一个信息、认识的每一个人，都是有意义的。

　　这是一个创业的大时代。这是一个物竞天择，需要以践行来证明自我价值的时代，这是一个用时尚的语言叫作"万众创新，万众创业"的时代。

　　小的时候，我远望大山，想要知道山的那边是什么。我在想，有一天，我会走得更远。那么，就是这样一种执念，引导我前进，走出一条路，通向那神秘的、远方的未知。道在无形中指导我前进，执念在无形中给了我的目标，那种想走得更远的渴望在改变我的一切，让我勇敢地行走在未知里。未来的道路是无形的未知，是一种百年后的期待与守望。我想着改变自己，我向往远方，我坚定地走出自我的樊笼，再难也要远行。坚持不懈，最终靠近目标，通往未知。我想这就是我的道，以坚定的心体验践行之道。

那些历史的经验，是成功者或失败者书写的标签，只能当作故事，娱乐闲暇。每个人都有一种属于自己的独特的道。那么如何开辟出自己的道路呢？用自己的全情投入，将自己的执着与渴望，化作无穷的力量，化解问道路上的孤独与彷徨。

坚定的心、美丽的心、永不止步的心，是我们开辟道路的"剑"。坚定是什么呢？"不以物喜，不以己悲"，不可阻挡，走自己的路，让别人说去吧。人生可能就是一条不能回头的路。它比区块链还要区块链。她原汁原味地保存下来，不能被篡改，只能被完善、演化、蜕变。

我的老师、诗人沈泽宜先生百年如一日，苦难当水饮。颠沛流离中，他依然保持着一颗赤子之心；遭遇迫害时，淡定从容，相信未来；教化学子时，如待亲儿；撒手人寰时，只留下厚厚的书稿存世。我的朋友 M 先生从小得了小儿麻痹症，一直靠拐杖与电动三轮车行走天下。过去的三十年间，他下过海、打过工、开过茶楼、写过书，当然也炒过股，曾炒得血本无归……而如今，他是临安本地最著名的策划人，为很多企业与个人提供服务。现在，在当地没有人敢说他讲的话是没有价值的，人们将他看成是一个真正的男人，经历了无数常人难以想象的艰难困苦，唯一不变的是他那标志性的笑意。那是一种历经沧桑依然坚持走自己道路的淡定与超然。

一切阻力皆来自自身。在这个"丛林"中，最先将自己打倒的还是自己。外力不能真正地让自己失败。心如灯，点亮可以照耀自己，也可照亮路人。但若连自己也照不亮，灯下黑，则茫茫然一片，无所适从了。所有的苦难、诱惑，皆是对内心的一种磨炼。红尘万千磨难，最易吹灭的就是心中的那一盏灯。心若坚，灯不灭。

我很难忘记，二十年前的一个夜晚，我骑着一辆破自行车自城西夜归，大雨忽来，车断了链条，步行回家的情形。那一天，我的口袋里还有一百元。不知道为什么，那么冰凉的一个雨夜，我的内心却是火热的。当二十年后，我又路过庆春路的那一段时，那个时光片段已成故事，却在很早的时候，磨砺了我的心。

在践行的过程中，不断地给自己确立目标很重要。十年前，在一间杭州的酒吧中，我认识了 G 兄。那时，他是中国最大投行的经理。他告诉了我什么是投行。此后，他便成了我奋斗的目标。现在这位兄弟已是最大的国际投行之一在中国的合伙人。但是那样一次聚首，给了我关于投行的因果与目标。虽离目标仍然很远，对于我自身而言，却从未改变，一步一步走在自己践行的道上，每一天都在进步。这条道究竟通向哪里，其实已经与做什么没有关系了。

一个没有目标的人、一个没有目标的团队、一个不能在不同阶段给自己确立全新目标的团队、一个有目标没有办法落地的公司，都会很快被写进历史。创业之路即是问道之路、践行之路。生命不息，践行之路也不会停止。那迷雾重重的未知里，有我们需要的惊喜与快乐。

我记得在 2011 年的夏天，鲲鹏将募集第一款人民币类固定收益基金。在路演前的晚上我仍然充满了担忧，担心募集失败。虽然团队做了充分的准备，但是我们是第一次实践，没有经验、没有老师。我闭上眼睛，想象着自己是一个在无边的黑夜中举着火炬前行的战士。豁出去了！超募的结果是让人惊喜的，由于流动性充裕，优质政信项目基金受到热捧。再比如，2014 年上半年，我们发行第一款互联网金融产品。那时，浙江股权交易中心的平台刚上线，还没有操作过任何产品，也没有客户基础，更没有现成的推广经验。"德城铁"将被作为一只小白鼠试验。我又一次闭着眼睛上了。结果仍然是好的。创业的过程中，只有践行是最好的老师，只有践行才能让我们拥有一颗更加坚定的心。

这个世界其实没有改变。高楼与大路，飞机与高铁，还原过去，仍然是那个曾经青山绿水的世界。在时光的长河中，已经改变的是人们的内心。整个世界都在创业。而那似乎未知的道，则在人们的内心里延伸，无论对错，无论黑白。每个人的创业，都是一次开辟自己道路的过程，是践行的过程。

公司治理结构对创业公司有多重要

寿星林　　2016 年 1 月

创业是"生死劫"

围棋当中有一种决定胜负的"生死劫"，其实创业也是同样的，丛林法则，非生即死。

这是一个"玩"创业的时代，那么多聪明的人、那么多优秀的人都开始创业。可为什么成功率还是很低呢？大众创业是一种激情与才华的集中爆发，还是带有政策性的资源浪费？我们看到马云成功了，京东上市了，新的首富诞生了，而成功路上的累累白骨有谁看见了？

就在前几天，我一位多年的朋友，因为经营不善被拘了，他要在"里面"度过杭州最冷的几天。也许这是他这次创业的终结，但下一次不知道何时开始。

过去十五年间，我看到很多身边的朋友创业，成就一时辉煌，但最终倒下，归入历史的河流。我很尊敬他们。在特定的历史时刻，他们用自我演绎了一个时代的血气与才情。我本人也经过几次创业，有得到也有失去，很希望这是最后一次。

总结一下，一是创业的成功率低。公司都有寿命，几年之内消失很正常。因此，现在每走一步路我都战战兢兢，可能明天就会遇到一个坑。

二是和谁一起创业很重要。没有一个好的创业团队，很难成事。人力再强，也很难胜天。按照现在的说法，创业需要好的合伙人，同学、亲友都可以。三是治理结构很重要。一个团队的核心是谁？团队成员间怎么配合做事？有了成果怎么分配？凡此种种至关重要。治理结构代表了一个公司运行的脉络。病一般是从经脉中来，而后延伸到全身的。四是企业文化不可忽视。这是一种由心而发的势，这种势出问题，公司发展就会偏离方向，离死期不远了。

在以上几种要素当中，治理结构也许是一个容易被人忽视却至关重要的因素。治理结构是创业过程中的"胜负手"。

公司治理结构是怎么回事儿？

什么是公司治理结构？简单地讲，就是我们创业团队如何管理与运营一家公司，用一种什么样的规则来管理和运营一家公司。有人把它叫作建立现代企业制度。这可能不够全面。

创业过程中，我们一定会面临治理结构的挑战。10个人的团队与30个人团队、100人的团队，面临的情况有没有区别？我想一定是有的。如果用小团队的思维、人治的方式管理一家100人以上的公司，那么离失败也不远了。

那么创立公司首要思考的是如何建立适合公司特性的治理结构。谁带队？谁决策？谁管理？就像古代打仗需要一个完整的队形一样，怎样的阵法、怎样的组合战斗力才最强。一般好的将军是这方面的专家，都要思考这样的问题。这也许就是组织架构的设置。这种组织架构体系是由最高决策机构来设置的。谁来决策拍板？当然是帅，帅召开军事会议，听取将军的建议，决定战略、战术，最后是分工、执行。这就是所谓决策机制。而决策的上下一致也决定了执行的效果、决定了战局。

看过《水浒传》的人都知道 108 将的故事。这就是一个典型的创业团队。从初创期、成长期开始，梁山好汉们就以军事化管理的方式来治理团队，可以说这是一个以宋江为带头大哥与 107 个优秀合伙人的创业故事。后来，宋江选择了被"招安"，也有人反对，但最后还是统一了意见，一起向前走。公司治理中，没有百分之百正确的决策，但团队必须做出妥协，与领头人保持一致。这种一致，可以降低创业的失败率。

公司治理结构对创业公司有多重要？

搞不清楚谁决策、如何决策，搞不清楚公司的组织架构与部门设置和业务的关系，就是搞不清楚基本的工作逻辑，团队就没有了方向。

再创新的战法也是围绕结果的。一家公司想要的结果是什么？当然是收入越多越好，成本控制越精细越好，自我与组织的关系定位越清晰越好。这就直接指向一个好的治理结构。这个问题我问过许多创业者，他们没有思考过，大都停留在凭情绪与感觉做事的阶段，或者是想做，却不专业，也不知道如何开始。这样的创业团队基本上不用谈顶层设计问题了，离失败也不远了。

我们经常会埋怨成本高了、执行力低了，可为什么人多的时候执行力反而不如人少的时候？为什么会有人出工不出力？你可能不知道，这些问题也大都与治理结构有关。

一个没有完善治理结构的公司，还会影响企业文化，同时也不可能有很好的激励制度形成。"不让雷锋吃亏"是一个很好的文化，但是没有好的治理结构，你就不知道哪一个是"雷锋"。我们只能凭感觉判断，那么创业也到了危险期。要提高执行力还得奖罚分明，这就需要在基本治理结构完善的基础上设置激励制度，而奖谁与罚谁是有界定的，不是打了败仗大家都有责任，打赢了荣誉平分的。

不经历深度创业，是很难感受到完善治理结构的重要性的。因此，这个工作往往你的人力资源经理不能帮助你完成。这是整个创业团队自上而下形成的一种基本的企业治理能力，是创业期、成长期与发展期所有创业者都要面临的问题与挑战。

我们需要与什么样的人共事

寿星林　　2016 年 3 月

互补的人

一起创业、一起打拼，互补最好。其一是性格的补充，两只老虎在一起，必然是要打架的，哪怕初心再好，也可能散伙。其二是学识的补充，那种亦友亦师的状态最佳。其三是朋友圈的补充，可以彼此补充圈层的不足。其四是价值观与格局的补充，可以彼此拓宽自我。

直言的人

直言的人胸怀开阔，却容易受伤。团队领导需要保护这样的人，而不是排斥。说实话，我也不太喜欢听反面意见。但是我内心时时提醒自己，不听反面意见就会走向失败。每个人都在学习与实践中不断完善与提升自我。因此，我会艰难地听完反面意见，然后痛苦地消化一阵子。之后我会发现，反面意见如同良药苦口，有则改之，无则加勉。我从不记恨那些给我反面意见或直言批评我的人。如果是同事，我会倍加珍惜。敢于对领导说"不"并说出"不"的理由，只要你讲得有道理，我会做出改变。这是我的基本原则。

不拘小节的人

做人做事要讲规矩。但是，我本人却喜欢结交那些不拘小节的人。我是个要面子的人，和不拘小节的人一起却备感放松。不拘小节并不代表不识大体、不顾大局。在一个公司里，一起工作与创业，什么是大局呢？公司价值的提升是大局，客户的满意是大局。如果你是团队领导，碰到不太拘小节的下属要珍惜。因为，他有可能会给你和公司带来不一样的惊喜。

善于改变的人

人们，包括我在内，受到固定思维与习惯的影响，对某些事物会产生偏见。我们在成长的过程中会渐渐服从于喜好，比如听顺从的话、做自己熟悉的事、按照自己习惯的方式解决问题。

而偏见会让我们失去对事物本质的正确评价与判断。接受变化、适应变化，接受不同的人与不同的事物，善于改变与调整自我，这样的人才是我们的团队最需要的。我讨厌一成不变。

看上去不太成熟的人

从打工开始我就常常不招老板喜欢。因为我喜欢表达自己的意见，但可能表达的方式与方法不成熟或者内容也有所欠缺，因此我被无情地排挤与打击过。多年以后，我通过创业找回了自信。原来，我并不是那么不堪重用的。如果团队里有像我这样的人，做领导的一定要珍惜，并且给以机会。如果团队中全是听话的人，估计公司绩效与创新能力都会慢慢变得一般了。不太成熟的人、不太顺从的人，也许就是比较有思想的人。

勤奋的人

一勤天下无难事。世界上只有一座矿是挖不完的，那就是"勤奋"。数牛金服的小伙伴们，传承了这种力量。这也是让我在创业的过程中备感兴奋与自信的事。

勤奋表现为脑勤、眼勤、脚勤，是持续的行动，而不是光动嘴。说得太多，做得太少，一定是不行的。喜欢打小报告、说是非、传小道消息的，也注定会被淘汰。

没事找事儿的人

我们公司的同事小赵，我基本没有批评过他，也基本不给他布置或安排什么活。为什么呢？因为公司的目标与战略摆在那里，他很清楚自己应当做什么。公司里像小赵这样的同事有很多，但也有不少人是在等工作的。

说实话，我不喜欢布置工作。因为那带着我的思考。每个人都是不同的，总等别人布置，长此以往，就会失去自己的个性。听我的就意味着被我局限，永远无法达到自我的突破。我更喜欢那种眼里有工作、没事能找事去做的人。

公司是一个组织，人多了就是一个平台，再多一些就是一个小小的社会。我们需要各种各样充满正能量的人。能"容"能"纳"应该是我们公司持续健康发展的根本动力。

随着公司的发展，公司的团队必然会更加壮大，公司的管理者、团队的负责人、小组带头人、项目经理等在带团队的时候都得思考一下什么样的人值得善待、值得珍惜。当不同的意见产生或者当你不喜欢的人出现时，你是否应当考虑一下公司其实更需要一种百花竞放的姿态而不仅仅只有一种声音。

在这里，我也要检讨自己。我也经常凭经验评价与判断，我也有自己的喜好与偏见。有的同事甚至以为我是一个"一言堂"的人。这其中是有误会的。

如我这般从零开始的创业者，公司就像一个被自己看着长大的孩子，我总是担心他会跌倒，因此往往会对发展过程中的某个细节非常在意，视如血肉。穷人创业，穷怕了，更怕失败，因此也常常喜欢亲自动手。但我在这里也要表个态，我真诚地欢迎不同的声音与批评，这对于把方向的我，甚为重要。大伙儿有意见要提，可以发邮件给我。如果是批评也最好发邮件给我，照顾一下我的面子嘛。因为能"容"能"纳"是做领导的基本原则。

创业团队要警惕"大屁股症"

寿星林　　2016 年 3 月

　　作为创业者，最具正能量的两种表现是：立即与改变。反之，最具负能量的是：拖延与固执。我们需要立即与改变，我们坚定地反对拖延与固执。拖延与固执的病症是"屁股很大、很肥"。

　　关于立即，它代表了高效与快速的反应，代表了文化与理念的统一。所谓立即执行，就是没有丝毫犹豫地执行、斩钉截铁地支持与执行。这种执行的效果反应会很明显，哪怕有问题，也会快速地体现出来，让我们有机会找到问题，并改变之。立即是有朝气的，是积极的，是灿烂的。"天下武功，唯快不破"。

　　改变更加体现出一种"水"一样的力量。改是调整与优化，变则是融入与升华。人会犯错，管理者会犯错，组织也会犯迷糊，那就要迅速去改变。一般情况下，创业公司不能做大的战略性的改变，这样会显得朝三暮四。我所言的改变是策略性的，是朝闻道夕死可矣的果断与决绝。有问题，就需要去改变，心怀梦想，勇于改变。很多年以来，我们一直是这样走过来的。

　　说到拖延，几乎是每个组织、每个人都有的一种习惯。面对难题，我们总想要回避；面对管理上的挑战、日益复杂的格局，我们总是下意识地选择拖延。殊不知，拖延到最后是会得"绝症"的。小"病"的累积就是大问题的开始。在创业公司中拖延策略起不到任何作用，只能创造一种慢半拍的文化，从而让公司走向死亡。我们经常会听到有人在说柔性管理，但他们却没有思考过"慈不掌兵"的道理。领导拖延，团队一定会无所适从。敌人的炮弹落下来，炸死的是一窝慢动作的小伙伴。

固执是岁月的顽疾，是我们逐步老去的象征。有两类人很难被说服，一类是成功的人，而另一类就是固执的人。一个人一旦形成了一种固定的思维，那么所有的决策均为"己见"，基本已经很难从心底里聆听他人的意见了。固执的思想是有毒性的，是一种没有勇气去改变的自我保护。固执与开放是相对的，是封闭的系统，固执的人再也接触不到新鲜空气，与外界隔绝了能量的交换。

数牛金服的团队从几十人成长到一百人的规模，我们的管理正在面临着挑战。我们要讲人情、讲柔性，但不能是宠爱与无底线的。比如，有中层干部就向我报怨：约好九点半的会议，因为有人迟到，拖延到十点才开。我笑着说，不光你碰到这个情况，我召集的会也不一定都给面子啊。这看上去是小事，其实情况很值得大伙深思。人多了，办公室大了，难道沟通也吃力起来了吗？我将这个情况向行政人力资源部门反映，没有得到立即改变，我也体验了一把拖延与固执。投行部的人一度得了"大屁股症"，就喜欢坐在办公室里，喜欢听安排，喜欢发呆。"大屁股症"是拖延与固执的显像表现。这个毛病我要检讨，是我惯出来的。因为我没有将他们推出去，最后将他们养得"屁股肥肥"的。当我们要面对全国市场的时候，这些"大屁股症"的少年们发现，出差好不适应啊。适应不了，那就被淘汰了，我们需要有新的、"身轻如燕"的少年进来。我相信，过一段时间，我们一定会看到一个全新的投行部。我们需要"在路上"的业务团队。渠道拓展中心就完全不一样，他们一直"在路上"，一直热爱"奔跑"的感觉。运营团队与技术研发团队中年轻的小伙伴们多，因此给公司带来了"少年人的朝气"，我希望能长期保持下去。我喜欢他们工作的干劲，这会鼓舞我们为年轻、为梦想而拼尽全力。

我们是一家创业公司，需要灵活与机动，但我们也正在向一家更加有品质的公司进化，因此更需要有一些标准，尤其是文化的标准。什么样的文化是我们需要的？什么样的人在这样的文化下能更好地成长？我坚定地相信，我们的大部队是正气的，是有心气的，是知道自己要做什么的。我每天走得比较晚，小伙伴们的一举一动我都看在眼里，知道他们的努力。有一点小问题，留给了我们更大的改进的空间。那就是如何立即与改变的事了。

我的创业时间可以从 2003 年开始算起。我最大的体会是，由于立即与改变，我为自己创造了新的契机。而由于拖延和固执，我失去机会、蒙受损失的可能性就会比较大。一般情况下，能做到立即与改变的人比较努力、比较勤劳，而拖延与固执的人则相对较为懒散。对于不是富二代的我们而言，"勤能补拙"是不变之真理。

我的体会是，没有目标的忙乱、不把握重点的忙乱也是一种拖延与固执。我们团队中有小部分人员在公司迅速发展的过程中开始抓不到重点了。没有重点就意味着没有效率。明"快"实"慢"。一个团队的领导，知道每天要干什么，主要干好哪些事很重要。领导糊涂，团队就一塌糊涂。好的团队与差的团队的区别就在于，好的团队知道今天要完成的事情是什么，知道排列优先级。

一个能做到立即与改变的人是阳刚的，说话声音大、中气足、有信心。一个拖延与固执的人则阴阳怪气，"屁股很肥大"，说话找不到北，喜看领导眼色。所以一个"娘气"的团队一般是拖延与固执的，而一个朝气的少年人的团队，一般是立即与改变的。我们得时时保持忧患意识，警惕我们的"屁股"大起来、肥起来，走不动路。来吧，让我们向着立即与改变努力吧！

如何让我们的创业不太容易失败

寿星林　　2016 年 6 月

时光匆匆，又一个 6 月已至，又是一个骄阳似火的夏季。

你对自己的工作是否满意呢？今天晚上，我喝了一点酒，想说几句话。2016 年已过半，即将到半年度小结的时间了。半年度的职务调整、岗位调整、薪酬调整，以及半年度的工作总结会议也将准备起来。在大家关心收入、关心自我发展的同时，是否关心过这半年你的业绩与公司的业绩？那就吐吐槽吧！我想看看，我会认真看一看。

在过去的时间里，我们获得了一定的市场认可，完成了天使轮融资，接下来即将开始 A 轮。这说明当初从 P2G 切入金融与科技，这个战略是基本正确的。2015 年底的年会上，我们发布了公司的战略升级计划，这个升级不是推倒重来，而是在原来的基础上，自然进行公司战略的第二阶段演化。总结我们过去五六年中干的事情，无不围绕地方政府开展服务，无不锁定"新型城镇化建设"领域。以金融科技为驱动的"新型城镇化运营服务商"的第二阶段战略定位就是这样来的。

为什么我要反复讲这一点，就是要让大伙以"易"的精神，不断接受创业过程的变化与磨砺；让大家知道公司的发展变化，并了解需要为这种变化付出怎样的努力。公司所坚持的方向正在引领我们走得更远些，并且我可以很明确地告诉大家，新的变化随时随地都有可能发生。

现在，我和我的团队同样面临着从思想到具体行动的加速调整与升级的压力。谁拒绝改变，谁不能适应变化，谁就将被淘汰。与公司未来的发展、与大家的生计和发展相比较，个人的委屈和郁闷已经不是那么重要了。我们从创业开始，就很少思考如何才能将公司做得多辉煌，思考更多的问题是：如何让我们的创业不太容易失败！

我们需要更加聚焦、专注、合力、高效，这是由公司战略延伸出来的战斗文化，是我们要拼死守护的战斗精神。

一个人、一个团队、一个公司的精力有限，只能做好一两件事情，因此我们需要聚焦，需要把资源集中起来，解决重要的、紧急的问题。反之是分散，将资源像散芝麻一样散出去，没有重点，颇具理想主义色彩。这两种情况，后一种的成本最高，失败的可能性也最高。我想大家都需要思考一下，我们是否做到聚焦？有没有将最好的力量、最多的精力用在最需要的地方。

水滴石穿。水这么柔弱的物质，能洞穿顽石，是因为它持续、专注、集中。一个人和一个组织都不是神仙，不够专注就意味着做样样事情如蜻蜓点水，看上去很忙、很敬业，却没有力量打开重要的突破点。比如，有的同事说，我们现有的商业模式已成熟了，长期做这个会不会让团队失去新鲜感与创造力？可我却每天都能发现许多可以改进的地方。实际上，客户的需求在不断提升与变化，市场在不断创新，我们需要不断去适应这种变化。目前存在的情况是，我们原先规划的持续迭代的产品路线停滞不前，或没有明显改变。我们经常说营销难，然而营销不仅是营销部门的事情，更是一个系统建设的问题。良好的用户体验、扎实的产品是营销重要的基础。只有坚持每天再深挖一尺，才有可能避免出现

99尺就停工的风险。好的产品、好的公司，需要我们用工匠精神来打磨。

合力是什么呢？就是合作的力量、协同的力量、团结一致的力量，是围绕战略与目标坚定的执行力。100个人有100颗心，这点是肯定的，但是我们有一个共同的目标：

就是要让我们的职业生涯可以在一个有希望成功的平台上，延续更长时间；就是要让家人对我们不那么失望；就是要让自己全心全意在做的事业不太容易失败；就是要通过不断形成的合力，让不可能变为可能。

这个事业，我像对待我的花园一样，精心呵护、视若珍宝。我需要整个团队的支持与信任，也需要和团队成员一起形成合力，把公司的战略与方向撑起来。我毫不怀疑，只要坚定地、没有折扣地按照战略去开拓，我们的创业就不太容易失败。我们接下来很重要的事情就是要将部门的围墙拆掉，就是要将挡在我们心上的"篱笆"慢慢拆掉。

我和团队的伙伴们都很怀念2014年底的那段日子。我们夜以继日，不断优化与修正，终于在"德清发展"上线时，平台开始运营。那个时候，只有两个字：高效。那个时候，没有人怀疑，只有相信。高效让我们获得了一定的市场先机，从而奠定了现在的"江湖地位"。

现在，高效正在离我们而去。人多了，工作纬度多了，部门多了，拖延也多了。许多人想不通，自己明明工作很努力，绩效却不明显；有的同事总在被动地等安排，觉得没有啥事可干；有的同事和我讲没有什么成就感。在这里，我要先做自我批评。公司有任何问题，都与我这个领头人有关。但究其本源，我觉得可能是我们不再那么聚焦、不再那么专注、不再那么有合力了。这些因素集合起来，就会让公司不再那么高效。

实际上，所谓的部门，只是一个名称，是一种组织保障，连接我们工作的是一条一条的业务线，是一个一个具体的课题，是一个一个看得见的项目。我特别欣赏"大公司、小团队"这个管理思想，具体如何做还需要我们在实践中探索。

这个世界上，从来没有一条路是可以轻松走成功的。一个人的成熟与一家公司的成熟，都需要经历青涩，最终才能获得美好。我们在工作中、在创业中碰到一些瓶颈是非常正常的事情，我们必须去坦然面对。有人说，公司现在像是在下一盘乱棋，其实一点也不乱，哪怕有一点乱也是好事。因为，我们看到了问题所在。

再探讨一下，"一种文化""一种战略"与"百花竞放"的关系。

有人说，公司太集权、太专制，公司不能只有一种文化，需要百花竞放。首先，我坚持认为一个公司，尤其是一个创业公司，只能有一种文化、一种战略、一个核心。这不是"一言堂"。一个创业公司有两种以上文化、两个以上核心，这个公司的力量就会分散，离失败就不远了。

但百花竞放，我也是坚决支持的。价值观与文化可以统一，战略需要坚守，但思想却可以是多元的、活跃的，尤其是一家创新的、智慧型的公司，更需要不同的科技思维、产品思维、市场思维、用户思维。对于敢于创新的人，公司要坚决地给予奖励、支持，树立榜样。文化是土壤，战略是方向，而创新是树、是花。

合伙人文化的实践是成败的关键。合伙人是公司的灵魂、是"马前卒"、是标杆、是示范。

创业公司合伙人团队的强弱，决定了公司的未来。单枪匹马必然失败。我的合伙人中，高航带领的科技团队为公司战略的长期发展与演进打下了扎实的基础；老王带领的市场、营销、客户团队正在探索一种全新的模式；老蒋的产品、运营、创新团队经验丰富、充满激情，正在逐步绽放异彩；公司的资产管理、风险管理团队正走出浙江，迈向全国；我们的投行部门更加务实稳重、更加注重风险。我们从战略层面逐步延展出公司的第二主营业务，也是未来的明星：数牛科技。

在这里，我肯定地说，只要是对公司战略与发展有益的妥协与让步，我都会去做。合伙人之间是一种战友的关系，是一种战友的情谊，哪怕有分歧、有争议，但在面对发展的问题上，我们必须保持高度的统一。

公司的文化与精神需要合伙人团队全力以赴地去推动和建设。没有合伙人的"聚集、专注、合力、高效"，一切将变得更加艰难、更加复杂。

接下来，还是要讲讲"善"之本源！

"善"是我们立身、立业、立言之根本，从我们创业开始，我们就将"善"作为公司发展的本源。我们为什么与众不同呢？就是因为我们始终将"风险第一，利润第二"作为经营的指导思想。我们从事的行业关系着千家万户的福祉，做好了就是积累功德，做坏了就是犯罪。这就是为什么高息的 P2P 平台活不长久的原因。一个善的、可持续的商业形态，必然是对老百姓有好处、对经济发展有促进、对社会进步有助益的。金融不能只考虑自己赚钱，还得考虑如何帮客户赚钱、省钱。沿着我们坚持的"真诚、善意、分享、共赢"的文化前行，沿着我们坚持的"透明、合规、高效、专业"的方向前行，我们的内心透彻坦荡，这也是一种修行。

"聚焦、专注、合力、高效"这四个词，将从我做起，从合伙人做起。为什么呢？就是想让我们的创业不太容易失败！

只有活下来，才有可能变得更好

寿星林　　2016 年 5 月

最近周围的兄弟们有一些困惑，环境与政策带有较大的不确定性，接下来的路应当如何走呢？我们忽然间发现，"万众创新"的度很难把握了，特别是在金融科技领域，系列监管政策出台后，好像创新便等同于违规。说实话，我也有过迷茫，但很快我就意识到：迷茫以及目标的不确定所带来的波动正是考验我们道心的时刻。世界从来不曾黑白分明过，反而绝大多数时间是灰色的、是混沌的。混沌带来的变化也许是开天辟地的，如果被一时的得失困扰，就容易迷失在时间的河流中。

作为一个普通人、一个创业公司的管理者，面对此时的混沌应当如何做呢？如何思考与行动才是对企业、对员工最大的负责？我想首先应当搞清楚，公司是什么？为什么要创办公司？什么样的公司才能活得更久一些？

回顾过去，展望未来。好的公司一定是选对了方向的公司。方向如果大体没错，那么哪怕战术上有些问题，也是可以调整好的；然而光有方向是不够的，还需要"知行合一"。可持续的商业模式是一直被关注的，然而我们发现，商业模式可以被"现金"打败，谁的钱多，谁就可以在商业模式、生态建设中占据王者的位置。领先的技术行不行呢？当然是可以的，这会让你在市场中与众不同，容易拿到钱。然而技术由人把握，而人最终还是敌不过"现金"的，不然那么多猎头公司就没有用武之地了。还有许多种所谓好公司的模型，就不一一列举了。但如果在互联网时代比大小、比快慢，我们实际上都比不过"BAT"们，当然卖给"BAT"也不错啊。那么我们怎么办？我讲得不靠谱一点：一靠积累，二靠运气。就让我们来探讨一下所谓"积累"与"运气"吧。

所谓的积累有点像乌龟，是一个时间的概念，活得长、走得久、等机会。李鸿章的祖父是一个小生意人，社会地位普通，但非常重视教育，他的父亲因读书而入仕。到了他的这一代，因为父亲的努力，他才有机会进入政治圈，从而龙归大海。

对于创业公司来讲，如何才能活得更长久一些呢？那就得学会做生意，现金流的重要性就体现出来了。流水看似弱小，却能日积月累汇入江海。雪球也是慢慢滚大的。这个节拍似乎与现今的创业几年就 IPO 完全不匹配。然而，战场上冲在最前面的死亡率明显会高一些。创业者不重视现金流，不学会做生意，失败率就可能会高一些。

很多管理人员不是十分清楚现金流对于公司生存发展的重要性，然而将有长期稳定现金流的公司与靠融资活着的公司作一下比较，这个重要性就凸显出来了。最近有家上市公司说他们投资的一家互金企业，连续两年亏损过亿。这是什么"鬼"？1 亿元现金都可以在杭州周边打造一个占地数百亩、按所谓工业 4.0 标准构建的现代化工厂。这个世界并没有那么多 BAT，BAT 的成功有很大的不可复制性。那么我们就需要认同常识。这个常识就是没有现金流的公司，即便模式与技术再牛也可能会死掉。那么现金流是如何产生的呢？正向现金流只有两种：经营性现金流与融资性现金流。我们更需要的是前一种。去年全球区块链明星企业莫不过杭州的"嘉楠云智",卖"矿机"卖疯了,数钱数到手软。良好的现金流为公司的长治久安打下了基础,如果不去"赌",至少可以平安地活上很多年。如何让主营业务产生现金流,是每一个合格管理者应当深度思考的问题。如果你对"现金流"不重视,那么只能靠你超牛的技术与商业模式,在敌人没有发现与到来之前,一夜之间占领市场并把前面的洞也补了。这样的公司并非没有,比如做医药研发的公司,长期不赚钱,投入到研发中,可是一旦产品通过了临床实验,投入市场,现金流就会成倍地覆盖投入。但假如我们没有这样的成长逻辑,或者逻辑还不够清楚,那么短期现金流的创造与长期的发展计划就需要并重。

要在主营业务上获得现金流就必须学会做生意,学会营销产品与服务,学会让公司产生正向的现金流。一个可持续的创业者,也许首先应当成为一名生意人。当然假如你是乔布斯或是比尔·盖茨之流,应当别论。忽视短期现金流、看不起小生意、只拥有远大理想却又缺少资源、对离钱近的生意敬而远之等,就是"现金流稀缺综合征"的表现。这个"病"是一个要命的"病",大多数创业公司都是死在这个"病"上面的。娃哈哈卖水卖了好多年,并逐步做大,我想其根本是营销做得好,现金流为王。即便是一瓶普通的水,农夫山泉也能卖出更高的价格。因此,似乎没有卖不动的产品,只有会不会卖、会不会做生意的问题。

而**所谓的运气不是指天生的运气,而是靠积累获得的运气**。很多人平时很节约,一碰到房子开盘就立即调动一切资源把房子买进来,如果平时不积累,可能连首付都不敢想。过去几年里,房地产显然是一门最赚钱的生意。创业公司也要重视积累。在资本的冬天来临的时候,有现金流,并不断积累现金,就可能有抢"便宜货"的机会。如果没有钱,怎么办呢？持续融资吗？那也要有人不断地愿意投资给你才行。而如今，环境正不断变化中，资金面正在紧缩，可以想象融资也会更加困难。

对于创业团队而言，假如不会创造现金流，同时又在快速地消耗资金，那么只会死得更快些。创业企业最大的成本为人力资源成本。比如，一个年薪 10 万元的员工，各种资源叠加起来，公司的支出估计将达到 15 万元。由于战略目标不清晰而导致的团队无效率扩张带来的浪费不可小视。我们亲眼看过本地有一家公司半年内从 500 多人裁到 200 人左右，这是面对强大的现金流压力时的断肢求存。

缺乏战略高度的投资是指目标不清晰、性价比不明的投资，这样的投资也会消耗现金流。我们的同行中，运营推广费用占成本 50% 的企业也是存在的。这笔账是否合算，一开始没有算清楚，到后来就是糊涂账了。陌生领域的投资，会让我们补交学费，这个学费能否被后面产生的现金流覆盖是一个重要的课题。

在团队与管理跟不上的情况下，跨平台与跨地区运营也是一个"坑"。然而痛苦的是，我们公司已经到了必须走出去的程度。在全国战略推进的过程中，我们不断交学费。我个人偏向于算大账，只要总的能平过来，为了全国战略也拼了。但是团队与管理一直成为公司健康发展的瓶颈，顾此失彼的情形也会时时存在。

业务规划的权重配置十分重要，比方说如何平衡中短期创收业务与长期发展业务的结构。我认为可以通过业务的倒逼使人才的储备与培育逐步形成梯队，从而更加合理地支出相应成本。

在巨大的不确定性的环境下，人容易迷茫，公司也会出现方向性的失明。而在这样的背景下，公司的决策者更加容易出现决策上的错误。

不过，学会做生意，创造公司的正向现金流，是一种以不变应万变的策略，看似缺少了少年人的血气之勇，多了一些中年人的城府与世故，不知道这是不是好的选择。在混沌时刻，不失初心；在艰难时刻，相信战友；在深夜，努力学习，持续思考。

但是我们得想方设法让公司活得更久些，这样运气才会时时眷顾。这段时间，我时时提醒自己，静下来、慢下来、活下来。

互联网金融为什么会出问题

寿星林   2016 年 5 月

2015 年下半年，互联网 + 金融的市场频频出现不良事件。概括来讲就是两个字"跑路"。2016 年始，监管政策陆续出台，行业似乎进入了一个低迷的状态。有业内人士分析，行业已经触底即将反弹。我本人则持谨慎的态度。事实上，我们也不能把账全记在互联网金融的头上。这些问题本质上还是属于民间资产管理与财富管理市场的乱象。

我认为一个尚在探索中的行业出点问题是正常的事，是在意料之中的。只不过我没有想到问题来得如此迅速与猛烈。一个不成熟的商业模式加上一个不成熟的生态，必然招致调整与振荡。

问题到底出在哪里？

首先看一下商业逻辑。

一个行业之所以能存在并可持续发展，必然有着与社会进步相吻合的商业逻辑。互金平台的发展可能与"两多两难"有关。巨大的流动性与民间财富储备决定了盲目与试错的必然性。

第一个，也是争议较多的问题是谁 + 谁？现在好像是清楚了，是金融 + 互联网，本质是金融。可是一谈到这个问题，技术派就急了，我们不懂金融怎么办？还有一些人却觉得不难，他们认为"渠道为王"，有人买产品，还怕没有产品供给吗？事实不是如此的。过去一年多以来，基建类的政信产品需要排队和预约，那么互金平台怎么办？有毒资产就是这样慢慢渗透进来的。

另一种理解是只有持有牌照的金融机构才有资格进行互联网＋。我在一定程度上认同这个观点。但如果是这样的，那就不需要鼓励发展互联网金融了，那么行业的重整就是一个抹去旧的重新来过的动作。比如银行，一直是互联网＋的，比如信托机构，加互联网有着天然的优势。

第二，我们就看一下流量重不重要。流量是否是估值的唯一标准，如果有毒资产进来了，平台还有没有价值？

有一点，现在也渐渐清楚起来，就是流量可以做假，是可以刷的。平台刷流量最简单的方式是"长拆短"，这就是埋下了定时炸弹。这几日，我扫了一下本地区广告做得最响的几个平台，天标林立。

到现在，人们终于明白了，光有流量没有资产不行，光有流量拥抱一堆烂资产更加不行。谈到资产还要回到金融这个点上来。没有高质量的资产做支撑，烧钱模式下的获客最终将会因为市场的一点点小波动或者是政策的重大调整而成为一堆灰烬。最近，市场上的"流量派"不讲话了，着实也委屈得讲不出话来。还有一类讲不出话来的人，就是在这些流量与入口企业中投了许多钱的 VC 们。TOVC 模式走到了终点。

第三，就是要搞明白什么是互联网＋？为什么要互联网＋？

在公司年度工作会议上，我与同事们分享过我在制造企业的体验。从传统落后的制造时代到数控时代再到互联网＋时代，装备与技术的不断革新及演进，给过去三十年的中国制造企业带来了量与质的飞跃。互联网＋也是一次从技术革命层面向商业模式、生产方式、管理思想等层面充分递延的生产力的蜕变。互联网是科技，这个充满灵性的工具，将大范围地改变我们固有的思维，从而为我们在与社会生产结合的过程中带来进步的力量。而线上交易的高效、透明将给金融创新带来不可替代的契机与惊喜。

其四，要想清楚一个逻辑，那就是投资收益是怎么来的？投资者的钱去了哪里？

这是核心。我不止一次地讲，收益率超过 10% 的高息产品，投资者必须认真研究投资到哪里了？花这个钱的人有没有产生更高价值的可能性？人们为什么要借钱？是不是正常的、符合逻辑的消费与投资？互联网金融如果只是存款搬家，那就没有存在的意义。如果是高息放贷，那就更加没有意义。如果是为了吸引投资者（流量）发布的假标，那就是违法行为。那么从这个意义上讲，信息中介这个说法是否合理也值得商榷。信息中介的意思就是只管发信息，搞错了或出了风险他不管。这个理由十分牵强。当然，绝大多数平台还做不到信息的充分披露，还是以"某公司""某人"来表达关键信息。我们难以想明白这是为什么。

数牛金服旗下的浙金网，选择了新型城镇化这个领域，虽然它处于需求侧，但是投资者的钱却是实实在在地用在了诸如"造城""筑路""治水"等领域，是为实体经济服务的，是有助于提升我国经济建设成果之品质的。我们与投资者一起做的是一件有意义的事情。还有就是投资收益不断因为融资方的要求降低，最近已全部降到年化 7.5% 以下。这或许就是互联网＋金融需要寻找的意义。

我以为，互联网＋金融，可能还应当加"产业"，产业是整个商业逻辑的支撑点。只从技术革新层面与金融创新层面思考这个行业，会导致"平台空心化"，从而使互金创业变得没有任何价值。

赢利模式决定的商业模式？

为什么叫互联网金融，原因大致受到了阿里"余额宝"的启发。而微信将"入口"与"流量"的价值推到了极致，百度则推波助澜地"闷声大发财"。

种种变态而诡异的氛围让互联网金融企业一出生就蜕变成以"销售""规模""交易量""注册用户"等关键词为估值核心的资产销售平台。平台的获利方式本质上就来自于交易产生的佣金。它从原本的P2P撮合，迅速演化成垃圾债权交易市场。而作为整个市场中最大的渠道银行，则把握了风险最低的资产市场，大赚通道钱。创业型的互联网金融平台们，从 0 到 1，或自建资产，或自购资产，或代销资产，早已经从"信息中介"异变为"信用中介"，甚至搞自融或假标。

不少互联网金融平台高举创新的大旗，着实火了一把，一批完全没有章法的产品被推送到市场中。比如，几乎所有的大平台都有天标，当天就可以提现。有一点常识的人都知道，哪怕挂钩货币基金，从投资到赎回也需要几个工作日，这是最明显不过的"资金池"。高息标也充斥市场，甚至有高达 20% 的。做一个简单的题目：无风险利率 + 风险溢价 = 产品收益率，那么 20% 的产品就有五分之一的可能性收不回来。但是这样明摆着的风险，却被无视。一方面是百姓的从众与非理性心理，另一方面是互金企业自导自演的无可奈何，反映出了自身节操问题与对法律的无知。现在国家开始监管了，很多人出来埋怨管得太严酷，这能怪谁呢？事实上损失已经造成，某租宝、泛亚这样的事件在 2016 年还会产生。我想想都有些怕，怕被误伤。

互联网金融为什么很难进行有效的风险管理？是因为风险管理的门槛高、成本高、专业性高。

如果只是将互联网金融当作一个销售通道来看待，那么它是无法独立生存的。如果平台自身来设计与研究资产，那么我们所对应的能力就会受到挑战。如果我们从财富管理平台角度思考这个行业，我们可以发现互金企业当中的绝大部分企业无法解决资产供应问题，也无法拥有独立风险管理能力与对资产选择的独立性评价。由于平台的生存模式一般为获取佣金与中介费用，在没有办法的情况下，一些风险极大的资产就会流入平台，从而再也不可回头。这些问题若得不到解决，这个行业显性的"高门槛"会让企业不可持续。

有一些公司可以生存下来，比如蚂蚁金服。蚂蚁金服是经典的集团型混业金控模式，旗下有网商银行、金融资产交易中心、保理公司、创投、担保等一系列平台。蚂蚁金服综合了多种金融工具，形成了从资产供应、销售、风险管理、资产证券化等一体化的生态系统，初步具备了风险防范的能力。这些都是大布局、大动作，专业性高、成本高、门槛高。

另外，互金企业的技术专业性要求也很高。一个与钱打交道的平台，每天都会有黑客光顾。如果只是花钱买一个软件，没有专业的技术团队支撑，那么玩完也是迟早的事情。而一个公司培育一个成熟的、有持续创新与进化能力的专业团队，成本也是极高的。

因此，管理层很难制定一个万能的监管政策来让行业走向正轨，只能是一管就死，而且是一死一大片。市场天然就具备自我淘汰与净化的力量。2016 年，对于灾难性的大平台倒下事件频发的状况，行业无以应对。我在出席山西互金行业的一次研讨会时，分享过对 18 个月整改期的理解，这是让互金企业"找问题、擦屁股"的 18 个月。

我想，互联网金融已到了转型的关键节点上。这种转型没有统一的范式，各家都有各家的道路与方法。但立足点仍然要从过去的教训中找到问题的关键。它激起了金融创新的一池春水，唤醒了传统金融机构对互联网＋的重视；它打破了金融的垄断，发出了颠覆式的声音；它说来就来了，市场还没有制度性的支撑；它到底是一个"好孩子"还是"坏孩子"，需要用时间来验证。

可以确定的是，市场必然会淘汰一批误入歧途的"孩子"，留下那些认真做事、懂得敬畏的"孩子"。现在，冬天确实已经来了，我们要做的选择只是：活下来！

聊聊互联网金融中的担保那点事儿

寿星林　　2015 年 12 月

一不小心被"互联网金融"了，一不小心平台上线了，但我一直对互联网金融平台 100% 本息担保（或保障）的说法感到困惑，也不敢说我们的平台是 100% 本息保障的。我一直以来的梦想是做一个基础资产撮合交易平台，把投行的功能与市场的功能充分发挥出来。我们甚至在公告中明确，平台是不担保的，投资是有风险的，需要投资者根据标的自行判断风险后再决定是不是要投资。这个说法遭到合作伙伴的质疑。其实，我只想郁闷地说，不是我不想担保，而是实在找不出理由说我们的平台具备这样的担保能力，忽悠投资者的事情我是坚决不能做的。另外，我们虽然应用了 P2P 的技术与理念，但我们不是一家 P2P 网贷公司。

先聊聊担保吧。从事金融服务行业近十五年了，发生在担保上的流血事件，从我开始创业算起，1998 年有一次，2003 年有一次，2008 年有一次，2013 年至今连续发生。最近，媒体报道称，洛阳的担保行业全军覆没了。其实所谓担保无非是一个人或一个企业信用不够了，需要增加信用借钱，于是便需要找担保了。

一直以来，企业去银行融资必须"有保有押"，"保"就是找一家实力对等的企业担保，"押"就是抵押。可是通常企业并没有那么多抵押物，所以在担保公司产生前，企业间互相担保是"有保"的唯一方法，这个方式也一直延续到现在，且终于酿成惨剧。2014 年间发生的所有企业倒闭事件与银行不良事件几乎全都与"担保"这两个字有关。

而恰恰是银行发明了联保这个工具。互保的问题在历次宏观调控时，都是一把杀人不见血的"刀"，这是一个"株连九族"的政策，甚至会使完全不认识的企业受牵连而被枉杀。互保和联保都会形成一个险到极点的"圈"，凡是进了这个圈的，离出事儿也就不远了。假如银行等机构能鼓励企业量入为出，勒紧腰带过日子，按照经营需要真实地从事融资，相信倒下的企业就不会这么多了。但银行也是一个公司，也是要赚钱的，于是那些信用不够的企业开始透支自己的信用，甚至去透支别人的信用，后果可想而知。过去十年间，倒在担保上的企业数不胜数，"死因"无非是以下两点：环境造就、戏演过头。

记得大约在 2003 年左右，杭州终于有了一家真正意义上的担保公司，企业想融资可以找担保公司。担保公司首先在银行授信，然后在交了一定比例的保证金后为企业提供担保，担保公司另向企业收取 3% 左右的保费。大家会以为这是一个明显不太成立的商业模式，收这么少的费用，赔了可是全赔呀，事实也是如此。但这家叫中财的担保公司倒一直活得不错，还扩展到了全国许多城市。之后可圈可点的担保公司是中新力合，可以说它推动了杭州担保公司业务创新的发展，在 2008 年左右它就已经开始运用夹层融资这个工具了。比较经典的案子是中小企业集合信托计划，其本质是定向优选企业，以担保为基础，以信托为工具，以政府为引导，以银行为平台，以创投公司为劣后（这明显是投行的操作模式），做一个长期的布局。最近 UPG 也不能免俗地"触网"，名为"鑫合汇"。它创新、敏感，充满了浙江人的智慧与通达，不管它能走多远，我都很尊敬这家公司。广东有一家比较悲情的担保企业，叫"中科智"，创新走在险路上，提前倒在沙滩上。

之后的浙江担保圈也涌现过不少好公司，比如香溢、华昌、金桥等。现在看来，稍懂金融的好像都开始转型走混业、走投行模式，或"触网"。担保作为一种单一的公司业态显然被认定是不成立的。2006 年以后，一批高利贷公司披着担保的外衣上市了。担保成为非法集资的一种借口，不幸的是，还真有许多老百姓上当，把钱交给担保公司。2008 年左右，杭州已经上演过今天洛阳的这一幕。现在担保公司在浙江市场混不下去了，于是"假 P2P+ 担保"来了，善良的百姓再次上当。"传奇"之类的公司便是典型的例子。2012 年，担保公司在开业前必须到浙江省中小企业局办理行业许可证。这也许算是本地区对担保业象征性监管的开始吧。

伤心事不再说了。终于线下金融业务开始被搬到线上来了。互联网模拟出了线下很难呈现的业态，于是一下子便势不可挡了，于是互联网金融当中又出现了担保这个词，几乎所有的平台都会打出 100% 本息保障的标签。

当互联网金融开始站在风口上（虽然我至今没有充分理解什么是风口），我发现担保这个词又开始热门起来了。几乎每家 P2P 平台都会宣称 100% 本息保障。那这个本息是如何保障的呢？信用支撑点在哪里？监管部门关于平台不能担保的原则该如何理解？这些情况，一般的平台上很难有一星半点的信息披露。

我们知道，传统意义上担保公司要具备担保的功能必须依托于银行，需要获得银行的授信。这个授信是有杠杆的，比如 1：10 或是 1：8，更多的担保公司在业务刚开始时只能获得 1 ∶ 5 的授信。担保公司负责担保，银行负责给钱，出了事担保公司负责赔付。我本人在运营担保公司时就赔付过几笔。

那么，P2P 平台的担保能力是如何来的？是拍胸脯拍出来的吗？为了忽悠百姓，有的平台就在体外成立一家担保公司，然后用这家公司来担保。看似是第三方，其实只是左右手的关系。像样点的公司会出具保证金账户的余额，可是认真看一下：银行出具的是时点数余额，很难判断现在有没有钱。这类公司存在自融的可能性比较大，也比较方便自融（只是臆测）。这种模式陆金所能做，并不代表其他平台也能这么干。

那么另一种通道与纯平台类的公司是不是就能免责？关键是有没有纯粹的通道与平台？纯粹的通道与平台又能活多久？在类似的平台中，有一个很有意思的表述：合作伙伴"某某担保公司或小贷公司"提供100% 本息保障，或者是"某某保险公司对资金账户安全进行保证"。但是关于合作伙伴的信息披露是含糊的。保险公司实际上保的是资金账户的技术风险，钱回不回来不关它的事情，但老百姓的理解往往是资金由保险公司保证安全。这里面还有一个结构是非常不清楚的，就是出险时合作的担保公司与小贷公司如何来担保与赔付？有没有担保能力？担保公司、小贷公司与平台合作的交易结构是什么？为什么它们必须赔付？针对这个例子一般有两种产品交易方式：第一种方式是小贷公司如果要把它持有的债权通过平台转让，其本质是小贷公司把应收账款直接对投资人转让。做得规范点，就是小贷公司的资产负债表上就会减掉应收账款，而现金增加，同时，必须通知债权人，同时债权要进行登记。那么债权是否能拆分？拆分后的投资者持有的债权是否可以直接向小贷主张权利？真的打起官司来这些可能还是未知的。另一种方案是转让小贷公司债权的收益权，其本质是小贷资产的类证券化。那么为了保证所转让收益权对应的基础资产的独立性，就必须设立一个特殊目的的公司（SPV），而且这个 SPV 的设立也非常有讲究。我想不是金融出身的互联网平台连听都没听说过。如果投资者不能根据平台提供的相应凭证主张自我的权利，那么平台就真的有兜底的义务了。

现在看来，那些自己没有资产生产能力而去靠谱点的合作伙伴那边拿资产的平台相对而言还比较安全。因为它的 C 端强，有一定的选择与议价的能力。归根结底还要回到资产是否真实优质、承担担保义务的这家公司是否有担保能力上。系统违约产生的时候，光凭平台的风险准备金是不够的。项目违约在未来可能是一件很常见的事情，那么当违约产生的时候，平台与投资人是否能站在一致的立场上就显得比较重要了。当然，中国的投资人喜欢有人担保，喜欢 100% 保障。把风险讲得很清楚的产品估计是没有人买的。这是一件很纠结的事情。

顺便八卦一下"监管"这个词，我想说，不是资金从银行那头过一遍就叫"监管"。还有就是"托管"，在银行里，"托管"账户开设的权限基本都在省一级分行处。托管根据产品成立的阶段又分成"募集账户"与"产品托管账户"。至今，托管都没有向 P2P 平台开放。我从不怀疑债权转让这种形式的可行性，但我一直质疑的是没有真正托管的债权转让模式能走多远？

我至今还不是十分明白各家平台对外宣传的资金监管的表述内容。到目前为止，银行对于 P2P 平台连真正的监管都没有开始，哪怕签订了监管协议，银行也只是形式上的审核，至于资金去哪里，为何去那里，银行是不管的，也不敢管。有的平台与银行签订了监管协议，但大家都明白这是只监不管的。我们公司发契约型基金时，在银行开设了"产品托管账户"，审批流程加准入，将近弄了两周时间才搞定。

不能在资金流上完全实现 P 与 P 之间的直接支付，资金经过平台到达另外一个 P 那边，出了问题，这个 P 先找谁呢？只能找平台，可不可以找平台兑付呢？是可以的。不被监管或托管就会产生许多符加的效益，而纯托管（第三方支付已经有了）却只能赚服务的钱。在没有监管的时代，可能不托管的平台还能活得更长久一些。这是一件让许多人纠结无比的事情。在不太讲信用的时代，忽悠着说 100% 保证的平台，可能比那些充分揭示风险的平台显得更加安全。节不节操好像不太重要，关键看最后有没有出事，出了事好像什么都是空谈。

有人告诉我，在混乱的年代里，你不乱，你就得先死；趁大家都乱的时候搞一把，等到监管来临的时候，再梳理干净也不迟。但我们不想这么做，一来我想混乱的时间窗口不会太长了；二是我认为一旦乱了就很难洗得清了；三是我们这帮人是搞金融出身的，有过切肤之痛，知道雷区在哪里。还好，我们刚开始，还来得及认真一些！

对当前互联网理财市场的几点思考

寿星林　　2016 年 8 月

回顾

最近有人将理财区分为线上理财与线下理财，并认为线下理财的一般都是骗子。话虽然糙，却有一定的道理。线下理财也一度被包装成 P2P，号称是互联网金融平台，从而让一大批投资者上当受骗。其实历史总是不断地以各种面目重演。

互联网金融线上理财出现之前，市场上可能只有线下理财（当然银行理财其实一直是线上的，在这里我不加以讨论）。在诺亚财富将所谓第三方独立理财机构的概念带到中国前，大约在 2006 年前后，线下民间理财市场主要体现为"掮客""民间借贷""民间投资"等形式。虽然诺亚从来没有"独立"过，但对于理财市场的发展，功不可没。

2006 年之前，浙江的理财主角为担保公司。这个在 2003 年左右诞生的新生创新模式一度被认为是解决中小企业融资难的神器。然而，在发展中，担保公司逐步被异化为民间高利贷市场的载体。担保公司及后来出现的典当行，一直是"民间高利贷""非法票据走私""高息转贷"等服务的温床。一直到 2011 年担保公司才有了所谓省经信局发的"许可证"，从而实现"伪牌照化"了。而之后的"小贷公司"以及温州金改的产物"民间资本管理公司"也是如此。初心很好，却很快沉沦。

2010 年前后，从创投领域借鉴而来的有限合伙公司模式被大范围应用于线下理财。《合伙企业法》的出台为其提供了法律形式上的支撑。表面上，有限合伙这种线下理财模式已经有了所谓的"银行监管"。有限合伙通过银行委贷模式终结于上海华夏银行发生的"中鼎事件"。此后，几乎所有银行逐步停止了有限合伙企业通过银行申请委贷的模式。值得庆幸的是，《私募基金管理人办法》出台了。私募机构牌照化开始，契约型基金在合伙基金之后登上历史舞台，这也为 FOF 资产配置类母基金的发展提供了法律与创新的工具。到今年，私募机构管理的规则日趋完善，混进"革命队伍"的劣质机构逐步无法遁形。

此后，以互联网金融为代表的线上理财出现了，大量平台涌现，然而却在 2015 年初，相继倒下，投资人损失惨重。于是，号称史上最严格的监管与专项整治开始了。然而，与私募基金的管理相比，互联网金融的监管难度显然更加不容易。一是因为涉及部门多，这是一个跨部门协同监管的状态，不可能简单地用"谁家的孩子谁抱走"的方式来分隔。现在明确的监管部门是"银监"与"地方金融办"。二是由于互联网的高效，规模扩张太快，影响面太广，这个领域的监管风险很大，很容易引起民生问题。三是从业机构的整体金融素质还不如"私募"，导致大量平台跟风，而对长期持续运营完全没有底线与预判。一批民间高利贷从业者找到了新的载体，欣喜若狂；一批纯骗子找到了迅速聚敛人民币的通道，群魔乱舞。四是长期没有监管与标准导致的阶段性混乱还将持续一段时间。一个大有作为与前景的领域，正面临着死亡的危险。

一种商业形态的出现必然是有市场基础的。为什么互联网金融会有这样大的影响力呢？其一，源于长期通货膨胀导致的货币贬值带来的焦虑。老百姓的理财需求没有办法通过金融机构直接得到充分满足。其二得益于新常态下中小企业与创业者对资金需求的饥渴。

思考

有人建议对线下理财实行一刀切。这个不是没有道理的，哪怕像银行这样的金融机构，也时不时会出现一些管理问题。私自向储户推荐线下理财，这就是所谓的"飞单"。财富管理机构赚取差价的模式决定了从业人员基本不会考虑"投资者适当性管理"，甚至可能因为机构发展过快，而对线下财富管理分支机构失去控制。

"资产管理""投资管理""财富管理""资本管理"这些名词泛滥。正常情况下，这些机构分为三类：一是投行型企业，是资产的制造商与批发商。二是独立理财机构，自己不生产资产，而从优质的合作伙伴（投行）处获取资产推荐给投资人，比如销售信托、资管、私募基金等。三是投行与理财综合型的机构，从资产的生产到资产的销售都由自己完成。这三类机构的定位、风险管理能力、投资能力差异很大，但是投资者基本都搞不清楚状况。

互联网金融正是基于市场旺盛的投资机会、投资需求的高效对接而产生的一种信息撮合机制。这种机制有几个明显的优势，一是突破了传统金融机构的"金融霸权"，使金融服务的普惠程度更高。二是去中间化的、高效的交易机制的构建，使理财产品的销售不再采用人海战术，降低了理财机构的管理运营成本。三是信息更加透明、风险更加完整地被披露（理想状态），传统的线下理财的不透明性与灰色地带逐步消失。四是互联网技术可以模拟并实践出一种线下交易无法实现的、创新的用户体验，平台对客户的管理与服务更加直接与高效。

一开始，有人觉得互联网金融的门槛低，创新的空间大，于是便纷纷进入，殊不知其执业门槛奇高。第一个方面是团队建设的要求。一家互联网金融平台公司至少需要有两大类基础人才：一类是有深厚金融底蕴的、成熟的金融执业团队，并且这个团队对于多元化的金融市场、产品、投资等要素都具备很强的学习能力与创新能力；一类是拥有扎实功底的、成熟的技术团队，这是整个互联网金融平台与技术迭代必须具备的技术基础，另外这个团队还必须融入懂技术与懂金融的运营团队。第二个方面是"金融科技"的文化融合。金融团队与科技团队的属性有很大的差别，一冷一热，且驱动机制也完全不同。金融科技团队的建设与文化的构建是一个全新的课题。第三个方面是需要有一笔较多的钱。几百万的启动资金对于这个行业的创业来说几乎只是零头。我们按照一个100人的团队计算，一年的常规经营成本约在3000万左右，那么200人、300人的呢？如果还要烧钱冲量、冲速度，钱够花吗？如果公司的日常经营性现金流不足以覆盖成本，那么讲故事融资就成了这个行业的一道风景。

信息中介被异化之后十分可怕，最近一年多出现了不少以"熟人借贷"为定位的平台，并发展十分迅速。"人人都是金融家"，这怎么可能？是人人都去放高利贷赚利差吧。这是一个十分荒诞的逻辑。参与之后仔细剖析，我发现其基本的模型就是"民间借贷＋传销＋已被消灭的民间非法抬会＋社交平台"，其危害性或不亚于某租宝。

现在的行业氛围与两年前比较可谓"冰火两重天"，行业正在出现"监管死"现象。那么还要监管吗？我本人觉得正是时候，甚至稍微迟了一些。同时，通过这一轮深度的监管，相应的政策明确出台，提升行业的准入门槛，资本与创业的激情将逐步理性，优质的公司将活得更加精彩。

展望

现状很严峻：在这一轮监管与专项整治的过程中，成批的平台死去。激风吹过，吹走的是枯枝断叶，留下来的是绿色与生机。作为从业者，我依然十分看好这个行业，并将持续践行创业的初心。

从趋势上看，这轮监管之后，平台牌照化将是必然。行业之准入标准也将大幅提高。我本人以为，由于互联网金融的高效性与延展性，其准入标准应当超过"小贷公司"的准入标准，名为信息中介，实则按照准金融机构的标准实施监管。

产品创新激情已过，股票配资、首付贷、信托私募收益权拆分等均被监管层禁止，特别是证监会严禁私募机构涉及互联网理财的相关规定出台，产品创新之火基本上暂时灭掉了。我感觉下一轮的产品创新不是来自金融领域，而是来自技术创新驱动与突破。

理想主义的 P2P 网贷模式很难维持，以借贷为基础的 P2P 模式很难可持续发展，其效率最大程度等同于一家银行的支行，且风险管理成本随着规模的增加而提高，平台趋向于"泛投行化、资管化、理财化"。

金融驱动型企业：以金融驱动的企业会在与产业融合、行业垂直细分等道路上走得更远。它们对风险的管理是基于对某个细分领域的深度实践与深通之上的。现在很多平台客户基数很大，在搞综合理财平台、"智能投顾"，这就要深度考验平台的风险管理能力了。在所谓的资产荒之下，一不小心就会赚了小钱却亏了大钱。

技术驱动型企业：这类企业与团队必然会向基础设施与底层技术方面探索与实践，比如保全网在区块链技术领域的实践。纯平台系统开发类企业的路走不长远，或逐步沦为"官方网站开发爱好者"。

银行等金融机构与区域性交易市场：成为互联网金融新贵。靠优质资源与平台资源迅速成长，必将成为市场不可替代的重要组成部分。

国资背景、上市公司背景平台：或成为市场的主流与重要支撑。在当前形势下，也只有国资或上市公司才能让老百姓更加放心，市场将进入新一轮"去草根化"。

至于目前普遍被担忧的资金存管问题是迟早会解决的，银行不是傻瓜，不会放着一帮会赚钱的"小弟"不收，关键是"小弟"是否听话、他的身体是否健康。还有就是监管部门的相应法规会进一步完善。很显然，平台管理者"不碰钱"是一个必然趋势，也是保障投资人的钱不被拐跑的一个重要基础，虽然这并不解决所有问题。

对于当前的互联网理财市场而言，一定要关闭所有线下理财门店的政策也不一定是完全正确的。线上线下相结合的模式必然会存在下去。不过，"线下服务，线上交易"必定会被提倡。线上交易的好处是交易过程的透明化。比如数牛金服旗下新型城镇化投融资服务平台浙金网运营近两年来，一方面完全实现资金托管模式运营，不碰客户的一分钱；同时，运用"区块链存证保全技术"与"司法云存证"将投资者的交易过程清晰透明地独立保存下来。互联网金融的工具用好了会造福民生、普惠百姓。

理财市场所呈现的乱象不是我们希望看到的。我们的家人、朋友的钱被"跑路"更不是我们期望的。我们发现，许多上当受骗的投资者是老年人，他们想理财却所托非人。因此，年轻的子女们要加强对老人的关心与爱护，同时也要时时提醒他们防止受骗。多尽孝道可能也是降低家庭理财风险的重要文化基础。

纯商业模式创新的时代就此过去，接下来就是拼气质、拼底蕴、拼实力、拼真实的浪潮。谁是谁非且不论，时间可以逐渐去验证，关键是"活下来"！

不确定性、因果及区块链

寿星林　　2017 年 4 月

不确定性

今天有一则很重要的新闻：梁信军离开复兴。我想说，在这个以不确定性为常态的时代，没什么大不了的，一切都变得不可复制，尤其是创业。我很明确地告诉自己，如果再来一次，我们无法复制数牛金服，她是如此特别，如此不确定。

最近，对于我而言，为公司写一段标准的简介成了一件非常痛苦的事情。前一天的稿子，今天又觉得不确定了。春天到了，万物生长，一切都在变化当中。一家有前景的公司，一个有勇知进的团队，一定会持续地让自己处在一种莫名的不确定中。你问我是或否，我想说，走着瞧。

整个社会充溢着一种巨大的、不确定的气场。我想说，只有失败与死亡或许是确定的，所有的成功都带有不确定性。在这样的大背景下，成功学是毒药，而英雄可能是一种误导。我们很难在现实中找到标准的参照。王阳明曾说："无善无恶心之体，有善有恶意之动，知善知恶是良知，为善去恶是格物"。也许一切都在变化的时局中，明了真心、守住最后的底线是平安度过一生的最好办法。此"守"是积极入世的"守"，是在实践中找到规律，是进取。圣人对于不确定性的方法是穿透，而我们则需要践行，专注地践行。

因果

世界在时间长河中演进变化，我们对于世界的理解也在变化。不明白因果，就不知道敬畏。如果世界是一块巨大的投影，那么每一天、每个人、每粒尘埃的一丝丝波动都在无形中被记录下来，不可篡改。每一粒尘埃之间发生的种种交集，千丝万缕地编织成一张无形的网，而我们就生活在这张网里。

万事万物的表象可以是不确定的，然而因果是确定的。"恶业随身"即是"因果随身"，几辈子也逃不出因果的罗网。我们在巨大的不确定中，看到因果，看到某种确定。

区块链

在高航和我说区块链很久以后的某一天清早，我从头到尾读完了中本聪的那篇《比特币：一种点对点的电子现金交易系统》论文，虽然我还有诸多不解，却忽然领会了。互联网世界是由无数不确定的数据构成的虚拟世界，区块链技术在一点一点构建起一个互联网世界的底层精神规则。这种规则，可以让陌生的交易对手间完成"支付即清算"。加入区块链世界的计算机，就像当年接入互联网的计算机一样，让神秘的数字世界变得透明、公开、有序。

数牛金服的区块链团队是国内最早、最好的区块链科技团队之一。

从进入金融科技领域的第一天始，我们就明了世界是不确定的，而我们必敬畏因果，数字世界是不确定的，而区块链的精神深入骨髓。

一个菜鸟级"矿工"的区块链随笔

寿星林　　2018 年 2 月

关于"挖矿"

我是去年六七月份开始参与"挖矿"的。之前无论听多少大咖讲区块链，我都无法真正地投入，也没有认真地思考与我的关系。**后来，我开始成为一名"矿工"，拥有了第一枚比特币，一切自然水到渠成地清晰起来。**理解区块链至少比理解"广义相对论、量子力学、引力场"这几个人类最近一百年最有突破性的发现更容易一些，虽然，区块链没有"时间、空间、黑洞的热"对我那样充满吸引力。

我做"矿工"是想搞清楚这几个问题：**为什么要"挖矿"？"挖矿"到底在解决什么问题？用什么工具来"挖矿"？**于是"区块链+代币"就密不可分地来到我的面前。我天真地想，如果没有代币这种激励机制，也许区块链就不可能浮出水面。人性将这两个相伴相生的规则推了出来。

当我第一次走进一处"矿场"时，热浪、服务器运算的噪声、各种绿点与红点的闪烁席卷而来。这与我第一次听人讲起比特币的时候，完全是两种感受。**原来，比特币的生产是由硬件、算力与算法支撑的。所谓"矿场"实际上是提供算力的数据中心，是持续运算的链式的大脑与神经网络。**

于是，我没有选择从市场上（交易所或场外市场）购买比特币，而是选择了通过投资"矿机"进行"挖矿"获得比特币的方式。我想体验从无到有这种过程。当然伴随着数字货币投资在全球的热浪，"矿机"成为一种奇货可居的商品，最大的瓶颈似乎不是钱的问题，而是超性能芯片的产量受到限制。台积电与三星似乎成为这个产业链中最大的收益方。"矿机"就是"印钞机"呀。有了"矿机"还不够，还需要有稳定而便宜的电。区块链产业链中的"矿场"或者更应当称之为"BDC 中心"，正成为一种需要争抢的资源。

从去年 7 月到现在，我和我的小伙伴们经历了币价从 1 万多到 12 万多的攀升过程，又经历了从最高点回落到 3 万多的过程。起落间，各种味道杂陈。"矿机"价格从 600 多元每台涨到了 2000 元每台，这从某种意义上是"矿机"商对"矿工"的割韭菜行为，这是不可持续的。按照现在的币价，2 月、3 月以期货价买机器的兄弟们都亏得血淋淋的。**但是，我们看到比特币算力还在增加，估计到 2018 年底会突破 8 万 P。**

一台工作中的"矿机"，不断进行重复的哈希运算，到底要解决什么问题？我理解其作用至少有这么几个：其一，**链不能凭空产生，不能是空气链**。因此，算力的支撑很重要，所以我们一般不要去投资不是"挖"出来的"发行币"，这样至少让人放心些，因为成本就摆在那里。"矿工"不会跑路，币价就不会差到哪里去。其二，根据中本聪的文章《比特币：一个点对点的电子现金支付系统》的思想，**"挖矿"解决了比特币公链中的用户间结算交易问题**。点对点实现了"支付即清算"，而这个过程是由算力、算法、硬件的工作来解决的。当然在这个过程中，通过"竞争性记账机制""工作量证明""时间戳"等重要的创造性规则也**发行了激励性的"代币"：比特币**。"矿工"提供了"挖矿"的劳动，需要系统发"工资"。其三，通过分布式记账机制（这点最有意义），去中心化地解决信息独立保存的问题，使保存在"链"上的信息很难被修改，并且可以回溯。作为一个 AI（天使投资）菜鸟，我想，未来机器人的大脑如果用中心化的方式很难低成本地解决超级运算的问题，也许去中心化的方式既可以解决安全问题、管理问题，也可以解决运算问题。

我忽然觉得"挖矿"对企业管理最有意义的思想是**"即时激励"**。出多少力，有多少热情，谁更积极、更主动，谁就更容易获得多的回报。反过来如果不工作，激励就停止了。如果给每个员工配几台"矿机"，大家说不定就能体验一把分分秒秒被激励的感觉了。

当然，我们现在很清楚，比特币的区块还不够大，每秒钟只能同时成交七笔。这是人类用去中心化的生产方式创造性地在数字世界进行的实践，必然是不够成熟的。但是，能参与其中，不断地体验世界的变化，也是一件非常有意义的事情。**真的是这样的，成为一名"矿工"，拥有自己挖出来的"币"，再用这些"币"去尝试做一些交易，能让你更快地理解一些新的知识。**

关于 ICO

在中国，一个好的东西往往很快会被玩坏，这是最近十来年大伙的共识。ICO 也是这样，如果用在正道上，就会产生像以太坊这样的好企业。如果用在歪道上，就会出现各种"空气币""传销币"及各种非法集资、各种民不聊生。ICO 的本质是用代币的方式进行众筹，获得诸多投资人的支持来发展企业。在法币领域，中国式"股权众筹"因违反《证券法》已被叫停。ICO 通过数字代币的方式变相突破这样的限制，很快也被监管层定性为非法集资，在中国被叫停。很难说，这种叫停没有意义，至少目前会少很多事儿。

现在流行全球"割韭菜"了。国内一叫停，聪明人立即"出海"。对于那些想通过 ICO 去"割韭菜"的兄弟们，我还是劝一句：**要敬畏**。我们创业的目的还是要做正能量的事情。在中国创业就必须符合中国的法律，有再多钱，一旦进去了，什么都是空的。

通过 ICO 发行代币的方式融资有几点很有意思：**其一，这是一种没有门槛的直接融资**。虽然是通过币币交易，但是所筹集的比特币或是以太币都是数字货币领域的硬货。应用得好可以解决科技企业早期较难获得银行贷款、股权投资等启动资金的痛点。我也相信，有一小部分创业者募集到了钱是想做点事情的。**其二，代币本身是一种很好的流量入口**。拥有代币的人就是项目最早的粉丝，获客成本较低，黏性好。**其三，一种币就是一个社群**。这个社群里哪些是大咖，哪些是韭菜，并不重要，关键是大家达成了共识，而这种共识是人性的共识。

关于最近的一次大咖级对骂

最近三点钟群有一段经典的对骂片段，凸显了最近币圈的浮躁与轻狂。我个人觉得这个群其实没有存在的必要，不过都是大咖么，总归脾气不太好。

这段争吵让我想起了 2013 年互联网金融刚起来的时候，一批技术人员下海创办了不少平台。当时，主流的说法是互联网技术引导了金融创新，所以技术＋流量为王。那时，也有许多人一看到互联网金融就投，仿佛比搞传统金融的弟兄们高上一个层次。出了一系列跑路事件之后，国家开始整治，大家才发现互联网的高效与普惠服务还是金融。**金融就与风险相关，与风险相关的事情就有可能掉脑袋**。现在讨论区块链好像也有一点这个味道，**表面宣扬的都是技术理想与信仰，私下里却在"割韭菜"。**现在搞区块链的程序员比一般的程序员薪酬高 50%。那么我们来看看现在所谓的这些技术大咖主要又在干什么？不过是 ICO、ICO 产业链、钱包、交易所、代币等，现在连一个游戏猫都吃以太币，身价几十万。**但是，如果没有币价的疯狂，这些技术理想还在不在？**而这其中所有的交易与兑现都与金融有关，离钱很近。记住，离钱很近的事情一定要小心。如果现在币价跌到 1000 元，估计是"一地鸡毛"了。排除一些真正有理想的人与公司在默默寻找落地的机会，也可能即将落地，**其他大部分都是浑水摸鱼，没有那么高大上，换一身区块链的外衣招摇起来，更受欢迎。**从去年开始，全国出了一大批区块链专家、行业大咖与大牛，把一个简单的问题讲得十分深奥，令人听不懂，也许这样的白皮书才有"韭菜"喜欢。

传统的 VC（风险投资）、PE（私募股权投资）们与币圈的所谓大咖不是一个等级的。这一点我深以为然。在过去的十年中，中国的风险投资家虽然不太有水平，也不太靠谱，但是真的是支持了许多好企业的发展的，接地气、看得见，哪怕亏了也亏到明处。参与 VC 投资的有限合伙人也不是币圈的"韭菜"可以比的，大都是合格的投资者，有较强的风险承受能力。所以那场对骂没有任何意义。

币（链）圈一天，人间一年，搞得好像很高大上。其实不然，这个生态当中没有人是高尚的，都是奔着容易赚钱来的。有一些人也是很苦的，比如说"矿工"，比如说"韭菜兄"。另外，想想当年新浪的那些大 V 是怎么被打击的，**想保命的话，话少讲、群解散、闷声大发财。**不要学人家全球"割韭菜"，有巨大因果。2018：听党的话，执善念，讲真话，做好事，迈向新时代！

焦虑的区块链

寿星林　　2018 年 3 月

风口上的刀

这个时代，似乎人人都在寻找与追逐风口，风越大，飞得越高。创业者与风口扯在一起，就会有更高的估值，但其实风险不小。一是风口上的人太多，容易被挤下来；二是站在风口，如果没有灯光照过来，心就会焦虑。三是站得越高，风就越大。九天之上的风一定是最大的，但估计也是最冷的、最锋利的，风口中有刀。目前区块链好像是一个风口，所以区块链很焦虑。

不追风口行不行呢？包括我在内的大多数人都无法做到良知与行动的统一。明知道有刀，依然会有人冲上去，去 ALL IN。那位在呼吁大家 ALL IN 的大 V 是否想过每个人的理解不一样，这样会误导与误伤很多小兄弟？创业不是赌博，区块链也不是赌博。**这个时代，每个创业者的焦虑是因为怕自己错过。万一行呢？我想这是一种"病"，"风口精神病"**。每天醒来，看见追风的少年们，正指点江山、挥斥方遒。

区块链的风口让很多人疯狂追逐。2013 年风过时，大家如鸟兽散，2017 年风一来，改头换面包装一下，立马成了区块链专家，然后参加各种会议、培训、活动。我有时候在想，这不和当年的互联网金融火爆时的场景一样吗？那么多区块链布道者，他们的时间花在了开会上，这与好好创业有什么关系？布道的过程更像是通过精心策划的路演，讲一堆大多数人听不明白的东西，收割粉丝，把简单的东西讲复杂、把低俗的东西讲得有信仰。对，就是这样的姿态。**但这个时代，你搞不清楚他们到底是布道者还是阳谋者。**

风口中，有人对你举起了刀。于是，你也举起刀来，杀气腾腾、杀机四伏。

焦虑的创业

创业是让人孤独的，也是让人焦虑的。创业了，就需要获得认同与共识，没什么比追到一个风口更加让人迅速地脱颖而出的。看见行业中一个又一个暴富的神话，很多人就坐不住了。2017年炒币，现在币跌了，ICO出海了，还能追什么？据说，现在搞ICO的与搞传销的开始彼此鄙视了。"一币一别墅"，让创业的少年们焦虑了。创业为了什么？绝大多数与信仰无关，而与票子有关，那么还等什么？扑上去喽。小时候，点油灯，看到飞蛾扑火的样子，就是这样义无反顾的勇敢。**但大多数追风的少年本来不在风口上，硬要慷慨赴死，拉也拉不住。**

昨天同学嫁女儿，我去沾喜气。前几年，他因参与民间借贷碰到一点问题。有一段时间，放贷也是一种风口。出了问题后，他坚决地砍掉了这块业务，静下心来回归主业。他旗下有一家做袜子的工厂，原来只是做OEM，通过对国外技术的消化吸收，他开始向数字化装备制造方向发展。他提供的装备与技改方案，已经获得10项发明专利、26项实用新型专利，而订单已经开始排队了。一晃五年过去了，我今天看到他轻松的笑容："2018年将是我打翻身仗的一年。"他没有了前几年的焦虑，显得十分淡定。我忽然想起几年前，他将微信名改为了"坚持哥"。

创业，创业，专注坚持，坚持底线。我的另一位好兄弟创业二十多年了，从为手表提供精密零部件加工，到逐步转型到为机器人、汽车等提供拥有独立知识产权的核心部件，持续精进，不懈努力。我想他也曾焦虑过，但是没有因此去追风口，而是顺着自己的"基因"不断创新与拓展。他的公司与高校一起参与投资，组建了两家国家级机器人研究的实验室，为企业在这个行业的进一步发展打下了坚实的基础。如果真的有一天风口来了，我想他是能站在风口并握紧机会的人。

焦虑的人才

区块链人才的薪资最近价格涨得厉害。只要与这个词挂上钩，仿佛人也超脱了。**焦虑的情绪会让人的荷尔蒙加快分泌，从而对自己与对未来做出错误的判断。**

我很怕碰到焦虑的人才，因为他们让我感到焦虑。焦虑的人才让公司很难满足他。焦虑的人才让我清楚地认识到雇佣关系是有价格的，而价格是可以谈的。我静下来思考，我能不能给他们想要的？如果可以，我就尽可能去创造条件；如果不行，只能欢送。一个公司，不能因为市场的焦虑而变得焦虑起来。一个公司应当有自己的目标与坚守。

可怕的是焦虑的心会让人做出没有底线的行为，从而给创业带来不可知的风险。在焦虑的大环境下，道德风险在极速积累。大风起，云飞扬，创业变成了一场炼心之旅。

焦虑的区块链

从第一个创世区块落地，"区块链"这个事物走过了近十年时间。我边做一些小实践边思考这个方向与创业的关系。

（1）区块链思想并非独创思想，并非无中生有。很早以前我们在研究企业组织架构时，就发现层级式的架构更像是一种中心化思想主导下的组织，严谨而缜密。但是企业规模大了之后我们就会发现指挥不太灵光，企业容易产生臃肿的感觉。而扁平化的组织架构更像是一种弱中心化的分布式管理组织形态，每个部分有自己独立的思考，但也有业务上的战略协同与共享。学习区块链思想时，最吸引我的几个词是：**分布式记账、共识机制、工作量证明、时间戳、加密**。区块链思想可以融入传统的企业管理、产品设计、营销管理等多个方面，从某种意义上讲，确实是传统生产关系管理思想的一种巨大进化。在信息量不大、社会没有全互联网化的过去，它的巨大优势也许体现不出来，而在当今时代，万物互联，区块链思想创造了新的规则，衍生出了更加可靠、可信任的生产关系。

（2）**基础设施建设进行中**。区块链基础设施的投入目前是去中心化的，是社会自发的。因此，代币机制自然而然就衍生出来，我们没有办法将区块链与代币进行人为的切割。这场社会进化光靠政府投入、大企业投入是不够的，需要人人参与，才能真正地加速未来的到来。就像现在每户人家的家电逐步都具备了 WIFI 功能一样。想想十多年前 WIFI 刚产生的时候，移动互联网还是一个"婴儿"。十年前，物联网火过一段时间就歇菜了，现在物联网又被吹到风口上，无他，基础设施成熟了。

（3）**需要血与火的洗礼**。任何一次大的变革，都需要很大的成本，电灯替代煤油灯时，也曾引发巨头间的商战。现在处在区块链风口上的人们，一般情况下，只有"强盗"与"杀手"才能全身而退。**心怀焦虑的善良的少年，都将埋下自己的血与骨**。区块链在金融领域的实践与应用是一种社会自发产生的变革。在这种变革力量下，金融也需要经历血与火的洗礼。

（4）**我需要在平行世界拥有身份。** 互联网时代发展到今天，人们拥有多个身份，或明或暗，或在现实世界，或在数字世界。万物相链接，需要更加可靠与可信的数字身份。这种数字世界的身份，需要时间的积累与技术的进化。当人们向算法与代码进化时，新的生产关系才会变得更加明确，从而推动社会与人类的进化。区块链思想的进化，为这种进化提供了更多的纬度和更富有变化的路径。

关于"罪"否

现在有两种极其荒诞的观点：**骗子无罪论与技术无罪论。** 第一种说法是人人都是"韭菜"，被骗了是因为读书少，所以活该被骗。第二类说法是说，我只是一名程序员，我有什么罪呢？我想，技术可能无罪，但用于魔道那便是魔道技术，用于正道便是正能量的载体。

现在那些在海外回不来的人们都坚持这两个观点。他们回来会被要求协助调查，他们也许没有直接参与骗人，但是他们为骗子提供了通道，他们知道骗子的去向，他们收了骗子的钱。所有包装成海外项目的 ICO 投资在"一地鸡毛"之后，都会面临原罪式的问责。焦虑是一种精神病，已经深植于某些人的内心。

我的思考

（1）**与链相关的底层技术的研发与应用落地是一个长期的事情。** 从方向上讲没有错，那么就需要时间与耐力去打磨。这个行业还处于早期阶段，人很贵，试错需要成本，所有焦虑的心态是一定会失败的。在这个行业中，无论做哪一环，都要有三五年以上的打算，以及三五年不赚钱的准备，不然就不要碰。

（2）比特币等数字货币的投资是一件风险极高的事情，我们要让自己成为一名合格投资人。什么是数字货币的合格投资人呢？其一，目标明确，是为了持币做一个长期投资，还是短期获取差价？显然，短期操作会有较大的政策风险与市场风险。3月币价持续下跌，"矿工"与二级市场的执币者都很难过，短期内暴涨的空间不大。其二，是否具备承受损失的心态。任何投资的道理很简单：凡是不确定性大的投资标的，风险都是很大的。对于数字货币而言，比特币显然支撑基础扎实，26000P的算力支撑着系统的运行。你算一下，是多少台普通电脑就知道了。其三，是要不断学习的。随着市场生态的不断丰富，参与者的层次更加多元化，操作市场的实力与水准更高，市场波动的能量会更大。

（3）投资其实没有风口。大部分成功的企业家与投资者都是熬出来、等出来的。你要追的风口也许人家已经守候十年了，无论在资源、知识、技能、心态的储备上都够了。所以风口可以理解为一种契机。契机来的时候，就是引爆前期积累的时刻。而在外人看来，这些成功者是把握了风口。连巴菲特都说，我的聪明是被误解的，我只懂投资。术业有专攻，闻道有先后。因此，风口的逻辑是专注再专注，在你熟悉的领域不断拓展与学习，成功的契机自然就来了。因此，大部分风口其实与我们半毛钱关系也没有，我们也不必为此而焦虑。

杭州的春天是我们国家最好的春天。泡一杯明前龙井茶，用八十度左右的水冲泡，清香四溢，过滤着焦虑上火的心肺。如果是自己的风口，一定要趁着春光ALL IN所有的精力；如果不是自己的风口，就做一个看客，让别人去狂欢、去悲伤。

雷潮中，展望远方

寿星林　　2018 年 8 月

自 2018 年互联网金融被简单地定义为 P2P 网络借贷至今，P2P 行业一直雷潮频现，行业内每天都可以听到负面的消息，超过 200 家平台倒在这个夏末秋初之交。两个多月来，我内心焦虑，脊背发凉。这个行业被玩坏了，这个行业的规则可能需要重建。一个好的东西竟异变至此！

P2P 为什么会出现各种问题？雷潮为何会在此时爆发？这一波中国版的"次贷"会对后面的发展造成什么样的影响？我不想再去分析，媒体也好，专家也罢，其实都讲得七七八八了，而我更想谈一下我心中的 P2P 是什么样的。

P2P 这个行业有没有存在的必要？会不会继续存在？这两个问题的答案是肯定的。那么它会以什么样的方式存在呢？现在的游戏规则是不是还能延续？雷潮中活下来的企业，每天喊着自己有多合规，一再保证自己没有资金池，这能信吗？说实话，监管部门是不信的，我想连平台自己也不信。我不是否定这些企业，**而是想说有资金池并不一定是最危险的，也并不一定就会出事**。当初计提"风险准备金"的方式就很好，可惜后来因为无法做到"信息中介"定位而被取消了。反过来，雷潮中，干干净净、真的没有资金池的企业才更加危险。P2P 是不能违约的，一违约就死。那么怎样做才能不违约呢？估计大部分假标自融资金池都是这么来的。

P2P 要不要有限额呢？可以说，限额也害死了一批好的企业。只要是正规金融机构出来的人都知道，大额借款的风险相对较小，是因为交易对手的资质一般都是较高的，抵押与担保都能在一定程度上覆盖风险。借款额在 20 万~100 万的风险较大，因为可以用来抵抗风险的底层资产往往是一些动产，比如车、应收款等，且借款人的"质地"也是最差的，想想就知道，信用好的人想借款在银行就能解决。那么这就决定了 P2P 的高逾期率、高续借率，而实现这两项的基础是高流动性。一旦流动性没有了，平台的"水"就断了。据说车贷的续借率高达 70%，那么当资金持续流出时，再好的平台也撑不住，此时如果没有准备金类的资金池，平台连怎么死都不知道了。在限额的约束下，很多企业进行了拆标，分多家公司借款，而这些公司往往只是 SPV（壳），与实际借款人不符。这种拆标的方式一起念就把企业逼向了非法集资或集资诈骗的深渊。洗白的方式就是 IPO，但也只是暂时洗白。我想说真正的 P2P 是不应当限额的，既然是信息中介，那么就应当创造一种信息中介的机制，打造一个让社会资本充分流动的渠道。P2P 应该就是这样一个更加低成本的通道。信息中介从某种意义上讲，就是一个通道、一座桥梁，其本质上更接近投行。

要讨论这个行业的规则，我们**还需要搞清楚什么是合格出借人？**现在的出借人是否合格呢？我认为显然是不合格的。有人从银行借款来投 P2P，有人把存款都用来投 P2P，有人把退休金用来投 P2P，出了事情很悲催。要成为一个合格出借人，首先看资金来源，资金来源是否具备抗风险能力，这是基础。其次看起投点，100 元起投，涉众广、参与人数多、影响坏，很难说是合格出借人。且**如果融资额度需要限额，那么出借人也应当被限额投资，出借人不能把所有的钱都投进去，万一出了事情就什么都没有了**。第三是要看合格出借人的认定程序，这个程序可以用技术进行解决，比如双录、电子司法存证。这一点上我们要向银行学习。不管如何努力，我们都无法证明出借人的资金来源是否干净，所以需要出借人自己说明，要向其申明风险自担，并双录下来。**从某种意义上讲，P2P 合格出借人的认定应当参考私募基金的管理办法。**

交易机制可能也需要重新探讨。比如既然是 P2P，那么就应当严格执行一对一的机制；比如融资人想融 20 万，出借人就借出 20 万。这样做效率降低了，是非却少了，同时也把合格出借人的门槛真正地树立起来了。在技术上，可以模拟线下借款的场景，在平台上给要谈融资的对象"开房间"，平台的服务人员作为居间人为出借人提供相应的方便、准备需要的资料以及做好融资人的背景调查工作。交易双方还可以直接进行视频通话，这个过程会被后台保存下来，作为交易数据存证的一个部分。谈判成功后，双方通过存管银行完成交易。**平台也可以搭建区域性交易场景。**比如杭州的一个出借人，就可以在杭州板块找融资人，当然也可以跨区出借，只是这样的信息透明度不如本地区的，且风险是自担的。

让信息完整充分地披露需要建立在一定的基础上：**业务真实，平台尽职，逾期或客户违约可视为正常经营活动披露，而不让合规经营的平台创业者蒙受巨大损失。要保护平台创业者的合法权益，不能因为逾期或者出借人报个案，就粗暴地判断平台管理人有罪。**这样的机制能鼓励大家积极披露信息，从而打破刚性兑付的魔咒。信息不敢披露的重要原因，一部分是平台确实问题很大，更多的是法律与市场都不认可，平台不敢让风险充分披露。如果能做到充分披露风险，那么各个平台的风险管理能力自然就会暴露出来，投资人就有了更好的选择，不会因为某个背景或是宣传而盲目地进行投资。

保护行业的基础设施也至关重要，不能让银行背黑锅。既然是信息中介，那么银行存管就是一个基础的科技服务。这个服务可以保证点对点的支付，并让业务对应的资金流保持统一，但是也存在无法规避自融假标与道德风险的问题。让银行背黑锅只会让行业的基础设施出现问题，现在部分企业出现问题，就会导致某一家银行退出存管业务，从而影响一大批企业正常业务的开展。为避免这类风险，第三方机构应充分介入，比如公证、司法鉴定、个人征信、企业征信等。

现在看来，包括那些头部企业在内，其实没有真正意义上的P2P。这个业务做着做着就会异化成一家"互联网银行"，不争气的就变成非吸或集资诈骗。因此，传统模式下的P2P企业要想存活下去，就会被监管不断改造，直至变成"信用中介"。187条标准据说即将到来。如果还允许这个行业存在，那么就不能搞门槛、时限、审批或名单制，而要让符合要求的企业都可以争取备案。新的契机会不会产生呢？新的商业模式会不会被允许出现？这可能要看运气了。雷潮终将过去，而过去的实践对未来的探索充满了积极的意义。杭州依然是一座创新创业之城，依然活力四射，依然光芒万丈。

聊一聊地方债务那些事儿

寿星林　　2018 年 8 月

　　财政上收到中央，事权下放到地方，这种状况一直持续了很多年。 今年上半年，国税、地税合并，地方税务局结束了历史使命。"钱包"终于合二为一，中央统筹、集合、调配的能力更强了。地方政府是中央的"亲儿子"，以后"儿子"用钱得先有计划了，不能想怎么花就怎么花了，这对民生而言是好事。**但是"父亲"给的钱不够用怎么办呢？毕竟地方上事多、事繁、事杂，那么就得"儿子"就地想办法来增加收入了。**

　　地方政府的收入主要有这么几处：**一是税收。**地方政府通过招商引资或招商引税，把外地资本引入到本地来提高税收，这早已是地方政府创收的长期策略。但是现在税收要先交上去，再由中央按比例分配到地方，相对来讲，穷"儿子"得到的好处可能会多一些。**二是土地出让收入**，地方政府通过新型城镇化的发展、大规模的基建来提升土地的含金量，从而让土地增值、收入增加。货币安置的结果是让很多人有了多套房，同时也让地方政府的"钱包"鼓了起来。**三是获得转移支付收入**，这是国家对欠发达地区的支持，本质上就是通过中央财政用发达地区的"长"稍稍补一下落后地区的"短"。**四是通过企业化运作实现的收入**，将本地资源的效益最大化，以此来增加收入，在这一方面，江浙地区的很多地方政府已走在前列。

那么地方政府的支出呢？这块就大了去了。**公益民生支出是最大的一块**。维持整个公务员体系运行的支出也是非常核心的一块。很多基础建设都是暂时只有投入而没有收入的。比如，新农村建设改善了农民的生活环境，给了中国农民一个"美丽乡村"；再比如，**"精准扶贫"**，这是一个好政策，有助于我们打好扶贫攻坚战，加快民族地区经济社会发展。但这两个政策的实施却要花掉很多钱，让地方政府投入很多精力。可以说，地方政府所做的这些重大措施都是利国利民之举，并非都是所谓的政绩工程。但这些措施短期内都没有回报。最为重要的是，这些支出加起来远远大于地方政府同期的收入。在中国，一个一般财政收入超过 60 亿元的县，基本上可以排进"百强县"了，但是钱还是**不够用**。

和老百姓一样，**钱不够花的时候，就只能出去借钱了**。我个人以为，只要地方政府借的钱是实实在在花到了该花的地方，那么这个负债就是值得的。我十年前去贵州的时候，那里的高速公路时断时续，甚至有的地方要走很长时间的盘山公路才能到。可是现在去贵州，我们会惊喜地发现几乎每个县都通了高速公路。在平原地区建一条高速公路，每公里大约需要投入 1 亿元，而在风景秀美、山峦起伏的贵州通高速公路，估计每公里的投入会增加三倍。有媒体曾说贵州的负债有 1 万亿元那么多。可我觉得并不多，因为这些钱都花到了国计民生上了。我这只是举了一个不太恰当的例子，数值也未必准确，只是想说明地方政府的债务就是这么来的。钱借得多了，利息也会增多，而收入又不能完全覆盖这些借款，因此就只能靠"借新还旧"来解决问题。这个"借新还旧"绝对不是某些人讲的"庞氏"，而是一个地区要改变自身所做出的努力与拼搏。

美国算是世界上最强大的国家，负债可能也是全世界比较多的国家（具体数值大家可以自己查询），难道这不是另一种形式的"借新还旧"吗？

一直有人在说大基建不行，搞大基建已经无法解决国家目前面临的问题了。今年上半年，23 号文件出台之后，大量正在施工的民生项目停工了，地方政府的很多精力都花在了还本付息上。到目前为止，我国媒体上能看到的债务违约问题，地方政府违约的情况是鲜见的。**比较起来看，地方债务的安全性与稳定性也是最好的。**但是基建所延伸出的许多行业却停顿了。地方政府为了确保金融机构的信用，只能停止或少量支付相应的工程款项，甚至少数地方连农民工的工资也出现了拖欠。**基建要不要保？答案是显而易见的。中央政府实际上也看到了这个情况，下半年已有 14000 亿元在路上。**我个人觉得这个决策看似无奈，实则英明。外有贸易战，内部可不能因为自己"亲儿子"的财务困难而引发纠纷。一直以来"三驾马车"拉动中国经济，投资是最核心的一块。现在进出口不行，消费又因为收入问题而引发担忧，那么只能靠大基建了。有人说，还要大减税，这个我也是完全支持的。但是减税的动作要比基建复杂得多，相信国家会有一个很好的解决方案。**什么样的政策是好政策，其实老百姓最知道。能让老百姓的钱包鼓起来，让他们更有安全感的政策，就是好政策。反之，就需要反思与优化。**

我个人觉得在负债方式与运营方式上，地方政府可以进一步优化与改善，从而达到不断优化债务结构、不断降低成本的目标。首先，一个地方政府就像一家公司，而区别在于公司要求所有项目都要创利，不创利的就会被砍掉，而地方政府则必须承担一块不赚钱的业务。因此，建议地方政府将平台划成两类，一类是承担公益民生项目的平台，这类平台的融资方式主要是发债，争取低成本的长期资金。另一类是构建全市场化平台，把地方政府旗下有现金流的项目都装进去，实现企业化运作，**甚至可以考虑在资本市场走弱的情况下，选择合适的上市公司进行并购。**这个在国内已有先例。其次，选择配置合适的工具非常重要。发债应当成为地方政府融资平台主流的融资方式。除此之外则首选银行，用合适的、符合政策的项目来争取银行的项目贷款。如果地方政府旗下有一家上市公司，那么通过优质资源的配置，可以获得股民的支持，资本市场可以配置的融资工具就更加丰富了。中国股民对于政府的信任是天然的。现在股市乏力，正是政府平台发挥作用的时候。我甚至觉得通过市场力量的整合与优化，未来中国最好的国有企业群体之一可能就是前身作为政府融资平台的他们。**第三，地方政府要从PPP的泥坑中脱离出来。从运营这几年的实际情况看，PPP的运作效果一般，且实质上是放大了地方政府的成本，这并不是一个可以普及所有项目的工具。**第四，加强地方融资平台的团队建设，让专业的人做专业的事。实践证明，凡是出现违约的平台，其负责人大多不专业，没有从事过相关工作，与金融机构之间没有做到良好的沟通，从而出现了专业性沟通问题。江浙一带发达地区的地方政府融资平台在经历了两个周期的调整后，已经迈出了市场化与资本化尝试与探索的步伐。比如，浙江省湖州市安吉县专门成立了产业投资集团，最近更获得了融资租赁牌照；有部分地区还在积极争取并购上市公司，从而构建地方政府的资本运作平台。这些都是欠发达地区政府需要学习的地方，**以使自身早日结束粗放的"借新还旧"模式。**

地方政府债务是一个特殊的存在，其实只要是政府借的钱，显性的也好，隐性的也罢，都是要还的。所以，无论是金融机构，还是融资平台，都要把责任、风险、义务理清楚。**把钱用在需要的地方，需要的时点上，即让需要的地方在需要的时间获得资金，这比什么都重要。**

第三章 叩首问心

> 君子博学而日参省乎己，则知明而行无过矣。
>
> ——《荀子·劝学》

关于乐观

寿星林   2017 年 2 月

让我这样一个悲观主义者谈乐观的话题是非常过分的，但我恰恰是那种被逼得不乐观不行的那类人。少年可以悲伤，却要尽可能让自己迅速地开心起来，哪怕底层是灰色的，也必须像火柴一样，让自己烧起来、旺起来。年初有几日，我在大海上闲居，仰望星空，觉得离自己很近，又觉得一切都是假的。2017 年我的小目标：变得乐观一些。

悲观主义者往往会将事情想得过于彻底与长远，比如创业这个话题。悲观一些就会这样：**任何公司都是有寿命的，创业公司更加是这样的，所以迎接我们的是葬礼。**但是如果我的主色调是这样的，公司可能就会马上死掉。所以我必须是这样的：**创业维艰，但是与伙伴们一起战斗的岁月，是人生中最精彩的时光，不论成败都足够了，因为燃烧过、拼杀过。成功是幸福的，失败则会留下宝贵的、不可替代的体验。我要让墓志铭写得更加壮丽一些。**

亏钱绝对不是创业中最影响心情的事儿，也不会让我们感到失落。亏心才是最让人难受的，而这又恰恰是评价一个创业者是否及格的基本标准。什么事情最亏心呢？当然是与人有关的事情。一个创业者大抵都会经历背叛那些事，也会经历用错人的事。那么"砍人"与"被人炒"都非常亏心，处理不当是要得忧郁症的。尽人事，听天命，如此而已，却不甚烦恼。

经典的管理教育类书中都会告诉我们：管理企业就是用人与用钱。说说很容易，实际操作起来却是有难度的。公司的发展会经历不同的阶段，不同的阶段对于人的要求也不同。一家公司在高速发展，很多伙伴不一定能适应新的挑战，那么能战到最后的都是精英。公司在初级阶段，也很少有可能撞大运地引进特别出彩的人物，一切看机缘与福报。一般规则是良禽择木而栖，树大根深才能筑巢引凤。

哪怕是创业早期的合伙人，到了一定时期，如果不能适应公司的发展，也应退出，给更合适的人让位子。这个让位子的人其实也包括我自己。这也让我时时处于悲观与乐观的交替之中。悲观，是因为竞争之残酷，丛林法则嘛。乐观，是因为每每公司在一个转折点上，都会有贵人相助。

如果要让自己在较长的时间保持好的心态，就必须直面人性这个词。对于人性，我觉得必是要向"内"求的，到了一个阶段，外在世界很难给你想要的答案。了解自己的内心，是我们投影这个世界的基本法则。一切人性，其实自己都包含了，有的我们发现了，有的还需要去探索。如果自己的内心足够宽大厚实，那么就会有容"人"之量气、之格局，反之就是对立。因为在别人身上看到了自己的弱点与缩影，我们常常会通过厌憎他人来证明自己不存在这样的人性弱点。我常仔细审视自我，发现也是这样的。一般情况下，你特别反感的人，是因为你自己具有与其同样明显的人性弱点。这时，人就会变得不理性，会变得悲观。然而，天道有缺，就像月的形状，也只有十五的时候才比较圆满。如果可以乐观一些思考：人性天生残缺，直面这种残缺，我们可能有机会补全一丝残缺。

要想乐观，就必须让自己变得聪明一些。因为，只有不聪明的人，才会让有限的时光变得不太明亮。"一切有为法，如梦幻泡影。"这是佛家教育我们要把握世界的本质。所有的游戏规则都是人定的，事实上只是规则而已，并不影响诗与远方。得把悲观的人与事看得淡一些，这是人性；把积极的人与事看成生命的奖赏，这也是人性。得把自己内心最真实的感受保留下来，顺心意而为。我们言善，是想学习流水的那种优美与孤寂；我们说勇，是想拥有入世者的果决，有为法是体验与触摸世界的载体；我们说智，是希望通过去掉内心的灰尘，看见最真实的人性。大部分人讲究"靠"，在家靠父母，出门靠朋友，而只有少部分人，向内求己之强大，知行合一，独立而卓越。我想这就是为什么佛祖说人人都可成佛的道理。我想努力做一个向"内"求的人。

创业公司如何形成一个乐观的气场呢？我想首先是务实。务实之根本是向内看，了解真实的自我。这是有为法的重要基础。有为法建立在务实践行的基础上。创业公司需要反复持续地剥离出清晰的目标，并将所有的资源都全力以赴地集中到这个目标上，团队的每个人都将目标的实现作为自己某个阶段的使命。人性决定了我们不能接受消极地等待老死，决定了我们要主动追求幸福。二是要相信"因果"。这个如梦的世界，其实并非杂乱无章。只要我们还在五行中，还在追求名利，那么所有的事件与人物，便脱不去"因果"，这是我们的人性必须要敬畏的规则。这也就是所谓"积善之家必有余庆"这句话的来处吧。明白了这个道理，可以让我们做事情更加有原则，可以让持有的信念更加执着，可以让有为法更加有为。信"因果"者，必然爱人。三是"弘道"。师者

"传道、授业、解惑也"。其实一个创业公司、一个团队，就如同一所人人可为师者的学校。孤独的人性需要彼此取暖。只有真正的超脱者，才能看透世俗，独自一个人远行。公司实际上是一个有为者的道场。这个道，可以泛指一切让我们感到幸福的真理与规则。我相信，一个好的公司，一定会让很多人在这里完成"自我的觉醒"，这是一个创业者对社会最伟大的贡献。

2017 年伊始，写一点看似虚无的自省。我在人们当中，人们在我心中。我想变得乐观一些。

有一位少年从时间深处走来

寿星林　　　2016 年 2 月

在时间深处，安放着生命的许多轻、许多重。在时间深处，种植着灵魂的树种，仿佛万世轮回，也不能磨灭的烙印。有一位少年从时间深处一步一步地走来。

在阿尔卑斯山脚下的琉森湖畔，我可以透过夜色，望见对岸的灯火和在狂欢节之后人们兴奋而晕红的脸颊。一群天鹅在夜色中彼此抚慰，渐入梦乡。这个时候，点一支烟，让思绪在时间深处徘徊。

从巴黎到瑞士的高速公路上，平坦广阔的田野、精致如画的乡村快速地后退进时间里。阳光透过蓝天上厚重的白云落下来，清风摇曳，忽然一阵小雨打湿车窗。这是 2016 年 2 月 7 日的下午，北京时间正是跨年时刻，朋友圈的问候与红包开始汹涌。一道"彩虹"横跨在天际，连接无限。这样的一座彩虹桥，只在时间深处有过。生命，又走过一个四季轮回，还记得离开的那几日，杭州有雪。

车子高速奔走，景致历历在目，思绪像蝴蝶一样乱飞。从 1975 年至今，我存在的时间也许不如路边那棵挺拔坚韧的大树长久。眼前闪过母亲在年三十做肉丸的场景，丸子在油里翻腾，浓香四溢地穿过时空，让我一阵陶醉。想起有一年春节，落雪，我去湖州看望老师，而就在前年 9 月，老师去世了，但他经常会在我的梦中，以另外一种形式出现，与我再谈诗歌。2007 年那一次，我独自从杭州开车去丽江。那个年三十，我好像是与一群陌生人喝着红酒，放肆地大笑，笑着笑着就大哭起来，我想起第一次赚钱的狂喜，想起第一次亏钱的无奈，想起与小伙伴们一起战斗的每一个细节，想起很多难堪而尴尬的时刻。在时间深处，我随便拿些东西出来仔细辨认，然后放回去。今晚，我住在阿尔卑斯山脚下一个叫第戎的法国南部小镇，远离春晚。

1996 年，在一次酩酊大醉之后，我离开了坚守一年的教师岗位，去企业打工，从完全没有方向，到一知半解，到知晓因果，反复折腾。2004 年 3 月我成立了第一家公司，这是鲲鹏的前身，那时公司只有三个人，什么都做。而后的十多年，我在时间里行走，时而清醒、时而糊涂。2008 年的 12 月我也有过一次大醉，醉到不想醒来，醉到痛哭流涕。2009 年初，我有了鲲鹏，期间因没有主营业务收入，公司一度停业。到了 2010 年下半年，我才开始找到一些做事的感觉。2011 年 6 月公司发行了鲲鹏的第一支固定收益基金。2014 年下半年，我有了数牛金服，有了浙金网。若问以后还会有什么，我不晓得。这些年，实际上没有一天我是踏实的，总觉得公司一直面临着办不下去的可能。我对自己总的评价是：没有什么战略感，很难持续保持长远规划，总是走几步就碰到危机，为了突围，总在努力寻找新的空间与机会。在时间里行走，就是一个不断应变的过程。

走到今天这个时点上，我是否可以对自己说，原来很多事情，确确实实都早有安排。做什么事情或者遇到什么人，都是一种缘起。那些得到的与失去的似乎并没有那么重要。当一位少年从时间深处走来，是否骑着马、握着剑并不重要，重要的是他一边走一边唱，一会儿笑一会儿哭，表演很精彩。

在时间深处，有几种力量显得非常重要。

第一种力量，是心之力。以前，有人和我讲"心有多远，世界就有多广"的时候，我根本不当回事。可事实就是这样，我们的心在不同的时间里，可以召唤出不同的力量。我曾经碰到一些重大的挫折与困难，那个时候，我的心告诉我：少年，先睡一觉，哪怕没有了明天，至少你要精力充沛地去面对吧。于是我便睡着了。第二天阳光普照大地，新的转机出现了。当我总是不走运、怎么努力也不成功的时候，我的心告诉自己：少年，要坚持，要专注，不要放弃，于是在不知不觉中，时间很快过去，困难很快过去，新的里程在脚下铺展。

心之力无所不在、无所不能。她让一个完全不可能的机会，成为真正的契机出现在我们的生命中。疾风骤雨不能扰乱我们心中的方向，灼灼烈日不能阻挡我们心中的道路。痛苦的时候，我告诉自己：少年，事情是简单的，静下心来，想一想，办法自会出现。心乱如麻的结果将是一败涂地。

我们的身体里也许真的住了另一个自我，那是一个叫心灵的东西。因此，我们会表里不一，心与行为无法达成统一。这种不统一会影响我们的效率。不统一的原因，常常是因为我们过于关注人际关系，过于在意世态炎凉。这种不统一过了头就是所谓的心力交瘁。

心善志坚一直是我们企业文化最重要的本源之一。创业团队的心力建设将是公司最重要的核心竞争力之一。如何创建一个健康的心力世界，让合伙人之间、团队之间能简单、直接地交流，能高效、坦诚地沟通？

如何将社会上的一些不利于心力建设的习惯从公司的文化中去掉？这可能是一件非常艰苦的工作。

第二种力量，是勇之力。什么是勇敢？如何成就勇敢之心？勇敢是挑战不可能，是异想天开，是持续地奔跑而不去想终点在哪里。因为想多了、想复杂了，人就不再勇敢。在奔跑的时候，我们只能专注地勇往直前，老看旁边是要摔倒的。太聪明的人，可能不太勇敢。勇敢的心同样来自心善志坚文化下诞生的心之力。

小时候，我住在农村，面对周围高山，我告诉自己：少年，你想知道山那边是什么吗？于是，我约了小伙伴去爬那座山，我们身上不知道划出了多少口子，鞋子也破了，到达山顶时，杜鹃花正灿烂开放，大红、粉红、金黄，精彩纷呈、竞相绽放，各种好吃的野果，清香四溢。但是，我们又看见一道一道的山，我对自己说：少年，必须要走出去。勇敢这种力量会让人去疯、去突破、去改变、去重新构建，哪怕付出再多代价，我也要去看一看山那边的风景。

然而，勇敢不等于破坏。中国的金融业从来不缺破坏者，而实在缺少勇敢者。谁是破坏者呢？显然是某租宝、泛亚之流。明知不可为而为之，不顾规则、无视民生的行为是罪恶的。我们追求的勇敢是以善为基础的，是不会让我们的家人担心到睡不着觉的那种执着。最近，监管部门重点整治三个点：投资理财、融资担保、P2P 网贷。这三个方向曾经都是国家重点鼓励发展的。为什么会发生那么多问题呢？我一直认为这三个点都不能单独成事，都不能独立成为一种成熟稳定的商业模式。然而事情已经这样了，所有的同行都需要勇敢、认真地面对这个阶段。金融是与百姓之财产打交道的行业，如果不能为民生提供终生价值，如果没有真正有效的风险管理，那么这个行业的从业风险将是极高的。我想说，如果获得勇敢力量的基础是善良，那么不妨试一试，万一成功了呢？

第三种力量，是争之力，是不服。我辈本就起于微末，再不与命运抗争一二，就泯然众人了。我常在梦里大叫：我不服，不服那些已经安排好的却并非我所期待的。心善志坚而持之以恒，必能改变人生。

我的祖父是一位裁缝，而父亲放弃了从军的机会，他当过煤矿工人，做过乡村理发师，最后的创业是做了三十年如一日的果园主人。我小时候常自卑不已，总觉得我的血脉里流动着的平凡而普通的血液在很多时候会限制我。从农村走向城市，从过去走向未来，那种时间与空间的剧烈改变，让我动作变形、战战兢兢，我无法像大家闺秀一般小心得体，比如对金钱与成功的渴望，就曾让我失去对风险的评价与预判。教训与失败都有了，而让我站起来的竟然就是血管中那平凡而普通的血液：耕种是最朴素的创业逻辑，四季变迁与天气的不确定为田野带来希望与曙光。当然，有的毛病也是小时候落下的。父母为了摆脱贫困，坚持节俭创业，我在读高中前没有穿过不带补丁的衣服。小小少年是多么渴望在年三十那一天穿上新衣服啊。就是这样一种经历，让我与"美食华服"的诱惑斗争了许多年，几乎造成了我的心理硬伤。争之力，不是从别人的碗里争，而是与自己争，与既定的安排争。争是不服，不服从于命运的轨迹，努力为自己和需要自己的人争一争未来。

第四种力量，是知行力。先天的不足，后天可以弥补。有知识的底蕴，行动力更强。知行力不是纸上谈兵，它是现实到极致的扎实。

"获得知识，学以致用"是基本原则。像我这样的少年，对知识的渴望是天生的。三十年前的农村，几乎是文化的沙漠。我和小伙伴们更多的只是从自然的更替中学习那些近乎残酷的生存常识。小学四年级开始，我们便满大街找书读，家里的几册课外读物是在我的强烈要求下母亲给我买的。初中时代，乡图书馆成为我的精神粮仓。读书将我内心的空白渐渐地填补起来，我不再那么自卑。向前辈、同行、同事、朋友学习，并与之充分交流与沟通，是我学会的一种获得知识的实用方法。通过沟通，反复模拟与推演出结构与逻辑；通过学习，渐渐地让自己的"悟性"得到突破与提升。知之并行之，虽所知不多，却因行之而善，因为所知甚少，所以一直奉行实践的逻辑。

我主张做一名理想的现实主义者，想太多便是空想，不如做做看。知行力讲究的是持续前进，不违初心，不一定要达到知行合一，但必须努力去实践。知行力所产生的效果更像是一种剑道的力量：以心御之、直来直去、宁直不弯、一往无前。

第五种力量，是史之力。 以史为镜，可以让我们清楚自己的传承，可以让我们更加理解时间与空间的力量。这几日在巴黎的街头，让我颇有感触的是法国人对历史完整的保存与极致的尊重，人们不用去卢浮宫体验历史的精彩绝艳。路过一个地铁口、走过一座横跨塞纳河的铁桥，甚至是从一座朴素的咖啡馆门口走过，我们都可以看见历史的影子。现在的中国人已经很难从现有的建筑中系统而完整地找到历史的表达，那么我们就只能读史了，去历史的长河中、去时间深处，寻找那一个又一个让人热血澎湃的时代、那一个又一个史诗一样的人物偶像。哪怕在心灵中获得一丝丝历史的投影，也能勾起我们血脉深处那种久违的、充满沧桑的感动。

读史，会让我们精神丰满，内心不再随波逐流。但我却读了很多野史，比如《山海经》中的三皇五帝，比如《封神演义》中的神话世界，比如《诗经》里的生活，比如《离骚》中的风流。《圣经》中有历史，《楞严经》中也有历史。前段时间，一位先生向我推荐劳思光先生的《新编中国哲学史》，我读完第一卷，立觉思维脉络清晰了许多。读史的明显效果是让人不再寂寞与孤单。历史是浪漫的，看似真实，却埋藏着无穷的神秘与变化。

我深读过吴晓波先生的激荡系列，这也是史。我从 1996 年辞职打工开始，遇到许多好的公司与好的创业者（老板）。近二十年过去了，他们有的还在，有的已经不在了。我们这些 70 后，其实就是在经历中国经济最多姿多彩的年代。我们从时间深处走来，正在经历一段重要的历史。

第六种力量，是风水力。我曾经不止一次地对自己说：少年，你是幸运的。因为你生于这个时代，因为你长于杭州。

如果早生四十年，那是民国初年，战乱纷呈，也许我会是一名旧军队的士兵，可能在某次混战中死于冲锋。如果早生二十年，我也许会饿死于三年自然灾害中。我之所幸，还因生于江浙。杭州这座城市的开放与包容让如我这样的少年，有机会试一试、拼一拼。这座城市的特点是可以允许失败，可以包容创新，可以让有志者从头再来。时空就是最大的风水。

创业，就是让所有心有所想、勇气可嘉、懂得与命运抗争、不服输的少年，在不断的人生锤炼中走向圆满。西湖看似柔美，却沉淀着千年的不屈与坚忍。江南的少年，看似秀气，却积蓄着"一剑霜寒十四州"的刹那芳华。

时间如白驹过隙，至善之火，生生不息。我的创业，从个人的孤军奋战，到有了几位能力超过我，又与我一样有野心的优雅的合伙人，我们的团队从最初的三人小分队，到了现在一百多人的"营级编制"，我们选择的方向是善的，是正确的，是值得我们勇敢一些的。但我依然战战兢兢，随时准备着迎接公司最困难的时候。从内心深处讲，我并不期待我们的员工能真正地与公司同进退，因为大家都要养家糊口，这个要求太高，这种承诺太重。

我将今年的年会选在了还没有竣工的新办公室召开，有人问我为什么，我只想告诉团队一个道理：这个世界上，从来没有一件事情是事先都准备好的，都是一边做、一边完善、一边实践、一边升级。我像一位少年从时间深处走来，踉踉跄跄，从来没有过从容淡定的优雅风姿。创业如此，人生怕也如此吧。

初夏的果园

寿星林　　2015年5月

　　清早，山雾飘逸而来，无声地替初夏的果园蒙上了一层淡青色。东方的天际透出曙光。万物都在等待，它们显得心平气和。因为太阳是公正的，是慷慨的。甘草的叶尖上、桃树的叶片儿上都滚着晶莹的"珍珠"，经过阳光的折射，成串地放射出富有诗意的光芒。几条亮晶晶的游丝在风中轻轻摆动，惹起人们无限温柔的情绪。山鸟知道黎明到来，欢畅地飞出巢穴，她们沿着初夏的果园飞翔，似乎是在完成一种仪式。松鼠们在林间跳跃，用大而黑的眼睛观察着复杂的人类世界，它们总是与人类保持某种距离。当黑色的蚁群也从大地深处爬出来，挥动着漂亮的触须时，新的一天开始了。

　　果园像珍藏着无数宝贝的仓库，富有而成熟。在诗歌的圣殿里，灵气四溢的果园更被赋予了一种纯粹的精神意义。太阳显得格外重要，当它穿透果园的每个角落时，人们可以闻到浓郁的果香混杂着青草味，新鲜黄土的气息中包含着真实与宁静。

　　果园的主人热爱这里的每一寸土地，他一年四季住在果园里，像是在守护他的理想与甜蜜的往事。每棵树、每一小片黄土，都会令他产生强烈的依恋。

太阳将要走完一个轮回时，会在每一株植物上涂一层金属的光泽，那是一种令人感动的颜色。风起了，夜晚真正降临，一种声音渐渐消失，另一种声音开始涌起，富有层次感。无数陌生的虫子鸣唱着，组合成一种奇异的音响。空气多么温暖，弥漫着田野传来的水稻的清香。在山鸡们的叫声里，萤火虫的灵光一闪一闪，划破单调的黑色。初夏的果园，艺术家们可以在这里捕捉到他们需要的大自然的静谧，光线、色彩、声音的和谐以及初夏的果园一闪即逝的真实含义。

果园的主人睡得很迟，他喜欢在林间走动，一切都那么熟悉、亲切、富有人情味。不远处就是稻田，田中成片的蛙鸣，正与这果园里的蝉音遥遥相和。

注：1）果园在我的生命历程中是一个重要的意象。我希望，我在描述果园时，可以少带一些主观的感受，而更多的是体现大自然的丰富与不可窥测。果园的意象覆盖了我整个小学与初中时代。这种血脉相融式的植入，对我的未来影响深远。甚至在深度睡眠时，我偶尔也能回到那个时点上，体验早晨无限清澈的空间与溢满香气的大自然。2）果园的主人是我的父亲。他当过煤矿工人，当过理发师，务过农，最后一项工作是在这一片属于他自己的果园中精耕细作。父亲的果园是他人生中的一件艺术品。他是我第一位最专注、最细致、对大自然与土地最富感情的人生导师。

孤独之美

寿星林　　2013 年 8 月

　　似乎没有什么比孤独更伤蚀人心了，也没有什么比孤独更能滋育人心、培养心格了。什么是孤独呢？尼采说，更高级的哲人孤独着，那是因为没有同类，这是一种思想的郁郁独行。你若安好，便是晴天，这是一种孤独。关闭自我，一个人静静地旁观世界，这是一种孤独。那一夜，岳飞在风波亭上听飞雪的吟唱，仰天长啸时，他是孤独的。老子骑青牛西出函谷关，是一种孤独。佛陀在菩提树下悟道，是一种孤独。无数个为了自己的道，在路上苦苦求索的灵魂，是孤独的。孤独之美是空间，是时间，是线条，是角度，是非语言。

　　孤独的时候，一个人、一盏灯、一杯茶、一支曲足矣，让自己颓废一分钟，这是小资的孤独。阅尽沧海，透彻人生，不介入，不干扰，不愤怒，这是一种出世的孤独。男人孤独的时候，心停下来休息，是为了明天跨出更加坚定的步伐。世界在我脚下，只有孤独者，才能真正地洞穿平常，找到世界之美。一时的孤独像一杯美酒，容易醉，却口味醇香；而一世的孤独，却稍显悲凉，像如刀的烈酒，非要在心中割开一个口子，仿佛只有如此，才能让人真正地拥有一颗强大的内心。男人之心，越割越宽广。女人的孤独呢？是十年生死两茫茫的绝望？还是所谓伊人在水一方的绝世容颜？抑或是一种如水、如夜的物质？女人的孤独是否就是男人的彼岸呢？就如落叶听见风的挽留，是否尽是伤心事？是否都写着聚少离多？这些怕不是像我这样的男子可以知道的吧。世间分男女，天地分阴阳，混沌一体，无穷无尽。如果非要把夜晚分出一个阴阳，那就点起一盏不灭的心灯吧！

人生是我们这辈子修行的道场。孤独是修行的方式，却不是结果。孤独不为人知，暗自惊喜于内心莲花处处，独自品味着圣贤的智慧，修行之路，在脚下慢慢展开。孤独与微笑有关，与平常心有关，与爱情有关，与搭房子、娶妻子、生孩子有关。这些宿命般的事情，似非要在短暂的这一世中求个圆满不可。因此，不满足也是一种孤独，而且是一种有毒的孤独。那些追求平常幸福的人们，在得不到满足的时候，便显出孤独的样子来，我见犹怜。人类的微小在于不了解自己，人类的孤独在于对世界感到陌生。

于是我选择与自己对话，在这样的夜里，把心割开又缝上，缝上又割开，先是完全放弃，然后又再次拿起来，仔细地辨认是哪一年的伤口，是什么时候缝上的。没有什么比面对自己更加艰难了，那种惶惶地逼近终点的颤抖和恐惧，让人鲜血淋出，却又分外酣畅。光辉岁月如何？漫漫征路而已。已经记不起母亲当年在那一个时点是如何把我生下来的，已经记不起在过去一世中发生过什么，已经不清楚我在梦中，还是梦中有我。这样的夜晚，逼自己观察内心，向内看，看到很深的地方，很痛，也很舒服。

人生路上雾茫茫，千古江山百年身，举杯迈步随心跃，菩提树下一盏灯。

崭新的里程

寿星林　　2011 年 9 月

　　对于你而言，今天是一个崭新里程的开始。

　　从今天开始，你走入课堂、汲取知识、学习与人交往、学会快乐、懂得悲伤。从今天开始，作为一个学子，你有了举手发言的权利。这是多么重要的一步啊。我多想一直陪伴你、看着你、呵护你。

　　今天，我远远地祝福你。我也和你一样，从这里开始，然后一路行来，曲曲折折，历经人生一次又一次的欢欣与失意。以你出生的第一声哭音为证，我心一片欣然；以你成长的每一个脚印为证，我为你骄傲。你在音乐的世界里鼓动双翅，拥有了可以治疗一切悲伤的财富。而我从小依自然而生，在自然中汲取力量。

　　今天，是一个崭新里程的开始，是一段美妙音乐的开始。在未来的每一天中，你的生命将成为我活着最重要的证明。

　　疾风骤雨不能带走你的笑容、你的声音。你的每一步，自有万神护佑，百无禁忌。你存在，所以我坚定；你快乐，所以我坚实。你的血液里流淌着我对自然的渴望与对生命的不懈追求。你必将离开我，奔向远方，去接受更多的阳光与风雨的洗礼。作为一个人，你必将继承一些、扬弃一些、发扬一些。你不像我，你可以选择你的爱好，可以拒绝金钱的诱惑，可以自主地爱干啥就干啥。在未来的日子里，你要做的就是在思想与知识的殿堂里尽情畅游，找到存在的理由，找到未来。

如果你能够幸福，那么我自欣然！

注：2011 年 9 月 1 日是女儿欣然上小学的第一天，如今她已成小才女了。

回家

寿星林　　2016 年 3 月

　　2015 年的春节，我终于没有像之前那样出国或独自旅行。四十岁的这一年，我忽然觉得，父亲与母亲都很老了，我得回家。是时间加速了吧。在互联网时代，白发似乎会来得容易一些。远远望去，他们的个子小了很多，腰也变得没有那么直了。

　　最近的一年，我每个月都会忍不住回家看看。村子拆迁了，到处是断壁残垣，村口那株高大苍翠的银杏树枯死了，却仍然站立着，迎接着人们回家。每次走过这里，我总是想起儿时，这棵大树曾经为我遮风挡雨。夏天，我玩累了，就在这树荫下睡上一会，阳光也穿不透它巨大的、强健的枝干。现在，它死了，静静地任生命在岁月中流逝干净。这棵曾经是村里最具标志性的大树，早就没有人关注它的离开。不久之后，这里将规划建造一条一级公路，那时它的残躯将被折断，然后被丢掉。这是真正的轮回。

　　最近的一年，家里又完成了几件大事，有好、有坏。其中之一是村里分配的宅基地上建好了新屋。父亲与母亲为此忙活整整一年了。我从一楼走上三楼的阳台，远处是小时候经常出没的小树林，不知道那几只松鼠是否安在？父亲属兔，母亲属羊。我一边听他们开心地向我讲述：沙发是从哪里买的，多少钱，现在换了一张新的床。母亲也总说："我属羊，最配你爸这只兔子了。"听着听着，我不禁有些痴了。

父亲与母亲还在村里为我争取了一块宅基地。父亲说："你们在城里住久了，还得常回来住住。以后年纪大了，回来也得有个地方睡觉，别总去酒店。哪儿都没有家里好啊。"是啊，家里虽然没有地暖，没有五星级的服务，却有父亲与母亲啊。他们都年过六十了，总有一天他们会渐渐远去，只留下我站在这里。

然后，母亲又开始关心起我的生活、我的工作，虽然他们不晓得我在做什么、我是怎么过来的。我一如往常，只报喜。儿行千里母担忧，这是千万年来一成不变的道理。母亲做的菜还是很咸，却是我喜欢的口味。

还记得我第一次辞职的事儿，那是 1996 年，我坚决不再教书，想做一点自己喜欢的工作。他们先是担忧无比，然后又告诫我必须好好干，必须干好，必须争气。他们没有多少文化，只能用最朴实的道理来引导我的方向。

果园，是父亲与母亲经营了很多年的事业。他们俩将一片荒地承包下来，除草、去石、施肥、种植。那种桃花满山、果香飘逸的景致，在我儿时的记忆中留下了深刻的印迹。他们专注、勤奋，他们智慧、通达。这些都是他们留给我的一辈子享用不尽的财富。

果园里有野生的百合花，金黄或是纯白的花朵，根茎可以煮着吃。桃树上会长一种可以吃的虫子，父亲说吃了对孩子长身体有好处。蜜蜂是果园的常客，当然还有松鼠与蛇。我的小学时代与初中时代大抵都在果园度过。这里对于我而言像一座安静的书房，没有干扰，只有享乐。

我们这个村子最大的问题是在雨季时总会"水漫金山"，从我记事起就有好多次。原因是大量的降雨导致水库的水位上升。父亲与母亲那一辈人，大都参与过青山湖水库的建设。那是一步一泥泞、一步一框泥的人海战术。人的力量虽然微如蝼蚁，却又那么不可思议。而青山湖连接西湖，保杭州就意味着我们这个村子要遭殃。之后十年间，拆迁问题提上日程。一直到今天，父亲与母亲终于住进了新建的楼房。这是一幢四百平方米左右的小楼，干净、大气，他们很开心，我同样为他们高兴。对于他们而言，家即是事业，事业即是家。

过了四十岁，人生真如流光一瞬，时间仿佛一下子被压缩了。我渐渐感到，也许有一天，他们真的会离我而去，只剩一个孤独的我存世，那时我的家还在吗？四十岁，树欲静而风不止，大约如此。大年三十，全家团聚，吃着母亲做的年夜饭，看着弟弟妹妹们的青春笑容，我默默地开心着，生命在这一刻显得很圆满。走在这个经历沧桑的小村子，看着普通人家的温暖灯光，我忽然觉得，平时追求的那些事业成功、爱情美好、功成名就全部都是如此的虚幻。人生的重要时刻当归结于陪伴。家是什么？是陪伴！是守护！

父亲生起了火盆，虽然是个暖冬，但是在春节生个火仍然感觉那么自然。我很清楚地记得，小时候，我一边烤火一边看书，父亲与母亲坐在身边聊天的情景。那时，母亲的手中依稀拿的是一只鞋底。那是一种纯手工的布鞋，灯芯绒的鞋面，用旧布一层一层缝起来的底，结实、温暖、朴素。

回家，对于我而言是一种追本溯源。回到出生地，回到时间的原点，静静地思考时光的流速以及在时光中沉淀下来的点滴，不知不觉中，我的眼睛里热得不行了……

我的花园

寿星林　　2015 年 6 月

　　新屋在靠近西溪的地方有一个阳台，我在那里终于搭建了一个属于自己的花园。说是花园，其实就是我将阳台开辟出来，反复架构与整理，最后按照自己的想法慢慢实现的一角空间。通过每次的整理，摆弄泥土与水，寻找一些我觉得合适的材料，然后移来各种我不一定叫得上名字的植物进来，一个我自己喜欢待的花园就这样产生了。这世上很多事物，不在于会不会，而在于想不想。一起心动念，便自然地去做，做久了，便熟悉了各种不清楚的逻辑。

　　在我的花园中坐上几分钟，摆弄一下，感受一下植物的成长，内心便会安静下来。养花可以随着时光与季节的变化体验成长的过程，那种无声的却充满韵律的节拍，真的让人心怡。草木成长的过程，代表了时间的过去、现在、未来，这是一种让人惊喜的体验。

　　现在的这片小小空间，不能限制我的思索，我仿佛似曾相识，可能在某本书的某页中曾经出现过，小的时候，在老屋后面，我曾经用心开拓过的一片玉米地。我特别喜欢从一颗种子破土而出，到叶子两片三片慢慢多起来的那种时间张力。

　　渐渐地，花园会和人联系在一起，我的精神呼吸会与之同步。草木成长的过程，恰如欣赏音乐的过程。

每日回家时，我会放下包，一身轻松地走进这里，她们都认识我，在感受我的频率、心跳、情绪。每天走的时候，我会回头看上一眼，很不舍。周末，坐在沙发上，当阳光落下来时，我觉得那些苗儿、木儿在接受某种神奇力量的灌溉。我相信，只要给她们时间，她们就必然会在某一个时点绽放出一种未知，给我惊喜。

我不喜欢买那种已经长成的花，这样让我看不到变化。那种不确定性所带来的愉悦与忐忑，真的很好。草木之成长，有时候代表了一种让人振奋的期望。屋不在大，花不在多，在于我与她们对视时那种无声的默契。

我的花园里有一株海棠，初时没有什么叶子，仿佛没有朝气。现在好了，新的叶子不断地"抽"出来。那一株墨香是藤科植物，架子是原来就有的，被我移到花园里了，现在黄色小花已经落了，新的藤枝也伸出了懒腰。月季是最普通的了，她们有很旺的生命力、很长的花期，在同一个时节，可以开出不同色彩的花朵。种多肉纯粹是因为干净，可以放在室内，没有多余的枝叶。多肉变化万千，生命力强劲，随便种就能成活。我发现草木也是需要伴儿的，孤独的、没有交流的、如哲人一般的沉默，会让她们失去生机。

荷花也一直是我钟爱的。她的花形传递着淡淡的佛性。我淘来盆，然后将她与一种水生的、无名的草混种在一起。她的生命力大得惊人，只要有水，只要有阳光，她就能保持活力，很好种。

晚间，与一好友聊起读书之快活。书是别人的道，读万本书，便是浏览万种他人的道，以此来证自己的道。草木之成长是一种本我的道，可以和自然互相印证，感受一点一滴的变化。我的花园需要我慢慢去修、去改、去调整、去变化、去适应、去打下好的本我之基。

这些天，一直有人在和我讲他们的成功之道，我听完后，好几次心动不已，觉得自己太慢了，而且总是比别人慢上半拍。回到家里，回到我的花园中，静下来，观看草木的变化时，我忽然笑了。方法真的有许多种啊，就像我一开始不会种花，现在也渐渐熟练起来，认识的草木也渐渐多起来，也渐渐地学会与她们沟通。别人的道，照抄过来是个死胡同，就像一面哈哈镜，照出的内容，因人而异。若失去了本我，就落了下层。心不静、乱了，便看不透本质，事情也就"枯死"了。知行合一，便是草木旺盛之道，古人诚不欺我也！

杀鱼

寿星林　　2015 年 5 月

昨天小章从淳安老家给我带了一只巨大的包头鱼，长约一尺五，身体健硕肥大，气质高贵。可当我晚上十点到家再见到它时，它已经没有生气了。这种生灵与人一样，需要氧气，并且受到地心引力的制约。怎么办？这可难倒我了。

我估计有二十年没有杀过鱼了。刚毕业那会，在菜市场便可以买到新鲜的鱼，大约是要选一处空地，先把鱼拍晕，然后开始工作。我最喜欢红烧鱼，带子的那种就更佳了。葱是不能少的一味料，放在锅里，等油开的时候，将其放进去。那时候，生活虽然艰苦，可内心通透，没有那么多纠结的事情。散步是日日要做的事，去田野、去广场、去林间小道。

于我而言，杀鱼是一项陌生的作业了。先是搬到阳台上，准备好刀、板、盆等。之前，我打电话给朋友，问了怎么处理，得到的回答是：杀好，腌制。我忽然想起了"庖丁解牛"的故事。什么是"以无厚入有间"？其实一条已经死了鱼，可能省去了很多麻烦。当一切准备妥当之后，杀鱼行动正式开始，那已经是晚上十一点钟了，整个社区寂静无声，我准备开刀。

任何工作都是有一定逻辑的。杀鱼也是如此。

剖肚、去鳃、除鳞片、解体、加料、冷藏，梳理完了所有工作流程，我便开始了。我忽然想起父亲小时候杀鱼的样子，干脆利落，很有魅力。我却完全做不到这一点，鱼不断从我掌中滑脱，如果是一条活着的鱼，我想，她的体力也许不是我能征服的。

午夜十二点，空气中弥漫着冰冷的血腥的味道。我"肢解"了一条死去的鱼，汗流浃背。刀同时也在我的手指上划出了一道血口，这就是杀生的代价。我在我种满了花的阳台上，杀了一条已经死去的鱼。她已经感觉不到杀机，没有恐惧，十分安详。可我在杀她的时候，感到一种很压抑的气氛。我的动作是迟钝的、麻木的，下半身的血液也静止下来，十分不愉快。当我将她放入冰箱后，我如释重负。

我像是完成了一种仪式，然后沐浴更衣，静静坐下来，若有所思。杀鱼初次感到触目惊心，不过我想那些常年以此为生的人们，却早已经麻木了。习惯是一种多么可怕的力量，它很难察觉、潜移默化。我并不觉得鱼之死是一种悲伤，反倒应了天道循环的道理，只是一下子被这件忽然的事引起了心中的郁结，生活便是这样一种自然之道：不是去习惯她，而是就像这夏初的夜一样，闭上眼，便可以感受到各种各样的味道。其实呢，不加葱也没有关系，鱼便有它的味道。

欧游小记

寿星林　　2015 年 8 月

题外话

我和许多朋友一样，一直会问一个问题：西方为何在近代超越东方，成为主导这个星球的重要力量？以中国为代表的东方力量，什么时候可以重塑辉煌？在学校组织的欧洲学习期间，我们看到了一个活出第二春的、年轻的德国和稍有暮气但温文尔雅的意大利。

在历史面前，时光往往只代表了速度与空间。我们这帮人的欧洲游学，比起一百多年前，中国年轻人去西方留学的经历是微不足道的。如果选择远行会成为一种生命的烙印，那么这一趟就是无比珍贵的痕迹，我必将一直记得。

有时候，人需要任性，就如同这次欧洲游学之行一样，说走就走了，把一堆的工作与繁重抛开，在天空中划过一道风景线。人生这趟行程，有时候，跟随内心的方向走是必要的。

宗教、文化、艺术乃至对生命的理解是没有国界的，我们可以在法国象征主义诗人波德莱尔《恶之花》里找到东方的灵性，也可以在印象派画家的作品中找到一闪即逝的东方悟道的痕迹。在米兰大教堂感受基督教所沉淀的宗教的厚重，这在中国最庄严的寺庙中是感受不到的。东方佛教带给人的灵与悟，恰是这里缺少的，佛教更像一位温和深厚的长者，导人向善，给人方向。

德国印象

德国给我的感觉是年轻、干净、美丽、充满力量。我之前没有到过德国，从二战电影中产生的德国狰狞印象与此时感受到的完全不同。德国人的帅气与严谨、城市与乡村间处处流淌的美丽风光，让我们感到惊喜。

我们在法兰克福停留，在科布伦茨住下来学习，在波恩走进德国的企业。在这个阶段，中国国内正经历着股票市场创办以来最大的调整，从端午节开始，整个六月都是黑色的。但是，股灾所带来的低沉气息，在我们这个团队中是感受不到的。

在科布伦茨，我们参访了欧洲最大的薄膜制造企业，它是全球同行业的隐形冠军。用我们的德国老师的一句话讲：德国中小企业是德国的脊梁。我们来到的时候，正赶上这家公司 50 周年的生日。我走访过中国许多企业，如果从硬件角度讲，似乎这里是如此的其貌不扬。唯一不同的是人。这是一个在全球拥有 18 个生产基地的德国中小企业（中国苏州工厂于 2008 年开始生产）。在过去 50 年的时间里，它非常淡定，没有 IPO，没有显赫的名声，默默地经历了两代人，2015 年上半年它的利润已经超过了 10 亿欧元。在这里我们可以感受那种平稳与淡定，那种偏执的专注与极致的创新。

现在，国内正在流行资本运作，似乎不谈天使轮、不谈创业创新就落后了。随着资本市场的兴起，几乎所有的创业者，都希望尽快融资、尽快上市、尽快赚钱走人。与德国的企业家相比，我们是否存在一些战略性的畸形呢？那么，德国中小企业这种扎实的经营理念，在国内行不行得通呢？是不是也会有一些好的企业产生呢？我个人的职业经历告诉我，一定会有的。我身边也有几家这样的企业，十几年、二十几年如一日，逐渐成为细分行业的龙头。

从某种意义上讲，中国正在经历一场以转型升级为口号的"大跃进"。互联网＋似乎在BAT之后成为造富的神话，人们蜂拥而至，形成了所谓风口。我本人也不能脱俗，正在参与其中。

位于波恩的埃森哲公司（讲述了工业4.0）与德国电信只有一河之隔。我们听德国人的互联网思维创新及服务创新、产品创新。他们在互联网新技术与新装备的产业实践上做得很扎实。德国电信的负责人介绍了从客户需求的角度，反过来思考产品与服务的创新的思想，这一点让我印象深刻（回国后，我立即召开产品与运营开会，调整公司的产品与服务策略）。从单纯的产品经营向服务经营转型，客户买的不光是我们的产品，其要购买的实际上是我们的服务。把产品的服务延长，围绕顾客的需求，就能创新出一系列全新的解决方案。创新有时候不一定是革命性的，也可以是渐进式的、迭代式的。

我的思考：不管做什么方向，创办企业要回归其本质，一是要为社会与用户创造价值；二是企业本身必须有生命力，要赚钱、要能活下去。

在德国，企业融资其实是非常容易的，政府鼓励企业去银行贷款。可是，这些隐形冠军们没有这样做。他们觉得，做企业就必须赚钱，应当靠自己赚钱活下去。这种经营理念在当今的中国，一定会被当成保守与迟钝，一定会被嘲笑。

意大利印象

在米兰，我们体验了奢侈品的诞生，了解了品牌的创建与营销。米兰理工学院的一位教授这样说：意大利的企业在创办的时候都是小企业、小作坊，他们在创办时从来没有想过要做成一个世界名牌，他们想到的就是如何将产品的品质做得更好。世界一流的产品与服务，才是世界名牌的立身根基。很难想象，懒散的意大利人能做出一个又一个世界级品牌。他们看上去可没有中国人努力。我们在卡地亚总部学习，看到了品牌发展的历史。我发现，历史除了与时间有关，更多的是与人有关，因为是人创造了历史。意大利的奢侈品历史就是由意大利工匠们一点一点的积累创造的。

米兰给我的印象是深刻的。在大教堂、在那些沉积着时光与艺术的街道漫行，我忽然想起一首不知题目的小诗：在生命停止的地方，灵魂前进了；在语言停止的地方，诗前进了；在玫瑰停止的地方，芬芳前进了。我心想，这个城市，我会再来。

下午，我在大教堂附近拦了一辆出租车。一坐上去，我就闻到了清新的香水味道，空调早已开启。司机是一个中年的意大利人，银色的头发打理得非常有条理，身着很时尚的衣服，穿着干净的皮鞋，面带平和的微笑。他似乎不是在接一趟生意，而是在送一位老朋友去一个地方。

习惯了五加二的我，在意大利的周末感到非常无聊。走在安静的街上，商店今天都关门休息了，老人闲适地开着老爷车或带着心爱的小狗散步，草地上人们三三两两地步行着。这是欧洲，这是意大利的早晨。

鸽子在飞，乌鸦在欢叫。人们没有因为某个地区出事了而惊慌失措，也没有因为失业率提高而放弃原有的生活方式。一切还在照旧，浪漫随意中透着有序。最近两周，我和朋友们为 A 股而睡不好，我很难想象，有什么样的事能让欧洲人变得如同中国人一样，我会开玩笑地说："那就有可能是发生战争了。"

是我们三十年的开放与沉淀不够吗？那么过去五千年的呢？我们还可以在我们的建筑与言词中找到一些影子吗？在米兰这样的城市中行走，几百年的房子比比在目，新的建筑只能建在郊区与偏远的地方。我们一味地求新、求快，怕是少了一些宁静气儿。

我的思考：品质意大利，工匠精神。真正的名牌与奢侈品是靠好的品质积累而成的，打再多广告也无济于事。要有客户体验至上的强烈意识，所有的创新均围绕客户价值提升来进行。战略上要从产品端延伸到服务端。注重团队的培育，团队是公司最重要的财富。

回国之后，我立即调整与优化了我们公司的产品研发思想，可以说这是我意大利之行最大的收获。这个收获不是在课堂上获得的，而是在莫名中产生的某种触动。

从米兰飞北京。

从北京回杭州时，我停留在候机室。这个时候，股灾还没有过去，人们惊魂未定。我很理解，许多人把退休金、老本都投到股市中，结果却经历了一场"樯橹灰飞烟灭"的痛苦之旅。这是要命的，但留下来的思考是关于"制度"的。中国的资本市场只发展了三十年，太多的新东西人们来不及学习。只是这个学费交得有点沉重、有点昂贵。

心累，是我常听见的一个词。可是"山本无忧，因雪白头；水本无愁，因风起皱。"内心坚定的力量是我们行走在人生路上动力的源泉。飞越阿尔卑斯山时，我们看见雄视万里的雪山，那种冷静与扎实怕就是我们需要的吧。

回到杭州，又开始了紧张的工作。这个时候，我可以体会到什么叫奋进，什么是勤劳，骨子里深植的农耕文化，注定了这个民族是世界上最努力的民族。

我们内心的气，也许不如欧洲人来得淡定，但这是一股勇往直前的气息，是其他地方的人感受不到的。那么多人，那么多年轻人，靠着勇往直前的精神创新创业，没有条件创造条件，没有规则创造规则，没有平台创建平台，没有环境创造环境。

从政府到草民，都在不断地努力着，也许我们还有很多问题，但有问题，我们学习、我们改变、我们适应。在未来的丛林法则中，我看到了国人愈来愈强，在生死拼杀中，杀出一个太平美好的未来，在挥汗如雨中，创造一种美好的生活。在这一点上，我们绝对不能妄自菲薄，让我们迈步重头越，笑看风云起！

遇见山西

寿星林　　2016 年 4 月

人生注定要遇见山西，遇见一群山西的好朋友。

在《南风歌》中，我见过先秦时的山西，"日出而作，日入而息，凿井而饮，耕田而食，帝力于我何有哉"。在《走西口》的调调里，我感受过悲壮的山西。那一首《桃花红杏花白》、那质朴自然的爱情故事，让人热泪盈眶。但这些似乎都不是现在的山西，都不是真实的山西。

人一辈子大约活不过百年，在这有限的时光里，我们到过的每一方土地、见过的每一个人，都与我们的故事有着重要的因果关系。

上月，我初到平遥时，远方横亘着一座大城。他的气息扑面而来，厚重而苍茫。久居南方水岸的我们，立即被眼前的一片灰色大气所吸引，走上街道，似曾相识，却又完全不同。这座城不由得会让人想起纳西古城——丽江。丽江独有的民俗感与平遥独具的历史感，是完全不一样的。夜宿平遥，居于旧屋，天空背后的大星似遥遥地传递着光辉。明初，晋商以北部边塞巨大的军事需求和"开中盐法"的推行为契机，开始经营粮和盐，从而崛起。清时，以日昇昌陈氏为代表的票号"汇通天下"。往日辉煌似已不再，然晋商风骨犹存。那一座座院子、一块块砖、一幅幅牌匾，不可能不延续与传承下来些什么。祁县的乔家、太谷的曹家仍然流传着家族前辈忠义诚信的故事。无论时代如何兴衰、政治如何更迭，一些深埋在人们血脉深处的东西是不会改变的，总有一天，人们会倏然觉醒。

前几日，我在厦门的环岛路上遥看鼓浪屿。这个位置，也许是南方最好的风水。海风阳刚、热烈，而一望无际的水孕育了这座南方之岛城。这几日西湖之畔的杭州，正飘零着清明节后的丝丝缕缕温柔，风是杨柳风，钱塘江像一条大龙的脊梁，横在这个城市的入海口。杭州几乎是一个完美的江南白衣少年，带着剑客的飘然与锐气。我忽然很重很重地想起了山西，那个黄色厚重的地方，让我想起路遥的《平凡的世界》中的精神国度。它与我所熟悉的这两个城市之风水完全不同，她是那样沉稳、那样神秘。只有在"难老泉"的温热与永恒中，我才隐隐窥得一些母性的柔软，她更像是一幅以刀笔刻成的版画，入木三分、淋漓尽致。山西缺水，少了一些南方的秀美，但山西有风，那是《大风歌》里的痛快。

初见山西，是在去年冬季，有风无水，只剩透彻的冰冷。第一次到太原，望见这座没有太多色彩的城市，我心中一片茫然。在一家叫"晋韵楼"的饭店，这个小小的五谷之地上，历史的浮光掠影让心境像一册书本被缓缓掀开。没来过山西，自然不知道面为何物。山西面食的丰富与多样、创意与构思，让我感受到这个地方的智慧与积累。汾酒之绵柔芳香，将五谷之精极尽升华，回味无穷。面与汾酒，是最能记录历史、传承道统的载体。某日，站在"东湖醋"的窖藏前，我才真正体会了什么是历久弥香。遇见山西，她的表达方式简单而直接。

二度来晋时，我的合作伙伴来机场接我。以南方人的商务与简洁，我一直觉得打个车就行了。这位后来被我们笑称为"超级律师"的代先生，早早来到机场。他像一位兴奋的少年，自豪地讲述着上下五千年中山西的历史与风土。他的真诚与激情、他超强的学习与融合能力，让我感动。我觉得虽然煤老板不见了，但是山西人没有失去心气，正在悄悄地积蓄力量，正在完成一次重要的历史蜕变。这种力量是独特的、不一般的，可究竟是什么呢？

另一位友人来自国企，传说中国企领导的样子完全不是他的这副模样。他谦逊温和、知书达礼，有一双少年人的明亮的眼睛。他在早上六点半带我去吃"头脑"，是在双塔下的一间叫"清和元"的小店，如同杭州望江门一带的老式馄饨店。一眼望去，三五老友成堆吃着一种不知姓名的食品，口中抿着黄酒，津津有味地品味着早晨的悠闲与放松。

山西"头脑"的传说：明亡后，一代名医傅山隐居故里，侍养老母，创制了"八珍汤"让母亲康复。后来他将此汤的秘方传授给一家饭馆，以"清和元"挂牌。"八珍汤"则易名为"头脑"。傅山给体弱需补的人看病时，便告诉他们去吃"清和元"的"头脑"。此品属滋补药膳，是在一碗面糊里，放上三大块羊腰窝肉、一块藕鲜和一根山药，吃时撒上3.3厘米长的韭菜节。

在山西博物馆，那座外形似斗似鼎、内部如塔、暗蕴乾坤的建筑里，我遇见了历史长河中的山西。与此相邻的煤炭博物馆，展示了时光长河对山西的馈赠。以煤为主题，将山川、河流万物之变化加以具象的表达，也只有在山西了。那天，朋友问我有什么感受？我待了一会儿，只说了两个词：时间、空间。那么贯穿时空的线是什么呢？没有亲自去过山西的醋窖，必不能说自己明白醋为何物；没有去过晋祠，必不能说自己知道历史。

在平遥古城，吃着"碗托"，品着汾酒。在那座古旧的院落中，我们完成了公司向省外延伸战略的重要会谈，我们笑曰："史称'平遥会议'。"我不禁要问，历史已成逝去，这座城市未来的道路在哪里？一座沉淀文明浓香的古城，不可能因为几个煤老板的故去而失去征战的斗志。历史一般以轮回的方式向人类表达它创造的规则。我明白了，原来事在人为，只要人心在，一切皆可为。我从友人们少年般坚定而自信的目光里找到了那种答案，找到了那条贯穿时空的、无形的线。我似看见了一群志向远大、善于学习的少年，我也看到了一个正在走出山西的山西。大清帝师陈廷敬（1639 年－1712 年）是山西阳城人。这位《康熙字典》的总编，是康熙皇帝最敬重的汉人重臣。像这样的先贤，山西还有很多。也许正是因为血管里流淌的历史，沉淀了晋人骨子里的自信。这种自信，哪怕经历再多的危机也无法磨灭。如今，这种自信，依然少年。而这种少年的自信正在化作一种自我蜕变的力量。山西的少年，没有也不可能只躺在先辈的余荫中陶醉，而必然是在压抑中，积蓄着一种隐隐的爆发力。我相信，只要有这种力量在，无论在任何一个历史的节点上，山西不灭。

当我们隔着一座时空去远观一座城、一群人的时候，我们很难感受到在那块土地上孕育着怎样的故事与情义。只有走到跟前，我们才能真正地发现历史之雄健、城市之雍容、人物之俊美。我想，与山西的缘分，便在于此吧。人生遇见山西，遇见山西的少年们，幸哉！

《白鹿原》之观后感

寿星林　　2017 年 6 月

　　看完《白鹿原》，我发现里面有太多话题与亮点，不过最让我热血沸腾的却是最后几集中"黑娃读书"这一段。脑子里忽然出现了"折腾""忽悠""模棱两可"这几个似不相关的词。

　　有人问我：作为一家创业公司，你们的企业文化是什么？按照我老师的话讲，企业文化就是一个组织的性格与习惯，而这个性格与习惯是由创始人的素质与修为决定的。我复盘创业的过程，觉得有两个词很重要，就是"折腾"与"忽悠"。我们企业的性格与习惯就是"会折腾""不忽悠"，这也是我个人的基本素质。这两个基本素质带来的是内心的干净，但也有一点儿不招人待见。

　　在现在这个环境下，创业公司不会折腾不行，这叫没有创新。那么创新的路线应当是什么样的？我认为一般有三种：一是沿着主线思考，延伸再延伸，做深、做精、做透。二是在主线无法突破的情况下，另起一线，或平行，或交错，东方不亮西方亮。三是完全跳出来，学会做旁观者、学会放弃。还有一种折腾叫"瞎折腾"，那就是追风口，什么流行追什么，结果肯定是什么也追不到。"大风起兮云飞扬"，风云激荡的时代，总是英雄辈出的时代，也是折腾的好时代。"心气高、起点高、嗨点高"是新时期"三高"人群的特征。这类人折腾的过程是烧完自己的钱，烧投资人的，一路烧下去，直到烧出一个结果来。

我们在面对风口的诱惑时，要有足够的定力。人性中的比较思维与批判思维都是非常好的思维工具。但是如果没有把比较与批判用在正能量的思考上，就会荒芜自我。比较心若能让人明晰优劣、发奋图强，这就是好的；而若通过比较老是发现自己这也不对、那也不对，那么就会破坏自己坚定的内心，这个人便不会再有一点点进步。追风口就是一个比较典型的例子。凡事均有因果。那些优秀的创业公司，不是凭空而来的，绝大多数是在深厚的积累之下适时爆发的。因此，我讲的"会折腾"，不是随波逐流，不是听风便是雨。一个内心坚定、有成功潜质的人，是不容易被"忽悠"的。

会忽悠似已成为现在创业公司的一项必要技能。可拿什么忽悠呢？一般就是所谓的愿景与发展。融资也要靠忽悠，因为投资人太多了，他们读书少，讲一些他们并不明白的课题，让他们肃然起敬，钱就来了。在当下，"不忽悠"将成为创业公司的一个非常高贵的品质。现实却是：员工也好，投资人也罢，甚至是合作伙伴，对此却并不十分买账，他们都比较喜欢听故事。这就是人性。人性需要你为他们讲故事，讲一些让他们感动的故事。这个世界上，喜欢"伪君子"的人远远多于喜欢"真小人"的。

我暗暗地想：我的公司必须"会折腾"，并坚持"不忽悠"。这是我们这个团队的性格与习惯，是我们的企业文化。我也曾经尝试过学习如何忽悠，但是我发现做很多事情，不忽悠的成本是最低的。因为忽悠过头了，往往会感动自己，最后连自己也信以为真了。如何才能防范被忽悠呢？一是要多读书。读书的好处是能学会什么是常识。而忽悠者与被忽悠者总是相信奇迹。不读书、不学习，就比较容易被忽悠。二是要多交一些很会忽悠的朋友。正所谓不入虎穴，焉得虎子，带着第三者的心态向忽悠者学习，用时间的标尺去验证结果，你会有真实的答案。忽悠成功者在这个社会上比比皆是，但也许只是侥幸，不值得借鉴。反过来，折腾是一种好的品质，是不安于现状，始终让自己处于醒着的状态。人生苦短，就是来折腾的，不折腾出点浪花，不干一两件让自己觉得长脸的事情，都觉得亏得慌。"会折腾"的人不守旧、"会折腾"的人有灵性、"会折腾"的人一般是勇敢的人。创业公司喜欢"会折腾"的人。

反之，一个没有定力的人，往往会模棱两可，时时待价而沽，身在曹营心在汉。一个创业公司不可用这样的人，再好也不用。这也是我本人的性格与习惯，不将就。模棱两可又可以叫作首鼠两端。组织可以有灰度，但比重不能大，不能经常性地处于中间状态。一支有勇气的军队，不是黑就是白的时间占了绝大多数。

《白鹿原》真是一部大剧。关上电脑，闭上眼，我想起了"黑娃读书"这一段。黑娃的一生是折腾的一生，什么都体验过了，中年开始读书，师从金先生；但黑娃的一生从不忽悠，也从不模棱两可。孔子说："人之生也直，罔之生也幸而免。"这句话让我明白正直的人可以过好一生，而不正直的人也有可能因为侥幸活下来。但是侥幸者的内心是混沌的，是不纯净的，是不安的。"混账半生，糊涂半生，明白半生"，从而"学为好人"。

原来贫穷是一种习惯

寿星林　　2017 年 7 月

　　许多年之后，我慢慢明白，原来贫穷是一种习惯，不管你现在是贫，还是富，你都会多少染上一点习惯。那么，只有改掉这种习惯，不让这种习惯纠缠你，你才能迈向健康富裕之路。原来最大的贫穷是内心的贫穷。记录这些思考，与诸君共勉。

　　贫穷有哪些习惯呢？

　　第一是自我。这个自我可以理解为盲目自信、自大、不信任等。众生之中，有种种自我，这是世界的形态，完全可以理解。然而固守局限、自我封闭，就是顽固的自我。我们前进遇到的最大阻力即为自我。太过自我的人，没有换位思考的意识，只从自我出发，去丈量世界与人事。殊不知，你为巨人，世界才能海阔天空；你为蝼蚁，世界则微如尘埃。这也是创业者需要时时提醒自己的，当我们支持一件事情时，要反思有没有随波逐流？当我们反对一件事情的时候，要反问有没有故步自封？自我的人，其内心已经被蒙蔽了。

　　与自我相对的是开放，时时保持归零的空杯心态，能让人获得更多有益的东西，学会吸引与消化，学会尝试接触世界，触摸自己真正的内心，从而获得真正的内心"觉醒"。

第二是依赖。中国人老讲一个"靠"字，出门靠朋友，在家靠父母，仿佛没有这个"靠"字，便是寸步难行的。然而，一边倒的靠叫依赖。依赖会让我们变得无能、不自信，最后变得越来越穷。而事实上，"靠"字是双向的，是人生不易，要找个好队友彼此依靠。亲人间、朋友间、合作伙伴间，都是一种彼此依靠与支撑的关系。单方面的依靠是不长久的，关系最终会破裂。有没有更强大的支撑出现在你的事业和生活中，需要看你有没有能力撑起一片天空。双赢与多赢的关系，才是长久的关系，才是动态的、可升级的关系。改掉依赖的习惯，那么贫穷会与你渐行渐远，新的生活在向你招手。

与依赖相对的是独立。一个独立的人哪怕再落魄，也能获得相对的尊重。独立包括了独立的思考、独立的精神、自我觉醒与自我发现的动力。独立的人是真正有能力去感恩的人。

第三是无知。不学习者无知，坐井观天者无知，心性不坚者无知。无知并不代表人品不好。无知也是一种不好的习惯。无知的人基本搞不清楚社会的结构与人群的定位，只会用自我的经验办事，只知道获取，而不知付出，无知的人往往不讲游戏规则。

必须要坚持一种好习惯：不与无知的人对话，不与无知的人起争执。与无知的人的任何关联都是自我的一种损失。这就是为什么社会上无知者越来越穷的原因。因为留下来对话的基本是与之一个圈子的人。那么，无知的习惯也就永远改不掉。

与无知相对的是学习。学海无涯，而知有涯。这个世界一定有"先知"，但一定不是你和我。因此，持续学习，不断挖掘自我的潜力，并使之成为一种习惯吧。

第四是小气。格局与心胸决定了我们的天地。器量小，则格局小，视野与空间都受到影响。器量决定了一个人的风水，它不是天生的，需要后天培养。器量是被委屈撑大的。这个世界很大，比我们强大者比比皆是，争一时之长短，都是没有意义的。格局不是无原则的放纵，是清楚、明白而不计较，在生意上可以让，但不能算糊涂账。

与小气相对的是大气。成大事者，不拘小节。做人要大气，但不浪费。做生意赚钱，要讲原则。每一分钱都来之不易，需要珍惜。不小气、不浪费、讲原则、有底线，则穷气自清。

第五是恶念。人的内心很丰富，善恶并存。善者天佑，恶者终将大白天下。因此，恶念是一种坏习惯，也要改掉为好，如憎恨、嫉妒、算计、谣言、阴谋等各种损人不利己之行为，最好连念头也不要有。一旦有了，恶念会引导人形成恶行，而恶行会让人走上不归路。贫穷只是对于恶念丛生者最低层次的"惩罚"。比如，大部分离开公司的人不会对公司有好的评价，因为他们必须以公司的坏来反证自己的好。事实上，只有极少部分人会保持沉默，在后面的突破中，找到自我的心理平衡。情商、智商一流的人会在未来的道路上与公司保持良好的关系，同时寻找商机，反过来赚到钱。这就是人与人的差别，如果你是老板，你会给哪一类人机会，与哪一类人合作呢？

与恶念相对的是积善。恶念难去，而善可以持续积累。每个人都有恶念，这不需要去回避，但每个人仍然需要保持一颗善心，对恶念的侵袭保持警惕。日行一善，心怀感恩，正视恶念，积善去恶。

圣人曾国藩有一本叫《冰鉴》的书，是教人如何看"气色容貌刚柔声音情态等"，以断人吉凶前程的。我细读一篇，再对照以上所思的五种习惯，发现也有相通之处。看来生活中的点滴积累与思考，与客观规律也有重合之处。因此，我们招聘人才、选择合作伙伴的时候要学习一下《冰鉴》。估计我们都不会喜欢有以上五种习惯的人，而其实这些习惯我们自身也都有，且一不小心就会冒出来"作怪"。难怪佛祖说"修心无止境"，需要"时时勤拂拭"了。

发现"心"的存在十分重要，要做有心之人。欲鉴人，先关照自我，先把自己好好看个清楚明白很重要。我上面所说的五种习惯，我自己基本上也或多或少都有。关照自我，了解自我，以"正我心"后，才可能有所领悟，才有条件"鉴人"。看自己，看众生，然后才能有机会"格物"。

然而我相信，既然贫穷是一种习惯，那就有可能改变之。改变了五种不好的习惯，人的面相、命相就都可改变。贫穷是一种坏习惯，慢慢改掉了也许就好了。

在温暖的秋天里揽刹那芳华

寿星林　　2017 年 10 月

本意是在年底写最后一篇没有主题的文章，以文字的方式为一年的劳碌做一些自娱自乐式的点评，现在提前了。无病呻吟的少年时代，在这个秋天到来的时候，一去不复返了。好怀念啊。那时身心健康，无病一身轻。而现今，人生有缺，只望见那白衣少年的背影，比如我得加紧去补牙了。这样一个温暖的季节，关节正隐隐发痛，对空气更加敏感了，细微的变化都可以让我整夜疼得难以入睡。还能战否？在这个温暖的秋天里，也许只有在凌乱的梦中，方能揽刹那芳华。

关于亲历 2017 年 10 月 1 日拉斯维加斯枪案现场

国庆期间，中国乐创会的 BOSS 们，驾临美国。纽约，911 遗址，正阴风呼号。纪念水池的流水撕开地狱的口子，两界之间，是三千多个不甘心的灵魂。走完广场后，大家的内心格外沉重。

在美国的第三夜，当地时间 10 月 1 日夜，大约 10 点多钟，沙漠的冷风凌厉地吹过这座弥漫着朱门酒肉之鲜香的城市，冷漠的枪手向来自世界各地的人们扫射。近 50 人在此次事件中逝去，超过 400 人受伤。这是在民间有 3 亿支枪的美国历史上继 911 之后最惨烈的一次枪案。地球上不安生，多事之秋啊。

当时我们距离现场不过数百米，空气中传来"鞭炮声"。我们刚行至酒店门口，就被保安催促着进到酒店。"有疯子杀人了！"隐约间有很多人跑过酒店，有的人直接避入酒店，还有的人则跪在地上喊上帝。金金恐慌地大声叫着，"快跑"。我一时没反应过来，茫然地加入了奔跑的人流中。

电视开始播放实时情况：似有不止一名枪手，向人群开枪。我们隐隐听见三次枪响。又有一股人流进入这家酒店。随后，一个持有枪和实弹的特种部队小队，迅速通过酒店。警察叫所有人都举起手，边上的一位华人说："待会有情况，大家都趴下。"这是在美国，警察有权击毙他们认为有可能产生危险的人物。这一次涌入的人群让我们感到真的危险来了，所有人都在奔跑，都试图找到一处可以躲避子弹的地方。我依然感到十分茫然：这就是美国吗？我在经历一场演习吗？这不会是一次假的刺杀吧？真希望是假的！这个时点，在祖国的高速公路上，人们正在经历幸福的堵车。

我当时在想，我们应当如何才能避开这场马上降临的灾难？是上楼还是下楼？有没有更好的办法？应当向谁求助？我们在人群中找到三个中国人，金金白着脸说："待会不论怎么样，我们都要在一起。"是的，必须在一起，没有什么比在一起更重要的了。金金拉着我的手，怕我丢了。

半小时后，在警察的带领下，所有人进入了三楼安全房。地上已经坐满了各种肤色的人。接着有人送来水，有人送来被子。我们集合了五个华人，一块儿抱团取暖。这个时候，虽然屋子里有很多人，但我们还是觉得很冷。能碰到中国人，虽然我们从不相识，但此时却显得格外亲切。通讯在这一时点上变得非常困难，想在微信上发一段文字或一张现场的图片都不太容易成功。国内外的新闻第一时间出来了，逝去的人数在不断刷新，这似乎有理由让我们相信：这可能是一次恐怖袭击。而手无寸铁的我们，并不能很好地保护自己与家人。

有人哭了，也许是第一次面临这样的危险，第一次放弃了对美国所有的期待，第一次觉得距离暴力与死亡很近、很近。大家很彷徨，因为不知道什么时候可以离开，时间不知不觉已经是当地时间 10 月 2 日的凌晨三点。各种鲜血与恐怖的图片在社交媒体间传播着，而街道上似乎依然没有解除封锁。

凌晨三点半，人们终于等来了警报的解除。警察建议我们走酒店的后门，到对面的酒店门口打车。三点多的大街上，人们相拥而行，我们依旧如临大敌，怕自己会被一颗流弹击中。唯一让我们感到温暖的是家人相持的双手。终于过去了，金金一下子受不住，眼泪直流。

"再也不来美国了。"某人发狠地说。我说，在任何地方都可能发生这样的事情。而我们碰到了，可能一辈子只有一次。另外，我们没有受到伤害，这是大幸运啊。细细推演一番，我们有好几次会大概率地出现在枪手的扫射区，但我们避开了最坏的一幕。为逝者悲伤，灵魂安息，去往天堂的路上，一路走好。

关于得失，总是平的

我坐下来，打开本子，想要记录下那些灵光乍现的好东西，却发现味道已经不一样了。有些东西，一旦较真就失去了原来的意义。机不可失，失了则不会再来。比如少年，比如我们对人性中那些美好品质的渴望与信仰。

我们可能会比较在意失去，而在得到时，总认为是理所当然的。我们对失去计较再三，却对得到的意义不做深究。我们向外求索，寻找依靠，我们总是觉得世界上有一个不认识的贵人，会在茫茫人海中忽然拉上我们一把。人性诱惑人们妥协于眼前的得失，而忽视了真正让人坚强与挺拔的意义。朋友来借钱，倘若拒绝，这叫"冷漠"；亲戚来寻求帮助，假如拒绝，那叫"无情"。你把自己摆在方寸之间，左右为难，委屈地想着：谁来理我呢？事实上，不会有人来理你。这真叫人怅然若失啊。那么真的失去了吗？

我们在一定的年纪，获得了某种觉醒，面对人性不再纠结。我知道人们口头上朗朗的词汇会绑架我们的精神，但只有挣脱出来，才不会受束缚。有一个好的身体，有一个好的心境，有家人的陪伴，做一件有目标感的事情，等等。吃饭时不看手机，饭才能香；做人不违本心，事才能顺；对外但求良心安定，气才能平顺。有时候，失去的与得到的，总是平的，不再期待付出就会有回报，不再为以怨报德而痛心。

我欣赏那些在公司一待数年、时时保持着紧张的节拍与精进的心态、努力扎实的小伙伴。这让我不得不为他们的未来思考，关心他们的生活状态，尽可能地理解他们，力求在公司发展的同时也能改善他们的生活。他们的忠诚与专注，是公司最宝贵的精神财富，也是这个时代的财富。我也欣赏那些野心勃勃、头角峥嵘、目标远大的少年。他们经常更换工作，在变动中学习、实践、精进，他们天生为创业而生，哪怕头破血流，也甘之如饴。也许，当人们忘记了得失时，生活与工作才是最有韵味的。2009 年始至今，我们一伙人没有睡过几个好觉，时间过得真快啊，又是一个秋季。

关于秋季

秋天这个季节，在提醒我们要临冬了。人们或盘点，或整理，开始准备下一季与下一年。在儿童的眼中，秋季诗意灿烂，而成年人则必须关注得失，经历心智成熟的拷问与磨砺。今时不同往日了，儿时常旁观父辈们秋收的凝重与喜悦，金黄的谷粒堆积出一年的丰满与来年的希望。在未来的某个时点，回望当年，我依然被浓香的稻田和艳丽的黄昏所迷醉。

小满哥，也就是寿羲文同学，快满 12 个月了，上面长了四颗牙，下面是三颗，到了"七上八下"的节点，这小子很爱笑，总喜欢扶着墙，也许已经有了做坏事的打算。真是羡慕你啊，我的哥，我的小小少年，有多少青葱岁月等着你去多愁善感。

说到工作上的事儿，却并无太多可圈可点之处。中国式创业者，特别是我们这个行业的，普遍面临的问题：一是劣币驱逐良币；二是巨大的不确定性；三是焦虑与浮躁。还好我们前几年没有被忽悠，坚持保守稳健的策略，这才有惊无险。

值得一提的是"加密数字货币"。有趣了，上半年 ICO 火了一阵，当时我的观点很明确，这事儿在国内是明显违法的，没有"擦边球"可打。果然，被一刀切了，但区块链与比特币还在。经历了一轮下调之后，比特币迅速反弹，到这几日，达到历史最高的 6000 多美元。我个人认为这说明了几个问题：第一，货币的基本支撑是信用。只要有良好的信用，货币的价值就高。美元与委内瑞拉币的价值不同，地球人都知道。第二，比特币暂时不能被定义为一种货币，但是作为一种去中心化的信任交易机制，有可能为体系的革新带来借鉴与创新价值。第三，没有发行机构，全球无数台计算机通过去中心化的方式共同维护着一个账本。比特币在这样的信任机制下衍生，对于未来意义重大。这个算力已经仅次于常规互联网的"怪物"，市值超过 7000 亿美元。第四，既然无法抹杀，合法的、有牌照的交易所更加有利于政府监管。第五，我相信，我们正在经历一段历史。

房价又一次汹涌而来。我记得 2008 年春节刚过，房价涨了一倍。可是紧接着过了几个月，金融危机就来了。一些超常的事件中，总透着几分悬疑。之前国家管不管政府债呢？实际上一直是不管的。因为那都是一口锅里的资产，地方建设本来就需要钱。一旦到了再不控制就无法收拾的时候，往往几份文件、几次学习就可以 KO 全部，让大家都老老实实的。"失控"是一种耐人寻味的常态。那么房地产呢？会更加"政策市"。地产价格上扬，与资产泡沫没什么区别，是印钞票印多了之后的一种特殊表现，同样也是几份文件就能解决的，不是什么大事儿。事实上，很多家庭不缺房，可是不投房产又能投什么呢？到处都是骗局，还不如看得见的房子。明眼人都知道有问题，但仍然从众地投进去，因为真的没有任何选择。大家排着队，把现金关进地产的"笼子"里。（最近，一位厦门的大姐，44 年前在银行存了 1200 元人民币，好不容易取出来了，才 2000 多一点。媒体没有透露当时存的是活期还是定期，也不知道这账是怎么算的，是复利吗？银行是怎么保护储户的资产的？）我隐隐觉得：通过投资地产与时代变化进行静态的博弈，已经过时了。保卫资产的战争，正在向更高的层次进化。

关于方向、蜕变、未来

昨天早上，金金问我："你有没有迷茫过？"其实我经常会有刹那间的迷茫，我还没有足够的力量让自己每天 24 小时都坚定着。很早以前我就开始思考人之两重世界：内世界与外世界。内世界是心灵与心智的宝库，我们每一天的修行就是为了开启这座精神的宝藏。外世界是我们的生活，也可谓之红尘。红尘滚滚磨砺我们的身体，使人生有缺。大部分时间，我们很难达到内外统一协调，因此我们纠结、矛盾、痛苦。不统一，是因为内世界的开启速度与外世界变化的速度不匹配了，所以此时，我们就需要读书、学习、交友。读书可明理，读书能清心。内世界修为的提升意味着智慧的提升，体现在外部就是我们能力的提升，我们与外世界一致性的提升。这个一致性不是随波逐流，而是看透本质，直达目标。这也许就是"知行合一"之过程。因此，所谓迷茫，就是力量不够。只有强大的、持续可升级的内心才能为我们有质量地活着提供能量。

刚才我看了一下航旅，发现我已有 199 次飞行了，如果加上下周一的那次，刚好满 200 次，可以说其中近 80% 以上的飞行是最近三年的足迹。飞行让我不再恐高，一上飞机，戴上眼罩，醒来时，已经到达。飞行让空间延展，距离不再是束缚。飞行让时间延展，日夜无分别。在互联网时代，"地球村"正逐步烙印在我们的心中。在飞行中，我喜欢这种着眼于高处、超脱于琐事的时空。这是一种"无知"的状态，似梦非梦。那一段时间，内心是安静的，极易产生各种好的想法。如果有可能，带上笔与纸，记录下飞行时的所思所想，非常有意义。

回到秋天的主题。我在很长一段时间不爱读书，只做空想。我思考最多的是时间与空间的问题，仿佛有一种力量迫使到了一个时点的人们来思考生命依托何处，在时空中处于哪一个纬度。正是基于此，我才逐渐明白了"刹那芳华，只在当下"的意思。这个秋天不太冷，这个秋天我知道了"旧金山原来真是一座山"，这个秋天有那么多让人难忘的人和事。以此文纪念这个即将过去的温暖的秋天。

冬天的纬度

寿星林　　2017 年 11 月

杂念

冬天越来越感觉不到冷了，我非常怀念少年时的冬天，那时 11 月份人们就得把自己裹起来。现在早晨的地面上不再有霜，或者根本没人关心是否有那一层薄薄的东西；田野里没有了青蛙、秧鸡、泥鳅、黄鳝、水蛇，这些现在基本靠养殖了；真怀念那片挂满香喷喷桃子的果园，那是我少年时代的休憩之地，是诗歌与灵感涌出之地。整体拆迁后，老家现在已是当地美丽乡村的代表，村口那株苍健古老的白果树已经不在了。

前日，我在维港边上配眼镜。我在想，假如有一天技术完全解决了近视问题，人们是否还需要眼镜？这个行业还在不在？估计到那个时候眼镜就成古董了。就像儿童时代，我和一群小朋友光着脚，攀在村口那株白果树上，看往来的解放牌货车，灰尘与汽油味是如此的迷人，也就三十几年的时间，人工智能已经战胜了人类九段棋圣。难道一个人只有变得没有人味，才能很厉害吗？

物质世界因人性的存在而变得复杂与不确定。昨日我在飞机上重温了《我是传奇》，也许最后让人类灭亡的，真的不是核弹，而是某种看不见的东西。但我仍然坚信，即便纪元重启，也会有火种与光亮留下，让某种神秘的传承得以延续。

人类有一种很重要的力量是反省。那日，我在机场面对航空服务人员之冷遇时，内心无限愤怒。反观自己，是否让人觉得亲和与放松呢？反观公司，是否为客户提供了周到的服务，让大大小小的客户都能感受到尊重呢？

和谐的力量从来不是别人给我们的，而原本就是我们内心的宝藏。受不了、要生气的时候，就及时反问：我做到了吗？

生死

我的好朋友国良先生一年前得了肺癌，且是晚期，我得到消息时他已经住院半年了。我见到他的时候，他没有一丝颓废的样子，仍不停地和我讲着他的计划以及未来几年的工作与事业，仿佛大漠中依然存在一片盎然的绿色。当时我的心也被他感染了，觉得他有可能好起来。因为一个鲜活的生灵就在眼前，生机不灭。我说，兄弟这是人生的劫数，过了这道门槛，生命会更有价值。

11月1日早上，我收到冯立先生的短信，说国良去了，将于3日举行追思会。我立时感到内心痛酸。这个世界少了一个有趣的好人，人生的孤单又增加了一份。原来生与死并没有分隔开，而是相邻相融的。我到会场时，见到那位一直陪伴在他身边的女士，走过去，想说几句话，却什么也说不出来，只能重重地点点头。君之遗容安详，更让我们相信，他是去了另外一个空间，功德圆满。一路走好，兄弟。在送别的会场，我并没有看到答应来的朋友，也没有看到他平时的兄弟，倒是有几位远道而来的学生，哭晕在地。

死为什么让我们如此惧怕呢？我想更多的是因为"舍不得"与"不知道"。这个美好的世界，有许多让我们留恋的事物，而对于另一个陌生的世界，我们无法求证，哪怕有轮回，我们恐怕也早已不记得前世的因果了。生离死别最让人不舍，却像一种无形的安排，自有规律。当我们"不知道"的时候，我们唯一可以做的事情就是不留遗憾，让当下的事更好地进行。

把每一天都当成最后一天，把每一分钟都当成最后一分钟，我们就不容易活在茫然中。做好离开的准备，让我们更有信心与力量完成每一天的功课。我们心存敬畏，因为天道不可违；我们心怀感恩，因为生命的美好是这个时空赐给我们的礼物。

财富

人在世间行走，没有钱不行。不过要想想，钱如何得来？如何使用？对于一个普通人，财富是要积累的，靠时间与空间去累积。古语云：廉者不受嗟来之食，志士不饮盗泉之水，说的是为人的气节。无气节之人，一定不会发大财，也留不住财富。我从小就看长辈们朝出晚归，春种秋收，量入为出，他们用自己的努力博取一生的富足；他们在岁月中积累，从年轻到苍老，扎实而安稳，可谓对得起天地良心。

这个世间有不平事，但大多数时候都是"平"的。人一定要警惕"鲜花下面有牛粪或毒蛇"。是不是没有资本就一定不能立业呢？我想所谓的资本除了金钱，最重要的是我们自身。财富的"种子"种在我们心里，只有内心丰富、心怀善念，财富之花才能开放。

公益的核心在于践行，讲太多没有用，这属于财富的第三次、第四次分配。人的内心有仙，也有魔；人有公心，也有私心。公心萌发出对社会的责任，出钱、出人、出思想，这都是对社会的回馈。私心是土壤，公心是种子，两者配合方能长出更高的树，方可遮风挡雨。

家庭

想明白前因后果之前，在家；想清楚之后，出家；想得更透彻时，便以天下为家、以时空为家。人到底有没有灵魂？这种非科学的物质到底是哲学与宗教的，还是确实是我们生命的一部分？

有父母才有我之来处，"父母在，不远行"。家如一盏青灯，点亮的是我们孤独的人生。从我们来到这个时空，因果就如无形的丝线一样连接着许多莫名的节点，理不清，断不了。我们必须要思考伴侣、父母、兄弟、姐妹与我们的关系。他们的存在，在灵魂深处是否与我们存在逻辑关系？这种关系是必然的，还是偶然的？那些出现在生命中的人与事呢？真是偶然吗？

家是一种习惯，一旦养成，就再也改不了。习惯的力量使家人一生相濡以沫、相敬如宾。家能让人深度思考，一杯茶、一壶酒、一桌菜。相拥爱人，一段人生。

相信

一个老人摔倒了，没有人敢随便将其扶起来。街头的流浪汉摆着各种难受的姿态，人们却总怀疑他是否真的难受。保姆在主人家里放火、幼儿园教师给懵懂的孩子打针……这些是真的吗？我们还能相信彼此吗？

地球到了一个需要重新学习相信的时代。一些负面的信息，让我们开始认真地观照自己，怎么才能相信。也许，一朵没有信仰的灵魂之火，是没有自我净化能力的。赤子之心不在，我们如何去相信？我们如何坚定地出发，走向一个又一个彼岸？

2009 年中本聪写了一篇文章，于是第一个"创世区块"诞生了。加密且匿名的比特币天生就是信任的"机器"。在十年前没有人想到过，全世界那么多人会共同信任与维护一个账本、一种机制、一个生态。原来信任与共识可以通过技术来解决。要么依靠信仰，要么相信算法；要么向左，要么向右。人们总要做出选择。

这个冬天不太冷，冷的也许是人心。暖心的方式是降低人们对外部世界的期望值。世界不是用来依靠的，朋友不是用来依靠的，家人不是用来依靠的。大千世界中的一切，需要与我们的内心平等地相处。这个世间有那么多不平的事，古往今来，一直如此，但我依然想要相信，这个世间也有中坚力量，有精英，有砥柱，有人正在觉醒。2008 年，我在丽江拉市海上泛舟，一道金色的霞光从厚重的云际照落到我的头顶，让我的内心重拾希望。2015 年，我在法国到瑞士的公路上看见雨后的彩虹，感受到那些珍贵的东西始终都在。凡人一思考，上帝就在向我们微笑。

忙了这么些年，我们收获的是什么

寿星林   2017 年 12 月

困惑

困扰人们的非事物本身，而是人们看待事物的方式。

——希腊哲学家 爱彼克泰德

你有两种态度过你的人生，一是不相信有奇迹，二是把一切都视为奇迹。

——爱因斯坦

生有涯而学无止境，生有涯而事业的道路没有止境。有人说创业如同天黑走夜路一般，需要摸着黑前行，这句话让听到的人心惊胆战。对于人的一生而言，创业就如同吃饭、睡觉一样，是一件必行的事情。但是，时间长了，我们的内心就在不断地问自己：忙了这么些年，我们到底收获了什么？

是钱吗？至少到目前为止我认为这是必要的。没有物质层面的积累，创业的过程将难以持续。为五斗米折腰，会让人生变得灰色，但这一定不是最重要的。那最重要的是什么呢？是信用与声誉吗？哪怕全世界都在传一个人的美名，我也习惯了某一天全世界都在骂他的声音。有人说是苦难。苦难是一种精神财富，也是一种精神毒药，可以让人振奋，也能让人消沉。创业之苦难像一块磨刀石，将我们的入世之刃，打磨得更加锋锐一些。

在这个集体焦虑的时代，如果不忙碌、不奔跑、不全力以赴，如我们这般的 70 后很快就会被放进"故纸堆"里，再也无人问津。可是为什么在奔跑中，我们却总想做一只海龟，栖息在马尔代夫深蓝的浅海中？为什么没有时间思考？为什么要生气？为什么要去争？我们这帮人像是被这个时代嵌入到了某种算法中，周而复始地奔跑着，不得停顿，真心累啊！在生命的过程中我们到底收获了什么？

别担心，要开心。

——美赫巴巴

我们经常问自己：忙了这么些年，我们到底收获了什么？

这些年，我们一直用外部世界的标准来框定自己，我们随波逐流，没有时间感受自己的呼吸、倾听自己的本心。

世间变化

前几日与好友相聚时，我感叹：30 年前，我和小伙伴们爬到村口的那棵白果树上，看解放牌汽车扬起漫天的灰尘，陶醉于空气中弥漫的汽油之芳香中。那是一种对外部世界强烈的渴望。而现在，人工智能时代即将来临。

加密数字货币的王者比特币涨到 20000 美元了。批评它的人，其实大多根本没有挖过"矿"，这是对传统体系的优化？还是挑战？要拥抱呢？还是要消灭呢？

新能源汽车成为未来趋势；现在能吸到没有粉尘感空气的地方可能需要一路向西寻找。人工智能的创业"粉墨登场"，真假普通人没法判断。但有一点是肯定的，就是这个趋势不可逆，不管你喜不喜欢，他们都会来。那么现有基础设施的全方位提升就十分必要了。地下的光缆够粗吗？地上的基站够用吗？芯片的算法迭代够快吗？算力的支撑到位了吗？我们需要拥有怎样的学习能力才能追赶得上变化？

科技的发展早已到了基因领域，人类克服疾病与延长生命的技能不断提高，据说人的寿命可以延长到 120 岁。更多星球被发现，相信更多星系也会被发现，我们的视野将更加广阔无边。

另一个世界

持续创业，让我们忽略了对家人的照顾与陪伴。没有时间陪伴，家的概念将随着时间的推移变成一杯微凉的"冰茶"。创业的生死磨砺也会让我们原本热情温暖的内心渐渐变得坚硬与冷漠。我们如何找回在现实世界失去的东西：爱的精神与善的本源。

于是电影、电视等娱乐产业在最近五年内发展快速。我始终认为，娱乐产业的发展与我们已经被现实磨得麻木的精神世界的需求息息相关。我们在另一个世界中模拟爱恨情仇、侠肝义胆；我们通过这种方式探索另一个世界存在的可能性。为什么穿越主题这么火？是因为我们累了、烦了，想换换口味。但谁都知道，放弃只是对现实的一种无奈，不能从根本上解决我们的"心病"。读书是另一种治病的办法。我们能够在无数心灵世界中游走，或旁观，或代入。丰富的知识也许是开启与警醒自我的钥匙。我们有时间读书吗？我们能静下心来听一听另外一个自我的阐述吗？倾听别的自我，也许正是在倾听我们本身。

科学与宗教推动了人类文明的进步，而在一个没有宗教引领的群体中，在一个造神与泛神的时空里，我们希望有另一个世界存在，能让我们的灵魂获得一小块得以安息的土地。我问过很多朋友，他们说无论到什么时候，安心是最幸福的事情。也许我们不断追求的目标就是安心。

收获自我

这是一个无法"自我"的时代。外部世界的一切皆有标准、等级，就像打"魔兽"，你需要不断打怪升级，可打了半天最后却发现被"人设"了。通过伤害他人而获得晋级，最后又被另一种人所伤。用刀杀人者，最后死于刀下。因果循环，一直上演，却不解决根本问题。

如果你的行事不会对他人造成伤害，且不侵犯他人的自由，那你的行为就符合佛法。

起善念，做好事，讲真话。

——查拉图斯特拉

发现自我。我们一直在思考，支持一个人或一个组织走得更远的力量有哪些？是什么样的逻辑让我们走得更远？我坚信是善与慈悲。每个人都不同，每个人的世界都不同。我们最大的善与慈悲是什么呢？我想是"己所不欲，勿施于人"。答案就这么简单。每一个自我都是非常丰富与强大的宝藏，我们不能将自我的标准强加于他人。

有一种精神展现着宇宙的规律——这种精神远高于人类，当我们以谦卑的力量面对它时，会感到自己多么卑微渺小。

——爱因斯坦

敬畏自我。我们对自我的了解还不够。我们的一言一行会对人、对事造成什么影响，我们知之甚少。我们的自我中可能包含了这个世界上最深奥的秘密。所以，我们必定要善待自我、善待他人，这样也许我们才有机会更加了解自我，从而对外部世界不再那么依赖。

那天快来了，当我们能驾驭风、潮汐和地心引力，我们就会为了神而善用爱的力量。在那天，有史以来的第二次，人类将发现火。

——德日进

这么些年，我们最重要的收获是：忽然发现原来自我才是自身拥有最重要的财富。对于自身或是一个组织而言，人才是最有价值的财富。和周围的人好好相处，相处得和谐与融洽，需要付出不亚于创业的、不懈的努力。只要生命不止，对自我的探索就不会停止。

第四章 相信未来

" 我首先要求诸君信任科学，相信理性，信任自己，并相信自己。

——黑格尔

回首比特创业路

高航　　2016 年 5 月

　　2016 年 4 月，我走访了中国近代金融的起源地——山西省的平遥县和太古县，参观了以"汇通天下"为使命的中国第一家票号日昇昌和那个时代晋商巨富的宅院——曹家大院。200 年前，晋商依靠忠义诚信的守则、吃苦耐劳的品质和坚韧不拔的意志，通过人行马贩把生意做到了整个欧亚大陆，单单这份商业版图，就不能不让人钦佩。高墙大院、古灯残卷，穿过沉重的岁月，透露出来众多细节，更是让人心神向往，值得揣摩学习。

　　山西票号与今天的区块链有很多不谋而合之处，比如，票号和区块链都是从民间产生，之后通过一系列历史事件逐步得到政府认可的。因为战争，清政府不得不使用民间的票号来调动物资，尽管这需要支付利息和承担损耗，但这样的成本仍然远远低于当时传统的漕运机制。清政府漕运系统机构的庞杂、管理的低效和官员的腐败都让票号拥有巨大的优势。票号虽然是中心化的组织结构，但是它的业务却是典型的去中心化模式，相互之间形成点对点（分号与分号）的业务流转；票号业务的办理不需要繁杂的手续，不需要签署一大堆合同，也不需要层层审核，依靠的是一整套行之有效的文字密码和经验模型，这样大大提高了信息流转的安全性与效率；票号的股权激励制度是当时世界上最先进的商业组织制度，银股、身股与故身股，设计巧妙，权责利统一，其中蕴含的管理思想即使置于今天的组织体系里，依然有极大的价值；东家与掌柜、大掌柜与分号掌柜之间拥有一套最适合那个时代商业环境的共识机制，彼此信任、合作默契又充满智慧；票号的账本高度严谨，并有一整套严格的管理程序，看残存的账本，笔笔工整俊秀，日账、月账、总账科目清晰，渗透出一种虔诚。

可惜历史的长河使中国的国运出现了一点小小的分叉，晋商没有把借贷汇的生意进化成现代金融体系，山西的曹家也没有变成中国的"罗斯柴尔德家族"。历史不容假设，分叉也没有大的影响，时代迎来了新的机遇，互联网＋的环境和区块链的产生，让我们有机会冲破原来的壁垒，在一个全新的体系里重新展开竞争。

时光倒回到 2013 年的国庆节，我和李钧、"暴走恭亲王"及"七彩神仙鱼"聚在杭州临安回龙村孙奇锋家的别墅里，连续七天通宵达旦，编写了一本图书《数字货币》。再早一些时间，李钧和科幻小说家、巴比特创始人长铗一起编写了一本图书《比特币》。《数字货币》和《比特币》这两本书在 2014 年 1 月 1 日同一天出版，是国内比特币专业领域最早的著作。

2013 年，比特币圈依然是一个十分小众的极客社群，大多数参与者也只是关注着"挖矿"和"炒币"这两个能够冷门赚钱和投机炒作的领域，机缘巧合下，我们成为最早意识到比特币背后这种支撑技术具有颠覆性的社会化力量，并开始谋求产业布局和做普及推广的团队，此后比特币和区块链的发展也确实远远超出我们的想象，各个国家、各个主流的机构、各大知名的科技公司，都纷纷开展了对区块链的研究，我国的央行也成立了专门的数字货币研究院。短短两年多的时间，形势发生了翻天覆地的变化。随着关注人群的激增，电子工业出版社希望我们的团队能够修订《数字货币》的数据，并再次增印，我接下了这项任务。最初我也是以修订数据为目标的，可是在重新梳理此书时，我才发现再以比特币为主线已经不再合适，我们的研究重心也都放在了非比特币的区块链上，但是要真正透彻地理解区块链，又必须以比特币为切入口，尤其是对刚刚接触这个领域的爱好者来说，了解比特币与区块链的进化路线、历史沿革和相互之间的关系是非常有必要的。

区块链的各项底层技术并不复杂，都是早已存在并成熟应用的技术，但是这些技术巧妙地组合在一起，就为很多场景提供了解决方案。如果我们把区块链想象成一个会自我进化的智能网络，那么比特币就是这个智能网络推动自我进化、吸引外部资源参与的一种利益激励机制。没有比特币，就无法形成今天这样高达 1300P 算力规模的区块链网络，在没有达到这种规模的边界之前，我们很难产生意识的觉醒，很难发现这种重构信任规则和社会运行秩序的力量，而没有这种觉醒，我们就难以想象未来会形成这样一个浩瀚的比特虚拟世界！

于是我和俞学劢、王毛路博士在第一版《数字货币》的基础上，把原有的比特币内容编成了一卷，增加了第二卷关于区块链的内容，系统地阐述了区块链是什么，区块链的价值在哪里，并重点介绍了基于区块链技术的各种应用方向。尽管区块链的应用有着非常大的想象空间，但却并不完美。比特币的区块链只是通过规模效应初步解决了算力网络的安全性问题，但在性能上却无法满足应用场景多样性的需求，我们需要一个开发区块链应用更加便捷的开放平台，以太坊就是这样一个新型的生态系统，是下一代智能合约与去中心化应用的平台。我和以太坊的创始人、加拿大的天才少年 Vitalik 有过多次交流，我的前同事 JAN 和友才都是以太坊社区的发起人和资深开发人员，在他们的帮助下，我们完成了第三卷关于以太坊的内容。一些大型机构如果要构建自己的私有化区块链系统，以太坊是目前来说最好的参考对象和研究样本。2016 年 3 月，以太坊的市值超过了 10 亿美元，成为仅次于比特币的第二大数字货币系统，以太坊的进化速度、应用开发的数量也明显高于比特币，作为二代系统的代表，以太坊已经完全有资格独立成卷了。所以这本书的第三卷内容，是国内第一本详细介绍以太坊的正式出版物。这样，我们一共有了三卷内容，比特币、区块链和以太坊，我们对整个技术体系按照进化的时间顺序，进行了详细介绍。这本书的最后，汇总介绍了区块链领域内的一些创业企业，有很多朋友在关注区块链领域的创业与投资机会，算力宝的美女 COO 杨辉辉花费了大量的精力整理出一份中国区块链创业地图，并对图中四十多家企业做了认真的采访，这也是非常宝贵的一份资料汇总。非常感谢杨辉辉的努力，这有助于我们了解中国目前区块链创业的现状，我们也应该看到，与国外区块链创业地图相比，我们国家的区块链创业公司在数量和质量以及创业理念上都存在着明显的差距，希望这本书能够让更多相信技术能够改变世界的人了解区块链、关注区块链、发展区块链。

从《数字货币》到《数字货币 2.0》，中间隔着两年半的时间，这两年半的时间里，贯穿着一段艰苦奋斗的创业故事，这也是一段可以写成小说的创业经历。这段经历源起于一家叫壹比特数字科技的创业公司。

壹比特创办初期，发展是非常顺利的，我们选择创业的时机刚好在比特币暴涨之前，在科技创业领域这也算是一个小风口吧。"森林人"拉上了我和"七彩神仙鱼"，李钧拉上了"暴走恭亲王"，我们五个人在临安苕溪长桥的竹楼里吃了两顿饭，然后就决定合伙去创办一家很酷的公司。公司很快拿到了近千万元的投资，一成立就进入了快节奏的发展中，并迅速在这个小众行业里确立了影响力。速度可以消除一切分歧与差异，可以让不同人生经历、不同教育背景、不同性格、不同年龄段、不同区域的人组合在一起。我们雄心勃勃地制定了很多计划，做门户、写书、办杂志、做芯片、造"矿机"、众筹、办交易所、做游戏等。我们四面出击，在一年多的时间里，做了 17 个不同方向的项目，团队成员如打了鸡血一样，进入了一种全身心投入与沉浸的状态。这段时间的积累让我们对比特币产业的认知有了一定的深度与广度。当时这个行业是鱼龙混杂的，网络编辑随便写的一个新闻都有可能让币价暴涨或暴跌。投机分子的疯狂炒作、传销集团肆无忌惮的造假宣传、比特币本身被无限放大的去监管化和匿名属性、比特币创业者急功近利的心态让整个行业的前景看上去并不清晰。事后的发展证明，跨国洗钱、地下黑市、黑心交易所都是昙花一现的产物，这不是比特币区块链技术的核心价值所在，它不是主流，也不可能持续发展。值得庆幸的是，在各种利益面前，我们抵制住了诱惑，保持了初心，守住了底线。在 2013 年的中秋节，我写下了这段文字：

当混沌的未来被撬开了一丝细缝，那一丝亮光从朦胧逐渐开始闪耀。

暗影中，有人惊慌、有人恐惧、有人欣喜若狂……而更多的人，只是选择继续麻木。

在我们没有接触"他"之前，

我们的大脑里，可曾有几点神经元去想象过未来金融会如何存在？数字货币又会怎样影响我们的生活？

当人类发明了蒸汽机、发明了电话、发明了计算机、发明了互联网……

一定曾有人，如我们今天一样，看到了那一种"光"，并且如飞蛾扑火般去拥抱变化。

当世界的经济被美国的道拉操纵霸占，

当国人的图强遇上了权贵们设置的天花板，

改变将在哪里发生？

改变将首先在你的大脑里发生。

当这世上的普通人因为"他"而产生意识的觉醒，

而这种大众的觉醒，将缓慢地、渐进地为人类带来改变过去、创造未来的力量！

这种觉醒，本身就已经足够伟大！

我们的父辈、祖辈，他们绝对无法想象！

他们被动学习与适应的货币、银行、消费习惯，将统统因为"他"而发生改变。

"他"就是比特币！

过去的这一年，在以比特币为主角的这场实验中，

有一夜暴富、成功逆袭者；

有投资失败、上当受骗者；

有失望怀疑、迷茫放弃者；

也有执着探索、坚定不移者！

当人们在热议币价，后悔没在这一轮行情里赚到数字时；

当人们在质疑归零，担心一夜之间财富消失时；

当人们在揣测政府，害怕政策扼杀创新的萌芽时；

……

在这乱乱纷纷的表象里，有这么一群人，

他们更看重的是比特币的技术本质，他们渴望用比特币的思想去解决实际问题。

他们不会刻意地粉饰，不会盲目地赞歌，而是在渗透式的变革中，保持着思考的独立、理性的探索。

他们相信进化与升维的力量，他们享受这个崎岖发展的过程，尽管未来可能并不清晰，但他们依然不懈努力着！

我们也一直在思考未来应该怎么做，我们也看到了泥沙俱下、鱼龙混杂下的一些丑恶，看到了一些创业的朋友们无奈地倒下。

我们希望用实际行动去帮助比特币领域的创业者们，共同克服行业发展早期所面临的种种困难。

为此，壹比特将推出一个支持早期创业者的互助计划，免费、义务地宣传报道创业者的项目，并尽可能地聚合系统内的各种资源帮助创业者的项目成长。

任何不与投资、炒币相关的数字货币创业项目，壹比特团队都愿意全心全意地尽自己的绵薄之力。

壹比特愿与你同行！

这段文字写得比较感性，背景是我们这群比特币早期创业者的心理变化、一连串的行业历史事件以及壹比特团队在那种复杂环境下做的决策和采取的行动。我们是一群有情怀的行动者，也有着长远的计划，每个计划都有一个代号，如蝙蝠计划、银鱼计划、蝴蝶计划、马车计划、玛雅计划等，这些商业计划即便放在今天都依然有很大的价值，都是非常好的创业项目。

比如银鱼项目，我们用区块链来标记股权，通过一系列透明化和有公信力的措施，面向全球的科技投资者完成了 600 万美元的股权众筹。银鱼项目历经艰难，踩了一连串的坑，奇迹般地如期上线。项目开始有了收入以后，我们对区块链标记的股权进行项目分红，有了分红和未来的预期，便快速形成了交易银鱼项目股权的市场，我们又开发运营了专门的数字资产交易所。随着银鱼项目"挖矿"收益的衰减，我们最后逐步完成了项目的退出和终止。

从众筹融资、高风险研发、经营分红到交易 (IPO) 退出，不经意之间，一群 IT 理工男完成了一个新金融商业模式的完整生命周期，这种模式突破了太多的框框，显得那么离经叛道。细细琢磨，区块链的颠覆性在这个项目中显得淋漓尽致，在摸索与实践的背后，也有很多深层次的思考。比如，股权众筹应该如何实施？初创企业如何快速成长为一家公众企业？众筹股权的公司如何实现长期化经营？如何进行更高效率的投融管退和资本运作？团队如何执行股权激励？如何建立基于数字资产的合伙人系统？小微证券交易所应该如何经营？如何合规……在项目的实践中带着思考去解决问题，就是最好的创业导师。

"只要站在风口上，就是一头猪也能飞。"这句话曾经激励过很多创业者，但是如果风停了呢？猪的下场是什么？壹比特就犯了很多"风口猪"的错误，立项随意、多线程、不聚焦、很多项目不能产生利润等，究其原因主要是当时比特币的价格在不停地上涨，按这种上涨的速度，以团队当时持有的比特币数量，财富来得太过容易，并且团队的所有人都对比特币未来的价格有良好的预期。然而泡沫总是要被戳破的，比特币很快迎来了一轮暴跌，从8000多元的高位一路跌到3000多元。暴跌直接导致各项计划的流产，而一旦失去了发展的速度，行业就进入了普遍的悲观状态，各种矛盾接踵而来，再加上公司结构上的一些缺陷，很快公司就面临投资耗尽、融资无路的困境，最终不得不解散。

分享失败比分享成功更有价值，花了这么长的篇幅介绍这段历史，不是为了怀念，而是为了总结。人性本来就是趋利避害的，健康的创业价值观需要血与火的经历来淬炼。经历过大面积的反复试错，经历过充分的风险教育，在最短的时间内经历过这样一段波澜壮阔的行业周期，尽管作为组织形式，壹比特无奈解散了，但是对我们整个团队的成长却意义深远。

壹比特解散之后，李钧去了北京创办了财客，在互联网金融和互联网保险领域建树颇丰。"暴走恭亲王"回到了上海，创办了区块链铅笔，暴走资讯依然在数字货币行业发挥着巨大的影响力，对区块链的传播与推广做出了很大的贡献。"七彩神仙鱼"回到学校，去完成未竟的学业，并业余经营着"矿池"，算力规模也始终排在全球前三。我和"森林人"带着余下的团队开始了艰难的转型，我们选择了新的起点，创办了以"关注科技金融、传递未来价值"为定位的鸣金网，随后练晓波加入了团队并担任了鸣金网的CEO。鸣金网的战略很简单，从圈子里跳出来向场外进军，把焦点从小众的数字货币极客圈转到科技金融、互联网金融、未来金融的方向上。这个转型，大大扩大了目标用户群体，作为一家带着区块链基因的科技金融自媒体，鸣金网的内容每天都有上百万的阅读量，于 2015 年年底顺利进行了 A 轮融资，并有机会成长为科技金融领域的 36Kr。

2014 年 9 月，在一次茶聚中，我碰到了鲲鹏资本的董事长寿星林，老寿是我的老乡和老友，我们在十多年前各自白手起家时即已相识。我们聊起了各自的现状，发现彼此有非常多互补之处。我们团队的强技术基因和鲲鹏团队的强金融基因碰撞在一起，就诞生了浙金网。

2014 年的 P2P 和 2013 年的比特币一样，监管相对无序，行业处在野蛮生长的状态，各种概念在资本市场上都受到追捧，表面一派繁荣，但背后却背离了金融的本质。在开发浙金网的初期，我们就在考虑国家会如何监管这个行业，我们要如何预先做出判断，才能够符合未来国家针对行业的监管。基于区块链信息链条开放、透明、可验证的思想，我们提出了司法存证的概念。浙金网是整个互联网金融行业第一家使用独立第三方做司法存证的平台，从注册、登录、充值、购买到转让，所有的记录全部独立存证，投资人和融资方直接签署电子合同，可以在用户后台申请提取公证书，作为法院的电子证据。我们提出了"四透明"的原则：资金透明、项目透明、风险透明、交易透明。

资金完全托管，只做信息撮合，项目充分披露，资产追求稳健，这些理念和措施保证了我们在经营过程中不会出现结构异化。浙金网两个月上线，50 天销售破亿元完成验证，6 个月完成天使融资，8 个月过盈亏线，1 年累计交易 20 亿元。经过一年多的运营，PPP+P2G 的城镇化投融资模式已经日趋成熟，公司在小步快跑地发展。透明是一种力量，经营一家健康、干净、透明的，既能创造利润又能创造社会价值的公司，是一件非常有成就感的事情。

2016 年 1 月 1 日，我写下了这样一段新年致辞：

上善若水，水利万物而不争。金融如水，为百业昌盛之基础，金融栓塞则行业凋敝，金融不发达，谈何中国梦？

但金融的创新，艰难困阻，体制之困、权贵之阻，再加上齐傅楚咻，牵一发而动全身。

而互联网的发展，让我们发现了从边缘和底层进行调整和变革的历史机遇。

金融加互联网，磅礴之力隐现，虽鱼龙混杂，但发展趋势不可阻挡！

浙金网以建设一个健康、干净、透明的互联网金融平台为追求、为使命。

我们战战兢兢，如履薄冰，体量虽小，却知责任重大。

我们扎根普惠，探求重构，心怀天下，而不妄自菲薄。

我们保持初心，严格自律，不求政策福利，不谋体制套利。

我们首创司法存证和"四透明"原则，严格风控，精准定位于金融末端的微创新，疏通"毛细血管"，与国家顶层设计相得益彰！

P2G 模式连接社会大众，造城、筑路、治水、民主金融，人人参与、人人尽力。

PPP+P2G 将成为一种重要的传导机制，金融为脉、互联网为络，上通下达，凝聚建设美好家乡的力量！

2014 年，我们为金融创新而生；2015 年，我们验证了方向；2016 年，我们将继续为梦想而战！

只要坚持，普惠金融的梦想一定可以实现。

在理念上，浙金网模式和区块链思想是一脉相承的，都希望通过透明互联的方式去解决一些实际问题。区块链通过账链来证明真实记录，浙金网通过证据链来证明真实交易；区块链基于不对称密码和分布式存储建立技术公证，浙金网通过云公证实现司法存证；区块链建立了一个更加激进的"金融乌托邦"，而浙金网则需要在确保合规的基础上去找到变革点，去思考是否符合我们国家的改革方向，去确认技术带来的模式创新是否能真正地创造社会价值。从这个角度来说，浙金网是一种"中间状态"，浙金网的实践让我们的团队更接地气。比如浙金网与各省股权交易中心的合作，就让我们看到了利用区块链技术进行股权登记并为四板市场建设小微证券交易所的可能性。区块链的探索依然非常前沿，没有太多的案例可以学习和参考，找到符合实际的切入点，逐步形成大规模的应用，这对区块链的发展意义重大。

在浙金网快速发展的同时，"森林人"带着壹比特原来的芯片与"矿机"团队与"南瓜张"的阿瓦隆团队进行了合并，在获得了清华长三角研究院的投资以后组建了嘉楠耘智。嘉楠耘智是一家比较神秘的公司，比特币芯片与"挖矿"领域一直被中国人所垄断，而促使这种现象产生的幕后力量的代表就是嘉楠耘智。重组之后的嘉楠耘智获得了强劲的动力，在很短的时间里取得了丰硕的成果，阿瓦隆6代的热卖使嘉楠耘智在2015年下半年交出了非常惊艳的成绩。数字货币的"挖矿"已经形成了一个产业，很多人对"挖矿"有着错误的认知，认为"矿机"只是空耗电费，产出的虚拟货币没有实质上的价值，但大家没有看到，这种通过硬件方式为区块链网络提供的算力支撑使用最低的成本，构建了一个超越国家主权的、全人类社会平等参与的价值互联网络。嘉楠耘智的三块核心业务：基于现有数字货币共识算法的芯片设计与生产；面向大型机构基于特定算法的私有区块链的底层解决方案；可应用在语音识别、基因测算、气象分析、人工智能的低成本的大数据分析与加速运算服务。在未来，整个物联网世界所有电子设备的内部都有可能带有一颗接入区块链网络的芯片，凭着这样的想象空间以及实力超群的技术研发团队、爆发性的业绩增长与高的利润点，嘉楠耘智有可能成为第一家在主板市场上进行资本运作的区块链公司。

当年壹比特的核心合伙人，如今已经各有建树，都在各自的领域中独当一面。蔡志芳是数贝投资的投资总监，江跃波是浙金网的 CTO，赵冲是哇宝科技的 CTO，李浩是保全网的 CTO，姚棋元是鸣金网的 COO，杨辉辉是算力宝的 COO……我依然清晰记得他们每一个人当年是如何入职的。当年壹比特面向全国广撒"英雄帖"，这些因为数字货币的魅力而从全国各地投奔到杭州的兄弟姐妹们，如今个个如狼似虎，形成了今天"群狼"创业的局面。这是一个很有趣的杭州现象：创业社群化，以社群为纽带，有的紧密，有的松散，有的亲自操刀，有的只当投资人，以"去中心化组"的形式抱团打天下，默契并有活力。杭州的前橙会、清创会、乐创会就是这种典型的组织，估计用不了多久，杭州还会形成一个比特会，成为中国区块链创业的一块高地。

关于区块链创业，我们还总结了一点经验，那就是投钱不如投人，投人不是投资一个人，而是对好的项目、好的资源直接投入核心骨干。基因决定成败，只有靠谱的团队才能做出靠谱的项目，一个骨干就有可能让一个项目起死回生。投人就需要有组织体制保障，200 年前的山西票号都能够使用身股制度"汇通天下"，200 年后的互联网时代，为小伙伴建立身股制度实操起来却非常麻烦，这不能不说是创业的一大痛点。区块链将会改变我们的创业组织形式，结合创业公司成败的大数据分析，我们可以用预编程和预规则的方式来建立授权，可以更加民主和透明地进行投票，也可以简单快速地实现数字资产证券化。使用区块链和智能合约开发通用的合伙人系统，并用这个系统来设定合理的股权、分配员工的期权、建立平等的退出机制，让每一个参与者都能够清晰了解和管理自己的身股权益，这也是一件有趣、有意义、有价值的事情，未来我们的创业项目都将会使用这个系统来管理合伙关系。

这里顺便做一下广告，你想成为我们的合伙人吗？如果你想让区块链领域作为职业的新起点，如果你有料，可以和我联系，邮箱：qkl@zjmax.com。即便你是新人，也没有关系，我们联合清华大学开展了专门的区块链培训，为区块链创业公司输送人才，你有机会快速成长为核心骨干。

区块链的发展能够带给我们最大的成长红利。人才培养与创业体制决定企业与国家的未来，区块链将使我们直面全球的资本与智本的竞争。从这个角度来说，我们必须有所规划和布局。

时间到了 2015 年，比特币的价格越来越稳定，算力也一直在稳定地增长，比特币交易的活跃度与频率都在不停地增长，各种类比特币的系统和商业模式都如雨后春笋般冒出来，投资机构的嗅觉也很灵敏，全球在区块链产业的投资累计已经超过 10 亿美元。全世界最聪明的那群人都在研究和关注区块。区块链的进化，不管是在垂直方向上，还是在平行方向上，都进入了一个全新的阶段，区块链的思想越来越得到主流社会的认可。2015 年 12 月 20 日，中国区块链应用研究中心（浙江）

在杭州正式成立，清华长三角研究院、社群经济研究院、浙金网、鸣金网、数贝投资作为发起单位，浙江省副省长朱从玖、中华全国工商联并购协会会长王巍和我们一同启动了成立仪式。

2016 年 1 月 8 日，清华大学党委书记陈旭、清华大学就业中心主任林成涛等一行领导莅临清华长三角研究院杭州分院，参观了中国区块链应用研究中心（浙江），与嘉楠耘智、数贝投资、矿池科技、算力科技等区块链公司的负责人一起交流了区块链、比特币的发展。在介绍到区块链创新技术的应用前景时，陈旭书记对区块链技术予以肯定，并兴致勃勃地表示将与浙江的区块链创业公司一起开设区块链相关课程，联合培养区块链技术人才。

2016 年 1 月 13 日，此时担任浙江省委书记的夏宝龙在一次座谈会上听取了关于区块链创业以及中国区块链应用研究中心（浙江）发展情况的汇报。夏宝龙书记对嘉楠耘智等区块链创业公司的发展高度赞誉，希望浙江成为全国区块链开发应用高地，能够继续引领区块链应用的发展。

2016 年 1 月 15 日，中国区块链应用研究中心第一次理事会在京召开，来自北京、浙江和上海三地的理事们集聚在互联网金融博物馆，讨论中国区块链应用研究以及中心建设的相关事宜。全国人大财经委员会副主任吴晓灵，保监会原副主席、中国金融启蒙中心主席魏迎宁等均出席了此次会议。我代表浙江分中心向大会做了关于浙江区块链产业发展情况的汇报。在此次会议上，全国人大财经委员会副主任吴晓灵也对中国区块链应用研究中心的成立和筹备工作表示了高度认可和支持，并建议：互联网金融能打破垄断、服务长尾，是很好的事情，但是发展过程中出现了混乱，区块链技术要研究以增量的方式，而不是颠覆存量的方式来解决金融中的成本、效率和秩序问题；可以与国家的协会合作，两条腿走路，建立民间的区块链联盟，与国际组织对接合作。吴晓灵期待中心定期提交工作进展报告，并成为推动创新的重要力量。

好了，创业的故事就写到这儿吧，继续回到写《区块链与新经济：数字货币 2.0 时代》这本书的逻辑上。在忙碌的创业过程中，我的很多思考都是碎片化的，每次想要总结和提炼，又总觉得知识不够且费心耗神。出版社交稿的时间有限，我只能以这一段创业经历为主线来进行串联，那最后思考的结论是什么呢？

今天的我们，生存在两个世界里，一个是原子世界，一个是比特世界。原子世界就是我们今天的生存环境，在这个环境里，所有的资源都是竞争性的资源，空气、水、金钱、财产等，这些竞争性资源的产生、转换、重混、分配全部在一个四维时空里，受到时间与空间的限制。而在比特世界里存在着两个网络，一个是信息互联网络，就是互联网，一个是价值互联网络，就是区块链网络。在互联网中，信息传输是波形传播，可以随意复制，所有的文件和代码都是非竞争性的资源，零复制成本、零传输成本，时间与空间都不需要度量。互联网对传统产业的渗透是高维度对低维度的替代，依托和利用了低维度企业的存在，并将低维度企业领域纳入自己的子空间中。而在区块链网络中，信息是有方向的线性传播，区块链中的所有数据只能首尾相连，且只能线性递增并无限延伸，不可复制、不可伪造、不可篡改，我们可以使用区块链来对应和标记原子世界中的任何一种资产，它可以是 100 元人民币，可以是一桶油或者一度电，也可以是一辆车或者一幢房子，这就相当于在比特世界中创造出了竞争性资源。

价值互联网络依托信息互联网络而存在，但价值互联网络对信息互联网络是一个更高维度的迭代，有了价值互联网络，原子世界与比特世界就有了一个映射关系，所有连接都将是真实的，人与人之间、人与机器之间、生物智能与机器智能之间都可以共享同一个开放的信任体系。区块链是通往未来的"虫洞"，通过这个"虫洞"，我们将找到重构人类社会运行秩序的力量。互联网＋已经让我们体验到其对整个传统产业摧枯拉朽的力量，而区块链＋会对互联网产业再次进行颠覆。

首先是区块链＋金融，通过数字货币对资源进行配置将具有更高的效率，将会发展出全新的交易机制和金融产品，将真正去除所有不产生价值的中间环节，交易的成本与交易的关联方会缩减到最低和最少，比如在一些经济和货币政策失灵的国家，就有人在探索使用区块链技术来提供以货易货的解决方案。其次是区块链＋政府，利用区块链技术，财政预算、税收收入、转移支付都能够更加简单和便利，我们可以轻易地清算、审计和统计，透明地招标和采购，可以最低成本地推广和使用电子发票、电子房产证等。然后是区块链＋产业，所有已经互联网＋的产业都可以再次叠加，交通、医疗、环保、食品、教育等，都可以通过区块链技术来升级与完善。最后是区块链＋社会，在"代码即是法律"的环境中将很难形成特权阶层，人类社会将更加平等、更加民主、更加全球化。当连接信任的成本降到最低的时候，我们的创业模式、组织形式以及社会领域的方方面面，都会发生改变……

我不会预测未来，我写的不是科幻小说。我只是一个创业者，学术功底和写作水平都有限，书中不免有各种错误，选用的资料也并不严谨，请读者们多多包涵，再加上我平时的工作非常忙，能够咬牙坚持下来，确实并不容易，非常感谢我的两位搭档俞学劢同学和王毛路博士，没有他们，《区块链与新经济：数字货币 2.0 时代》这本书一定不能如期完成。这本书的前言部分，是我自己真实的创业经历，希望我的经历能让更多的人对区块链产生兴趣，而这本书的正文，工具书的属性会强一些，阅读时需要一定的 IT 基础，也比较枯燥，但胜在比较系统和全面。书中涉及的一些理论知识，非常感谢华为才女阎飞飞同学，她的补充与修正使我收益良多。

谨以此书，献给我的家人和战友。

——本文收录于《区块链与新经济：数字货币 2.0 时代》

区块链：价值网络的中国机遇

高航　　2016 年 10 月

　　作为一项创新的技术架构，有人将现在的区块链比作 20 世纪 90 年代的互联网基础协议 TCP/IP，而将基于区块链所形成的新互联网称为价值网络；也有人将区块链比作更为具体的 SMTP 协议，认为互联网实现了信息的传递，而区块链则实现了价值的传递。反观 20 世纪 90 年代以来互联网对人类社会发展所做出的巨大贡献，区块链也因此被追捧为下一个数字时代的新动力。而凯文·凯利的启发式著作《失控》，早在 1994 年就通过一系列自然与人工的例证，构想出了一个分布式、自组织的高效人造系统，这也恰好就是区块链所具有的特性。

价值与繁荣

　　在 2016 年 8 月举办的世界经济论坛（WEF）的报告中，区块链被称为分布式账本技术（DLT）。因为区块链是作为支撑比特币的底层技术架构在中本聪 2008 年的论文中被首次提出的，而在数字货币比特币中，区块链所实现的恰好是一种无中心记账人的记账功能。传统生活中，诸如银行卡、支付宝、Paypal 等电子现金的交易过程均由一个中心化的记账人来实现，它可以是银行，也可以是支付公司，他们负责为用户维护所有的余额以及交易记录。而与此不同的是，区块链不需要任何一个这样的中心化记账人，而是通过被称为共识机制的算法再结合一系列密码学与博弈论的巧妙设计，实现了透明化的共同记账，并确保了账本数据库的一致性与准确性。

区块链或者说分布式账本技术以时间戳实现了时间序列的数据记录。每一笔交易数据都带着它们所产生的时间，被公开广播至分布式网络的各个节点。整个网络的节点通过共识机制算法在一段时间内生成一个被称为区块的数据单元。区块中不仅包含了在上一个区块生成之后的这段时间内所有的交易数据，还包含了上一个区块所独有的身份识别数据。这种以时间序列前后相连的结构即被称为区块链结构。这也就意味着对历史记录进行篡改的前提是将那以后一系列的记录都相应地更改，并且需要同时且持续地控制大部分的网络节点以破解共识机制算法。而区块链密码学则使得这种行为从理论上变得无限困难，从而也从实际上消除了对数据的篡改动机。

区块链技术架构保证了数据的一致性、准确性与防篡改性，构造了一个真实唯一的数据世界，就像同一份比特币不能被花费两次一样，区块链上的数据也就具备了唯一性，因此人们开始广泛认可基于区块链的互联网所传递的不再是数据的复制品，而是真实、唯一、可信的价值。

这一种价值网络也正在全球范围内被探索和应用。基于比特币区块链向 C 端客户提供跨境汇兑服务的美国创业公司 Circle，今年 7 月获得了 6000 万美元的投资，并将自己的服务集成进了 iOS10 的 iMessage 当中。而基于自有区块链架构向 B 端银行客户提供资金流转服务的 Ripple 则在 9 月获得了来自埃森哲风投、谷歌风投、渣打银行等总计 5500 万美元的投资。传统中心化交易所纳斯达克也于去年推出了面向私募股权交易的区块链交易平台 Linq。起步于纽约及伦敦的创业公司 R3 CEV 则联合了超过 50 家顶级跨国银行与金融机构，成立了最大的金融区块链联盟，力求创立适用于银行的全新分布式账本标准，并于今年 4 月联合巴克莱银行发布了第一个产品 Corda。全球最大的开源联盟 Linux Foundation 也成立了区块链项目 Hyperledger，集合了来自各行各业的 81 个成员为开发商用化区块链做出努力。硅谷创业公司 21 则一反比特币集成化"挖矿"的常态，于去年下半年推出了小算力的比特币电脑，力图通过建立比特币微支付通道，实现存储空间、计算能力，甚至电力等非实体资源的跨区域交易，更因此一举获得了来自高通等公司高达 1.16 亿美元的投资。

然而从一片繁荣的区块链热潮中我们不难发现，在欧美发达国家的区块链创业海洋中，中国企业的身影并不显著，同时相比于各行各业遍地开花的海外，中国的区块链虽然已经在比特币产业链上独占鳌头，但却鲜有其他行业的应用落地，也因此遭到了关于中国市场是否适合区块链技术应用的质疑。

助力金融而非颠覆

区块链诞生的背景是 2008 年金融危机所引发的对传统金融体制的失望，于是强调去中心化的分布式数字货币——比特币应运而生。巧妙的设计使得比特币成了比特世界当中第一种不需要依赖现实世界的信用背书而独立存在，却和现实世界的事物一样具有真实性、唯一性保障的数字资产。

这种不需要央行存在、不需要银行存在，甚至不需要任何中介存在并且全程匿名的数字资产因其强烈的无政府主义色彩而受到追捧。就像中国的 P2P 热潮那样，比特币以及区块链也被全球的支持者以"颠覆传统金融"为口号而推上了风口浪尖。基于区块链智能合约平台以太坊的去中心化信托项目 The DAO，甚至以 1.5 亿美元的募集规模成了人类史上金额最大的众筹案例。然而也就像中国 P2P 最终暴露出了不良频发、欺诈横行的问题一样，纯匿名的比特币也一度成为犯罪洗钱的摇篮，而区块链智能合约项目 The DAO 也在黑客的攻击中被迫解散，并且由于分布式节点之间的分歧导致了以太坊区块链一分为二，以太坊智能合约"代码即是法律"的口号也因此受到了广泛的质疑。

可见，无论是在海外，还是在国内，不符合市场需求和社会行为准则的技术终究难以成长起来。因此即使在自由主义盛行的美国，我们所面谈的区块链创业者们也都在不断强调自己在监管合规上的努力，不仅有类似 Shocard 这样基于区块链进行实名认证的尝试，还衍生出了如 Skry 这样专注于破除比特币匿名性以帮助执法机构进行反洗钱及犯罪行为分析的项目。R3 CEV 更是大胆抛弃了类似于比特币、以太坊的共识机制，构造出了一个更符合金融机构高性能交易需求的区块链结构。同样的，不论是英格兰银行，还是中国人民银行，在各自的央行数字货币的研究中都普遍肯定了区块链在价值转移便利性、安全性上的优势，但也强调了央行数字货币将以中心化的技术管理架构来实现，从而符合国家宏观调控的需要。

这些新兴创业者、金融巨头以及政策制定者对区块链的信念来自对市场环境、需求痛点的准确把握与预估，因此理解市场才是将价值网络落实为生产力的关键。

中国特色金融环境

由于各个国家与地区市场环境的不同，区块链在海外繁荣的模式并非完全适用于中国。不论是 R3 CEV 在银行间交易市场的应用，还是 DAH 在澳大利亚证券交易所的实践，他们所想解决的都是传统金融历史积累所形成的多中心低效协同问题。然而在中国，由于资本市场起步较晚，金融体系并不存在太多历史遗留问题，基于国家信用的单一中心清算、交割、管理制度的效率远高于西方国家的。以证券市场为例，中国普遍实行交易 T+1 制度，而欧美等国经过多年努力才实现了 T+3。

由于金融发展尚不完善，中国在央行调控层面所面临的问题也与英国、美国等的不尽相同。在英、美等发达国家，由于信用卡作为电子货币已经高度普及，信贷拆借与金融衍生品种类丰富，总体经济对现金及准现金的依赖程度较低（M1 占比 GDP 较低），央行对宏观经济的调控也因此主要集中于利率调控上。而中国市场，由于低信贷、高储蓄以及电子货币发行尚不完善，总体经济与 M1 相关性较高，因此市场对于针对货币发行量的调控更为敏感，因此在利用区块链建立央行数字货币体系上，中国与其他国家的诉求也就不尽相同。

由于中国的市场传导机制尚不完善，政策调控又相对频繁，因此对于政策制定者来说，通过区块链分布式账本来构建一个内部透明的高效传导机制才是解决问题的关键。而符合这一需求和发展趋势的区块链金融应用才是其在中国的机遇所在。

区域性金融新痛点

与服务全国的银行间市场、证券市场所具有的成熟中心化高效监管相比，区域性金融存在发展滞缓、定价混乱、监管缺位等问题，最终造成了中国金融市场的传导机制不畅、"毛细血管"阻塞等现状。

第一家正式揭牌运营的区域性金融资产运营平台——北京金融资产交易所于 2010 年成立。随后，天津、重庆、上海以及其他省份也纷纷建立了诸如天津金融资产交易所、重庆金融资产交易所、上海股权托管交易中心、深圳前海金融资产交易所等各类区域性金融资产交易平台。区域性金融交易平台交易的资产类型包括了金融企业国有产权、不良金融资产、银行理财产品、股权投资基金权益、信托产品的募集和凭证、资产权益份额、非上市公司股权等。然而，到目前为止，各类区域性金融资产交易机构的交易总额仅约 3 万亿元，相比于中国金融资产约 150 万亿元的总量，其影响效果仍然十分有限。

区域性产权交易市场作为中国资本市场结构中最为基础的组成部分，其所承担的是为银行、券商之外的大量非标准化资产进行撮合交易的职能。在中国目前的金融市场上，具有较好流动性的标准化资产占比仅不到 20%，剩余流动性不足的金融资产静态规模约 80 万亿元。可见区域性金融市场继续发展对于盘活市场、促进中国金融市场的成熟发展至关重要。

阻碍区域性金融市场发力的一大原因在于政策法规的不完善。当前金融资产交易机构的监管部门为省市金融工作部门，而承担金融资产交易主体角色的银行、券商、信托等大型金融机构，却受到中国银行业监督管理委员会（简称：银监会）和中国证券监督管理委员会（简称：证监会）的监管。各地方金融工作部门和银监会、证监会在政策效力上的不对等和在合规性规定上的不统一使得监管存在冲突、创新受到阻碍，自然也影响了区域性市场发展的积极性。2011 年 11 月 18 日，国务院发布了《关于清理整顿各类交易场所切实防范金融风险的决定》，提出要对各类场外交易所进行整顿、清理、升级、改造。近几年的政府工作报告和"十二五"规划都提出要"稳步发展场外交易市场"，而金融资产交易所是场外交易市场的重要组成部分，可见对区域性金融市场进行梳理和完善是中国资本市场的发展方向。

于是，从市场发展规律来看，为了达到监管与合规上的统一以及符合国家层面的顶层设计要求，区域性金融资产交易所也逐渐开始加速整合，从分裂走向统一。例如平安集团在取得深圳前海金融资产交易所的全部股权后，又再次通过股权收购的方式将重庆金融资产交易所收入囊中，可以预见，大型金融集团很可能复制平安的模式，先以收购多家金融资产交易所股权的方式，使各金融资产交易所在保留各自牌照的基础上，共同被一家金融集团控制，再通过注资等方式提高金融资产交易平台的规模，由此形成统一的金融资产交易市场。

自下而上新机遇

与以早期自上而下的资本市场改革所建立起的高效中心化传统金融机制相比，中国区域性金融从地方化、分散化到集中化的自下而上的过程则更符合市场经济规律。而从分散化到集中化的过程也会面临西方资本市场发展过程中所具有的多中心协同问题。因此，以解决分布式环境下数据同步及价值转移问题为目的的区块链技术架构就找到了用武之地。

以平安集团旗下的重庆金融资产交易所与深圳前海金融资产交易所

为例，整合之后，从区域性监管转向统一化监管必然面临一个漫长的过程。传统的中心化方式需要通过中心化清算与交割系统的接入来实现，而金融资产交易所所完成的资产交易类型并不符合目前中登公司或者上海清算所的集中化处理要求，独立建立第三方中心化非标资产清算的成本又相当高，且在区域化向统一化转型的过程中仍然要面临监管权限混乱的问题。

因此，使用区块链的分布式账本结构，各类监管方只需要作为监控节点接入区块链网络，不论是在重庆金融资产交易所，还是在深圳前海资产交易所，产生的交易都会向该网络进行广播，并且因区块链的可编程性，还能够实现不同类型交易自动向各自对应的监管机构进行报送的功能。由于区块链的记录不可篡改且可追溯，监管机构对其进行审计、追查都极其容易，监管方自身又不必承担繁重的清算交割工作，因为在区块链当中，交易的发生与广播就等于记账、清算与交割的同时完成。区块链价值网络的特性还能够实现两个交易所之间流动性的互通，从而以流动性促进资产更为合理的定价。而仅对监管方、重庆金融资产交易所、深圳前海资产交易所内部开放的区块链联盟结构，由于有着更强的互信基础，也完全能够效仿 R3 CEV 那样通过取消类比特币的共识机制来实现更高效率的交易需求。

资产证券化助推剂

区域性金融市场流动性的强化和定价的合理化实际上助推了 ABS市场的完善。由于 ABS 的交易链条长，且参与方较多，信息的交互长期存在不对称与不透明，这严重阻碍了金融市场的价值传导。而参与各方若成为区块链价值网络上的各个节点，便可分享记账权利、实时同步数据，从而直接解决了信息不对称的难题。参与方内部透明的机制减少了中介成本，也因此能够吸引更多类型的资产以更低成本向证券化方向转移，从而激活更多流动性不足的非标准化资产。仅以传统渠道中涉及参与方最为繁杂的供应链金融市场为例，当前市场上就已有超 10 万亿元的规模，通过 ABS 激活的这部分流动性将更为直接地为实体产业注入活力。

从监管层面上看，区块链的解决方案不仅减少了监管成本，还进一步增加了监管部门与政策制定者对于金融市场的可观察深度。通过精确到秒的时间序列交易记录以及真实可信的数据结构，政策制定者将对中国金融市场有更为准确的把控。

顺跨境电商之势

从全球创业风向看，区块链应用的另一大领域则是跨境支付。因为当前传统银行的 SWIFT 体系是一个通过国际标准绑定多方信用的体系，而一笔跨国转账往往需要涉及两到三个银行或其海外分支机构、国家清算系统、最终结算机构、外汇管理机构等，因此一笔转账往往需要 3 ～ 7 个工作日，并且可能需要支付高达 7% 的转账手续费。而区块链跨境汇兑则利用区块链上的数字货币作为中介，仅需要最多 1 个小时（比特币达到 6 个区块确认的平均时间）即可完成转账。前文所提到的 Ripple 和 Circle 均采用了相似的原理。

然而，中国的外汇管制相对严格，加之 2013 年中国人民银行联合五部委发布的《关于防范比特币风险的通知》中明确规定了各金融机构和支付机构不得开展与比特币相关的业务，使得这一项基于区块链数字货币作为中介进行的汇款方式在中国似乎毫无应用的可能。

而另一方面，随着电子商务技术的成熟、国内中产消费需求的提升，在本土化产品质量与多样性难以满足需求的情况下，跨境电商呈现出迅猛增长的态势。2014年海淘人群达1800万人，成交规模达1400亿元人民币，预计到2018年市场规模将达万亿元级别。同时从2014年明确跨境电商监管框架到开放6+1跨境电商试点城市，并免去了跨境电商渠道的关税、增值税以及消费税，再到2015年4月28日关于降低进口产品关税试点、税制改革和恢复增设口岸免税店的相关政策，都体现出了明显的政策利好。而逐步降低关税也符合中国加入WTO所作出的承诺。

外汇作为跨境电商流程中必不可少的环节，也相应地得到了政策上的支持。2013年以来，国家外汇管理局在上海、北京、重庆、浙江、深圳等5个地区开展支付机构跨境电子商务外汇支付业务试点，2015年1月29日，国家外汇管理局发布通知，网络购物单笔交易限额由等值1万美元提高至5万美元，并放宽支付机构开立外汇备付金账户数的限制。对于中小型从业者居多的跨境电商行业，传统SWIFT体系的低效率、高费用显然大大提高了其运营成本，而区块链跨境支付则恰恰能帮助这些从业者减少外汇成本，提高资金回笼效率。

同时，平台运营方与海外供货方双方通过将订单等相关信息作为交易附言嵌入不可篡改的区块链汇款交易当中，不仅方便了关、检、汇、税等监管部门对记录的追踪审查需求，也为保护消费者权益打开了透明窗口。海关、检疫等部门作为监管节点加入网络，将私钥签名后的产品通关信息、检疫报告写入区块链，消费者则能够获得不可伪造的权威信息，对进口产品的真伪进行判断。

结语

除了上述的需求环境，区块链在中国还有着各种各样的机会。从食品防伪溯源到慈善基金审计，从保险销售到彩票销售管理，都存在着种种中国式市场特有的机遇。区块链作为一项技术架构的价值在于服务于行业、解决市场需求的应用，因此从市场、政策端入手寻找符合区块链特性的方向才是其繁荣的重中之重。

中国的区块链创业既不应该盲目追随、复制其在海外的成果，也不应该一味追求技术上的纯粹。就像互联网协议从军用网络向民用网络的转型中经历了无数次的改进一样，区块链也需要随着人们在各种环境、各个阶段不同的需求相应地变化。既然作为价值网络的区块链已经在其技术价值上获得了广泛的共识，那么就该在实践中寻找机遇，成为生产力提升的加速器。

——本文收录于埃森哲《展望：区块链＋》

区块链：逼近奇点的价值互联网络

高航　　2016 年 6 月

　　金融科技是指企业运用科技手段使金融服务更有效率的一种经济产业。金融科技对传统金融服务业在业务模式、产品、流程、应用系统等领域的颠覆，包括五个方面：一是给银行业和保险业增加大数据的算法，从而提升了其对风险的控制能力；二是可以同时支援不同业务处理流程，例如资讯、支付、投资、融资、投资顾问等业务；三是目标客户群不同，传统金融行业难以触及的人群也可以享受金融科技的服务；四是交流模式更为多元化，比如近期盛兴的社交网络型金融交易是一种新型交易模式；五是市场定位不同，金融科技定位更加多样化、服务更加精准。

区块链的计算能力

　　无发钞机构、去中心化、去信任化的电子现金系统的实现，依赖于每一个参与者自身，"人人为我，我为人人"是区块链的精髓。每一个人手上都有一个总账，总账上记录着包括自己在内所有人的交易记录，每个人都可以指着任意一笔记录与其他人核对，以此来保证大家账本的一致，人、事、物、时完全相符并且客观真实，这就是共享账本。比特币的区块链网络会给勤奋记账的人以激励，在每一轮区块建立的过程中只有他记的账会被传播给大家，并让大家验证，大家对他的辛勤劳动及记账结果一致认可后，新的账目就被添加到了共享账本中去。获得记账权的人会被奖励一些比特币，于是，整个记账验证机制也被称为工作量证明。

这个体现记账勤奋程度的标准被称为算力，而算力正是区块链安全的根基。由于每一个节点都需要通过不断地计算来解出一个基于前一个区块信息所产生的特解，而这个计算的过程需要不断打包验证网络中其他节点产生的交易数据，因此，整个过程就像是为获得比特币奖励而进行的验证工作，这个过程被形象地称为"挖矿"，工作量证明机制意味着区块链的安全来源于现实世界人们共同的劳动投入。由于每一个特解都包含了前一个区块的信息，而一个特解的产生及被网络成功验证就意味着新区块的形成，每一个新区块都叠于上一个区块之上，于是，以前形成的区块就像地表以下的岩层，越久远的埋得越深，也越不可能被触碰到或者被篡改。不可伪造、不可篡改正是区块链建立信任机制、打造价值互联网络的基础。

区块链之沉浮

在 2011 年 5 月以前，参与到比特币区块链验证当中的算力并不充裕，比特币也并未获得太多人的关注。到 2011 年底，通过算力记账获得比特币的"挖矿"行为逐渐普及，人们开始设计出了专业的芯片 FPGA 用于输出算力，其能耗只有 GPU"挖矿"的 1/4，比特币开始越来越紧密地与现实资源相连通。从 2012 年到 2013 年，人们开始意识到利用 ASIC 硅晶芯片进行算力输出挖取比特币的速度能大幅提升，并比 FPGA 更为节能。于是，美国的蝴蝶实验室、阿瓦隆等机构相继开始研发 ASIC 比特币 "挖矿" 芯片。从此，比特币 "挖矿" 以及比特币本身开始形成产业。

从 2013 年至今，全网输出算力从原来的 2.5T 飙升至 1400P（1P=1000T），约增长 56 万倍。算力的规模越大，节点越分散，区块链网络就越安全，对权力与利益机构的防御能力就越强，对应的区块链应用也就越有保障。2013 年底，比特币的币价超越 1000 美元，并于 11 月 29 日下午达到最高价格 1242 美元，超过了一盎司黄金 1241.98 美元的报价，从某种意义上来说，此时此刻比特币成了真正的数字黄金。促使比特币币价疯涨的动力，除 "挖矿" 芯片与设备研发的军备竞赛外，最为直接的因素来自比特币交易所这类推动对比特币进行直接投资的入口的激增。

随着币价的不断攀升，大量的交易所也相继出现。中国的 OKcoin、美国的 Coinbase 是其中最具影响力的交易所，更多的交易入口也吸引了更多投机者的涌入。2013 年 5 月，中国的 OKCoin 比特币交易所成立，3 个月后交易量即达到每月 26 亿元，同年 12 月更是创造了单天交易量 40 亿元的惊人数额，成了全球最大的交易所。

然而，比特币在支付领域的发展却表现一般。2013 年以来，相比于钱包之间的支付交易，通过交易所交易的比特币的倍数常年保持在 10 倍以上，即每 11 笔交易有起码 10 笔源于对比特币的买卖炒作，而非针对服务或商品的支付。coinmap.org 的数据显示，全球可用比特币进行线下支付的实体店仅为 7709 家，在中国只有北上深、港澳台和西安等地有约 10 家店铺支持比特币，加之各国政策对比特币货币属性的限制，比特币作为货币的基本支付功能未能得到真正普及。

区块链之产业链

算力"挖矿"行业的出现不仅打通了区块链与现实资源之间的通道，还帮助区块链领域形成了第一条相对完整的产业链体系。而这一条产业链也从单纯地在比特币"挖矿"与交易的过程中获取财富进化到了从区块链产业生态中去创造财富。随着区块链生态的完善和进化速度的加快，这一产业创造财富的能力也在与日俱增。

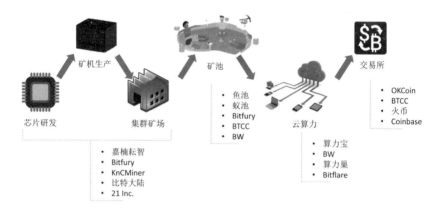

1. 芯片研发与区块链计算机生产

作为比特币区块链安全基础的算力芯片是整个产业链的源头。芯片内部结构的研发设计由算力芯片的专业团队完成，而硅晶芯片的实际生产则外包给台积电、三星、高通、英特尔等专业芯片代工厂进行生产，这个生产过程被称为流片。如嘉楠耘智等芯片研发团队关注到了区块链领域的机会，设计量产了多款针对区块链领域的专用超算芯片。在经历了比特币币价的大起大落后，当前市场上仍具竞争力的主要超算芯片团队有中国的嘉楠耘智（清华长三角研究院投资）、海外的 Bitfury（中国信贷 08207.HK 投资）和 21 Inc.（高通 QCOM 投资）。相对于国内芯片厂商的芯片研发＋单体整机设计的模式，Bitfury 则在芯片研发的基础上直接提供大规模集成矿场的解决方案，而不提供整机销售业务。

技术与资本是决定区块链计算机行业优胜劣汰的两个核心因素。由于初始投资巨大，资本市场的助力是"矿企"发展不可或缺的一部分，运作良好的区块链计算机研发与生产企业一般拥有良好的现金流。每个行业都有寒冬期，来自资本市场的助力不仅能使企业保持竞争优势，同时也能推动企业加速登上一个新的台阶。"矿企"竞争目前已经逐渐进入寡头阶段，之后的竞争不仅考验团队的技术研发能力，同样也考验团队的资本运作能力。

2. "矿场"

所谓"矿场"，就是将一台封装数十颗至数百颗芯片单体通电运行的小型区块链计算机，进化为部署几万至几十万台区块链计算机的大型机房。而这些大规模集成机房则通常被集中在电力资源丰富、电价便宜、通风较好且环境温度相对较低的地方。为了降低能源的消耗，原本仅在算力芯片的能耗比上下功夫的芯片公司，也开始对区块链计算机在散热、电源传输、"矿场"机房布设等外延性要素上进行节能提效设计。因此，产业链前端的这三个环节，仍由原来的芯片研发团队所主导。嘉楠耘智团队研发了一套低成本、高性能的环境自适应系统，通过对系统运作过程中热耗散的控制以及电源传输过程中电压稳定性的智能调整，使 ASIC 硅晶片在集群"矿场"的复杂环境中实现最低能耗的最大算力输出，同时保持较低的总体拥有成本。而 Bitfury 则开发了针对算力芯片的浸泡式水冷系统，在沸点非常低的情况下，把硬件浸泡在液体中，一旦加热，液体就会蒸发，把热量带走，然后凝结进入池中，通过这个过程降低"挖矿"在冷却过程中的能源消耗。

3. "矿池"

"矿池"是指来自各地的算力汇聚而成的网站，可以提高算得新区块的概率。比特币的算法规定了算力占据总网络比率越高的节点，能算得新区块的概率越大。因此，算力输出方会选择汇集在一起，共享一个主节点通道，并最终将共同产生的收益按照一定的分配方式提前分配到各个子算力输出节点的账户中。

矿池算力占比

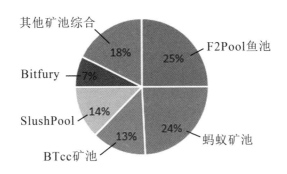

数据来源：btc123.com

当前，从各大"矿池"所输出的算力占比情况如上图所示，以国内矿池为例，每一个区块由矿池算得的概率是 1/4，因此，每个区块所产生的比特币奖励被矿池获取的概率也是 1/4。国内的矿池有很大比例是来源于神经网络芯片设计公司嘉楠耘智所制造的区块链超级计算芯片。从矿池数据上也体现出了嘉楠耘智、Bitfury 等大型芯片企业在比特币算力行业中的先发优势。

4. 云算力

在这种情况下，中小"矿工"的盈利空间越来越小，甚至为负。他们不仅要面临单体区块链计算机供不应求的状况，还要面对区块链计算机从发货到安装调试再到维护的整个复杂的流程。而且，最大的成本还不只这些，使用家庭、商业用电进行"挖矿"所消耗的高昂电费，以及产生的噪音和热量也成为普通比特币爱好者参与算力输出的障碍。算力通过大规模集成"矿场"以及"矿池"的集中，对比特币区块链的安全造成威胁。

得益于这样的市场与技术需求，云算力服务应运而生。云算力平台将"矿场"和"矿池"等基础资源打通，为个体"矿工"更便捷地接入比特币区块链网络提供条件，这不仅降低了"矿工"的准入门槛，还由于购买云算力的用户可以自主控制算力流向，因此成了解决大规模集成化"矿场"和"矿池"汇聚而造成算力集中问题的一种策略。它的出现也使得比特币区块链离全民分布式共享的理想又近了一步。

5. 交易所

算力芯片成为现实资源导向区块链虚拟资源的入口，那么，交易所则成为这条产业链最终的出口，即将算力所获取的比特币收益转化为现实中可用的法定货币，比特币产业链的循环生态由此形成。实际上，整个产业的简化逻辑似乎是这样的：投入资金购买设备，通过设备运作获取比特币，并寄期望于比特币的溢价能够为整个产业链获取利润，将比特币换成法定货币之后，再次投入资金购买更好的设备。这样的模式其实并未跳出 2013—2014 年比特币大起大落期间区块链计算机行业军备竞赛的怪圈。同时，硅晶芯片蚀刻密度的提高也逐渐开始受到单位面积产热剧增、量子效应的影响，使用芯片设计的门槛进一步提高。在这种大环境下，区块链的产业链也进一步延伸出了更多价值。

算力与区块链的未来

从 2013 年到 2016 年，区块链计算机从 CPU 时代进化到 GPU 时代，从 FPGA 时代进化到 ASIC 时代，再到当前的 ASICs 时代，ASIC 芯片的尺寸越来越小。在这个过程中，专用芯片提供厂商从少到多，再到如今的寡头垄断，每一次芯片的进化都带来一次行业的更新迭代。根据全网算力的历史数据预测，4 年以后也就是 2020 年全网算力将接近 20000P，是当前 1600P 算力的 12 倍还多。

区块链计算机加速的军备竞赛，使得以"颠覆世界不公的财富规律"为目标的比特币开始重蹈覆辙，几乎 50% 以上的比特币集中在不足 20% 的人手中。而现实世界的大多数人并不真正了解比特币。商业和利益驱动虽然打破了中本聪颠覆寡头垄断式经济的初衷，但却依然是比特币经历了自由、公平、对等的竞争后所不可避免的结果，而这场竞争还进一步加速了这场实验的进展，加速了这个产品的创新和变异。作为一种平衡，云算力解决方案的提出，使区块链的网络进化增加了一种离散的力量，它致力于让更多的人体验"挖矿"，让更多的人通过真正成为分布式"矿工"，并方便地获得第一份数字资产，来理解比特币和区块链，从而形成了由外向内吸附的生态系统。持有区块链数字资产的人越多、越分散，整个产业产生裂变的可能性就越大。最近上线的算力宝平台，以真实算力对应、自由调度算力资源为切入点，得到了传统 IDC 上市公司的有力支持，云算力平台的建设有可能成为新的战略级入口。

1. 加速大数据行业发展

区块链算力的本质是让芯片自动通过特定算法进行大量运算，来保障区块链这一公开账本的安全与稳定。而大数据分析则通过多种数据挖掘的算法组合，对元数据进行输入、筛选、重构、分类、关联，并最终输出知识。因此，通过将算力芯片进行内置算法的重新设计、定制，能够实现高效、快速的大数据挖掘、分析功能。而随着互联网时代下数据量的激增，对数据分析计算量方面的要求也相应增加。对海量数据的处理需求，相应地提高了对分布式技术——云计算的需求。区块链则能够与大数据的云计算需求完美契合，以当前比特币全网算力 1400P 为例，对整个互联网中存储的所有数据进行一次哈希运算，仅需要不到 1 分钟的时间。因此，区块链算力芯片行业的发展实际上推动了大数据行业的进步。

2. 未来区块链计算机——从致富工具到智能机器的转变

硅晶芯片的发展瓶颈已经宣告了摩尔定律的失效，更新一代区块链算力的军备竞争也将遇到瓶颈。未来技术瓶颈及"挖矿"难度的增加，以期望通过简单粗暴的挖币、买币来致富为主要功能的区块链计算机会越来越少。因为币价保值、升值所真正需要的并非是短期的利益绑架，而是区块链的真正安全，以及区块链上可被进一步开发的应用价值。其中一种新的应用价值开发，就来自于高通投资的 21 Inc.。这家海外的创业公司将自己所研发的芯片及设备命名为"比特币电脑"，而非"比特币区块链计算机"，因为他们更看重比特币的工业用途。

21 Inc. 的联合创始人兼 CEO Balaji Srinivasan 认为，机器网络是继万维网和社交网络之后的第三个网络，在该网络中，所有的链接实际上都是机器间直接的支付行为。21 Inc. 以嵌入式"挖矿"为理念，着眼于未来物联网的潜力，希望通过嵌入主流的消费电子设备在后台"挖矿"，通过无限的数字货币流来从事微交易。21 Inc. 计划向市场推出嵌入式芯片，允许用户使用智能手机和其他互联网设备进行比特币"挖矿"。

2015 年，现实中的人和设备在嵌入软件、传感器和网络之后实现物物连接的状态就是物联网。IBM 认为，未来的每个设备都能进行自我管理，即设备自治。未来 10 年，物联网设备的数量将大幅增加，如此多的上网设备通过中心化的方式来管理是不现实的。IBM 认为，区块链技术正好能解决这个问题。通过区块链技术实现去中心化的分布式云网络的物联网，将各个设备彼此相连，可以解决节点信任问题。同样，嘉楠耘智也已开始从模式识别入手，对支持人工智能技术的神经网络算法的通用芯片进行研发。由于区块链共识机制所建立的实际上是基于算法的一种自动化组织架构，因此，将相似的算法逻辑应用在人工智能的交互上所实现的是人工智能"社会规则"。未来整个物联网世界的所有智能电子设备的内部，都有可能带有一颗接入区块链网络的芯片。一旦实现了这种区块链物联网络，那么人与机器、机器与机器智能之间进行交互就拥有了一种通用的语言。社会规则可编程、社会资源可自由连接，在此基础上，自助化的电子政务、智慧家居、智慧城市、车联网、医疗物联等各个行业都将产生具有颠覆性的商业新模式。

3. 区块链网络生态

算力是区块链网络的底层架构，维护着区块链网络的安全和正常运行。目前区块链产品的架构，都是围绕从算力基础设施到数字货币网络再到区块链应用自下而上的架构展开的。

- 应用2.0：审计、公证、金融、物联网...
- 应用1.0：交易所、钱包、支付

- 比特币
- 以太坊
- 瑞波实验室

- 芯片矿机矿场：嘉楠耘智、比特大陆、KNCMiner、Bitfury
- 矿池：蚁池、鱼池、BTCC...
- 云算力：算力宝、算力巢、BW...

区块链的共识机制基于算力基础设施的保障，解决了对等实体间信任的问题，区块链也因此将可能重塑除货币和物联网以外的包括金融、法律、审计等众多领域的业务模式。由于受制于比特币区块链当前区块容量 1MB 的限制，以及平均 10 分钟算出一个区块的交易确认时间的限制，当前基于比特币区块链的应用仍然被限制在低频、小容量的范围内。然而，随着比特币核心协议的一次次更新迭代，最新的 0.12.1 协议实现了高频交易的闪电支付接口以及能够解决区块容量问题的侧链兼容，并且进一步提升了比特币区块链的可编程智能合约属性。这一切都为比特币产业链在应用价值上的衍生翻开了全新篇章。

区块链的进化并不是在比特世界里孤立进行的，它与原子世界有着千丝万缕的对应关系。区块链网络生态另外一个重要的发展方向，就是建立两个世界之间的映射关系，不论区块链拥有哪些核心优势，最终它都要在原子世界里落地和执行，要进行实物的交割，要进行人与人之间真实的接触，社会与国家的权力执行机构并不会消失，相反，在一个透明化的体系里，他们会更加高效率地、民主地、廉洁地参与其中。区块链创业公司保全网在这种映射关系上做了一些积极探索，利用区块链技术来实现存证、增信和鉴真的功能，在整个产业生态中，这实际上起到了"管道"的作用，有了这种"管道"，我们才能清晰地看到逐步递进的发展路径，目前，保全网已经在金融、保险、基金、财税、教育等领域有了应用案例。

4. 新型区块链创新

越来越多的技术团队及金融公司开始尝试构建一个独立于比特币区块链之外的新区块链结构。比特币区块链由于其完全的分布式、公开化，而被认为是当前最为典型的公有链。公有链是指任何人都可以读取公有区块链的数据，任何人都可以在公有区块链上发送交易，任何人都可以参与到共识过程中——该过程决定什么区块被加入链上以及现在的状态是什么。另一种结构则是联盟链，它的共识过程受预先选定的多个节点控制，它可以让每个人读取区块链数据，也可以让选定的参与者读取区块链数据，这些区块链可以被看作是"半去中心化"的。最为保守或者说更接近中心化的结构是私有链，因为向私有链写入数据的权限只被一个机构所拥有，或许在某些特定情况下公众会拥有读取数据的权限，但大多数时候只有特定的人才拥有读取数据的权限。

与比特币的公有链相比，联盟链与私有链具有很多优势：（1）由一个联盟或者公司运行的私有链可以很容易地改变区块链规则、回滚交易、修改余额等。（2）区块链上确认者的身份是已知的，所以由算力集中等导致的51%的攻击问题在这里并不存在。（3）交易费用更加低，这是因为交易只需要被几个可信的、拥有非常强大处理能力的专业节点确认，而不需要被数以万计的、处理能力有限的、偶尔不稳定的节点确认。现在，这一优势已经很明显了，因为当前比特币公有区块链处理一笔交易的费用将近交易额的1%，并且还有10分钟确认时间的限制。（4）

节点之间的连接更好，故障可以更快地被修复，所以，可以使用区块时间更短的共识算法。（5）如果对读取区块链数据的权限作了限制，那么就意味着私有链可以提供更好的隐私保证。当然，这些"半去中心化"的联盟链与中心化的私有链的优势是建立在牺牲了公有链强健的安全性基础上获得的，并且共享、共担机制的缺失也使得联盟链、私有链的建设接入成本远远高于公有链的。

但就对于许多注重灵活性和保密性的私有机构来说，私有链似乎是权衡之后更好的选择。创业机构 R3 CEV 就是联盟链应用的典型，它聚集了全世界各大跨国银行机构，从高盛、巴克莱、汇丰、花旗到东京日联、瑞穗，总计 42 家银行加入了 R3 主导的联盟链计划，通过共同开发银行间区块链金融应用，使银行间的交易更高效、更安全。同时，德勤旗下全资子公司、四大会计师事务所之一的 Rubix 也致力于为企业提供专业化的私有链定制解决方案。然而，所有类型的区块链底层基础设施都是由专业芯片公司所提供的算力。因此，区块链的创新意味着基础设施的创新。随着联盟链和私有链的普及，芯片研发企业获得了在区块链领域新的市场发展机遇，通过为企业联盟或企业内部定制专用区块链底层设施，区块链算力行业将演变为支撑起新互联网发展的 IDC。使用特定的算法开发分布式账本的专用芯片，并以这种专用芯片作为硬件支撑的分布式账本系统，可以摆脱会计依赖和内部 IT 管理的依赖，可以快速地建立公司代币系统、建立私有的数字资本账户体系，这将进一步提升企业资源调度的效率。技术变革推动意识觉醒，新型区块链的创新还有非常大的想象空间。

——本文收录于《中国经济报告》，2016 年第七期

区块链：数字世界的可信价值基础

高航　　2016 年 10 月

数字经济起源

经济行为在人类形成聚落之时就开始存在，通过针对实物的生产、分配、流通和消费，经济成了人类社会性的一种直接体现。随着科学技术的发展，经济活动的方式逐渐从有形的物理行为转变为无形的信息传输行为，信息开始在数字世界中流转，这不仅提高了生产效率，同时也创造了价值。但作为数字世界中数字经济活动的基础组成部分，数据信息仍然等待着一项技术结构来解决其信任问题。

信息发展历程

客观上，信息的形成源于变化与不同，从一个状态到另一个状态的变化过程中就产生了信息。从宇宙大爆炸开始，每一个瞬间与前一个瞬间（这里的瞬间或许超越了时间的概念）的不同变化延伸出无穷无尽的信息。然而从人类的观点来看，信息形成于传递，当一个人对外物变化的认知仅存储于他自己的大脑沟壑之中时，其他人无法察觉信息的存在。于是他通过肢体的表达、声带的振动，让其他人获得了他的认知，信息便得以传递。语言，作为人类第一种相对精确的信息传递手段，在 5 万年前就开始被使用。

大约在公元前 3500 年，人类发明了文字；公元 105 年，发明了蔡侯纸；公元 600 年，发明了雕版印刷术；公元 1045 年，发明了活字印刷术。至此基于纸张的低成本信息传输系统基本形成，跨区域、时间的信息传输成为可能。然而此时人们发现了新的问题：随着信息的复制和传播变得越来越简单，信息真伪的辨识逐渐变得困难，但基于实物纸张的信息传递系统由于具有易观察、易感知的特点，信息能够在纸张上被固化，因此确保了信息的静态化。

而近代工业革命对电与磁的发现使得人类在 1837 年到 1925 年短短 88 年间完成了从电报到电话、从有线传输到无线电通信、从收音机到电视的转变，使信息传递彻底摆脱了物理空间的限制。在可以高效率传播的情况下，信息开始动态化而难以被固化，也难以被人体轻易地观察和感知。

大数据时代

从真空管到晶体管、从模拟计算机到数字计算机，随着人类所创造机器的自动化程度越来越高，信息的来源不再局限于人类的感知与大脑，信息的传递从模拟信号转变为更加精确的数字信号。短短几十年，计算机处理器的处理能力持续着指数化的增长，越来越微小的计算芯片开始遍布人类社会。互联网连接了全球，使得信息传输与共享无时无刻不在发生，信息被拆成更适合计算机编码、更适合计算机存储、更适合计算机传输的数据。人类所处的物质世界通过人类主动输入和电子传感器被动收集的方式被逐渐数字化、数据化。

2014 年中国移动互联网用户调查（DCCI 互联网数据中心，2014）

的结果显示，当时移动互联网用户中手机等智能终端的用户比例及日均在线时长就均已超过电脑等固定终端的用户。同时美国网民在 2016 年 7 月的总上网时间中也有 69% 来自手机、平板等移动设备（comScore 公司，2016）。由于移动智能设备的普及和可穿戴设备的兴起，移动互联网已改变了信息和人的关系。随着线上支付、社交网络、移动搜索、基于位置的服务（LBS）、移动 IM 等技术的发展，用户开始在互联网上以真实身份来表现其社会角色，互联网从虚拟变得真实，用户在现实世界中的行为、思想、情感同样展现在虚拟世界中，因此线上线下的界限进一步模糊。

缺乏信任基础

线上与线下、现实与虚拟、原子与数字的边界在这个大数据时代变得逐渐模糊。数据成了信息传递的基础，而数据信息则来源于对原子世界信息的抽象、提纯、记录和展示，于是比特世界就成了原子世界的一个映射，而这个高效的映射关系却同样存在着先天的缺陷。

比特世界的电子数据可以被轻易地、无磨损地复制，复制、粘贴后的两份文件毫无差别，因此原子世界所具有的物质唯一性在比特世界不再适用。除此之外，电子数据还缺少时间的痕迹，只需要在复制文件时调整系统时间，即可伪造出两份创建时间一致的文件。随着时间的流逝，虽然电子数据的载体可能变化，但数据本身并不会变化，人们无法像鉴定物理世界的纸质文档那样通过碳十四同位素来获取时间上的先后。因此，比特世界还缺少一个真实的时间维度，电子数据易变、易改、易复制、易丢失，使得比特世界中缺乏了真正的"可信"数据，缺乏了信任的基础。

数字世界可信化

比特币与区块链价值网络

在缺乏真实性的比特世界当中，区块链技术架构随着比特币的发布被推向大众的视野当中。区块链是一种由对分布式存储、非对称加密算法、时间戳等现存技术进行有机整合，并引入算法博弈论的共识机制而形成的一套新的技术体系。

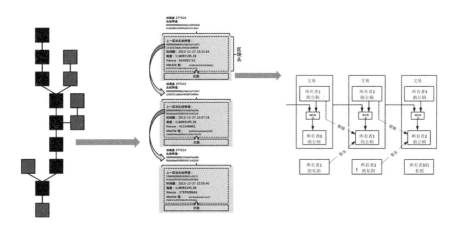

区块链结构 (Maxwell, 2014; Satoshi, 2008)

区块链，顾名思义是由区块以时间顺序链接而成的，上图中最左边即体现了区块从下到上、从旧到新的堆叠过程。通过结合算法博弈论的共识机制，区块链实现了对数字事物唯一性的认证，即整个网络仅认可黑色区块所组成的最长链条中所存储的数据。

将每一个区块的内容放大，我们在上图中间的示意图中可以看到，每个区块包含了区块头与交易信息，每一个新区块的区块头中均包含了上一个区块的区块头哈希值，也就是说新区块的"身份证号"是基于上一个区块的"身份证号"计算出来的。因此，想要改变某个历史时间点的区块内容，就必须将该时间点以后的所有区块推倒重来，而共识机制通过算法博弈论为"推倒重来"增加了成本，从而防止了篡改行为的发生。

每个区块中的交易数据包含了网络节点之间通过非对称加密进行的交易记录，下面的示意图体现出了公私钥加密所实现的有指向性支付及交易验证功能，也即实现了只有正确的人才能够获得比特币支付，而收款人也能够验证出真正的支付来源的功能。

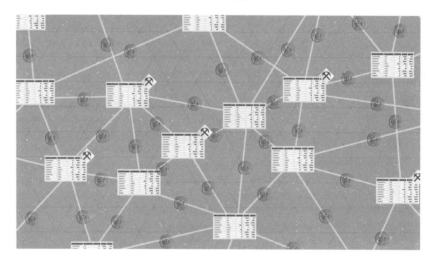

区块链网络分布式账本（Zuidam et al., 2014）

整个比特币区块链网络通过以分布式的节点根据上述机制进行共同监督的形式，实现了公开、透明、可追溯，并且保证了所有人所记录事实的唯一性、一致性，而不会被任何一方所篡改。

数据真实唯一

比特币首次实现了在无中心化对账机构前提下的防双重支付机制。传统的支付方式是通过中心化的账本也就是总行轧账机制，对所有交易记录进行汇总、同步、记录并再分发，实现了所有账户信息的统一，从而防止同一笔款项的多次支付。而比特币通过区块链架构，以工作量证明的共识机制进行分布式的记账权竞争，完成了没有中心化发币机构前提下的代币分发，也实现了没有中心化账本前提下的正确记账。

现实生活当中，信用数据逐渐变得重要起来。然而不论是银行流水、淘宝好评率，还是支付宝的芝麻信用分，都存在通过增加虚假交易数量进行"刷单"或者"刷信用"的行为，而这类行为早已形成了完整的产业链，最终导致了信用数据的失真。比特币区块链引入了一个币天销毁的概念，即通过入账金额乘以花费前滞留时间来获得币天销毁值。币天销毁值将被用于评价账户持有人的信用，更多数量、更多滞留时间的代币持有者，相较于小额频繁流转的账户将更值得信任。而通过结合可一直追溯的进账与出账记录，一个真实、完整的信用画像将更容易被塑造起来。

虽然比特币因为它的唯一性、真实性使得全世界超过 860 万人（blockchain.info, 2016）将它作为数字货币来使用，但它并非真实法律意义上的货币，而仅仅是比特世界中的一串串数据。然而与同样存在于比特世界当中的那些缺少时间维度、易变、易改、易伪造的数据不同的是，有了区块链支持的比特币是一种真实、可信的数据。

区块链架构的出现，使得原本看似无解的数据信任问题有了答案，工作量证明的共识机制使得原本可轻易被创造、改变、消灭的数据变成了需要通过付出时间与资源来获得的回报，也因此第一次使得比特世界中产生了同原子世界一样的可竞争性资源——一种有价值的数据。

现实与虚拟对应

区块链数据固化

虽然在区块链的支持下比特币成了有价值的真实数据，但它仍然是比特世界万千数据中的一种。为了构造一个具有可信价值的数字世界，我们还需要将更多类型的数据通过区块链来体现其时间性、唯一性并最终赋予它们真实的价值。

比特币区块链凭借其长达 7 年的发展，已建立了分布于全球 80 多个国家的 5229 个全节点（Bitnodes, 2016）以及数以万计的轻节点，也因此成了区块链中最为稳定、成熟、安全的分布式网络。基于比特币区块链的数据固化也将因此构建出最为可信的数字世界。

当然，以点对点电子现金系统为目的构建的比特币区块链，在非比特币的数据存储上存在一定障碍。目前比特币区块链协议所支持的数据存储主要有以下两种方式（保全网，2016）：

（1）将数据存储在币基交易中。优点是可以存储不超过 100 个字节的任意数据，缺点是只有该区块的创建者才能把数据写入到币基中，也就是说只有在通过消耗相当成本的算力挖得区块的基础上才能够获得存储机会。

（2）将数据散列运算并编码为比特币输出，然后将输出脚本的第一个操作设置为 OP_RETURN，并构造一笔交易将其广播到比特币网络上。此方法的优点是非区块创建者也能存储数据，缺点则是存储的数据极其有限，且过于频繁地发送交易容易导致网络堵塞。

为了克服比特币区块链在数据存储上的弊端，保全网在实践中以第二种方式为基础，在此之上构建了分层数据存储体系。

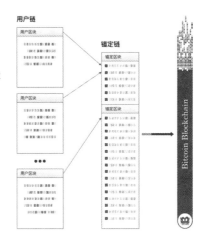

- 每个用户的数据Hash都存放在自己的用户链上；
- 每1分钟系统会将用户链上的Hash数据构造成一棵Merkle树，并计算该Merkle树的根Hash，并将根Hash存放到锚定链区块中；
- 每10分钟再次计算锚定链区块的Merkle树根Hash，将其保存到比特币区块链（我们把这个过程称之为锚定）。

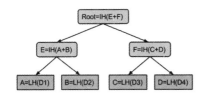

区块链分层数据存储

它在比特币区块链之上构建了一个与之相似的分布式区块链结构——保全链。由于该区块链结构是以数据存储为目的设计的，因此它突破了比特币区块链在数据存储上的限制。用户链与锚定链均存在于保全链节点中，数据输出方通过将数据进行散列算法加密形成数据指纹，并将数据指纹存储在用户链上。来自不同用户链的数据指纹通过上图左边所示意的梅克尔树计算形成一个概括性的梅克尔根，梅克尔根被存储在锚定链上。锚定链上的数据再次通过梅克尔树计算将锚定链上锚定区块的数据概括形成一个梅克尔根，将该梅克尔根作为比特币输出写入比特币区块链当中完成锚定。

这样的分层数据存储方式，通过独立构建保全链实现了在比特世界中多样化数据的固化，并通过向比特币区块链进行锚定，赋予这些数据与比特币相同的唯一性和真实性，从而为比特世界构造了真实的时间维度。

证据链真实还原

当数据的唯一性和真实性被保证，同时产生的时间先后也被固化，比特世界就自然与原子世界对应起来。在人类生活的四维空间当中，一切事物的发生都伴随着时间维度的前进而成为不可更改的历史，但在区块链出现之前，比特世界的历史却是可被轻易地更改的。因此在司法实践当中，相较于电子证据，实物证据由于其物理化学特性的稳定，往往更容易被采信。因此2012年修订后的《中华人民共和国民法通则》将电子数据新增为证据后，法律专家就频频呼吁对电子数据证据保全制度的完善，从而确保对电子数据在民事诉讼中真实性、关联性、合法性的认定（贾玉秀、张晓丽，2014）。

区块链数据固化的不可篡改性确保了数据的真实性，区块链记录的可追溯性则保障了数据证据取得的合法性，而在关联性的认定上，区块链的时间序列特性能够将数据证据构造成真实唯一的证据链条，从而为司法办案的逻辑推理提供了有效的参照标准。

今天的区块链实现了人类在比特世界的价值传递，代码和数据将被用于表达货币尺度、财产权属、信用资源等现实认知（蔡欣，2016），因此只有当现实法律体系同样通过区块链进入比特世界，为比特世界构建出一个安全的规则，才能够让比特世界成为真正适用于人类发展的新次元。

数字价值流转

区块链实现了数据的可竞争性资源化，因此作为资源的有价值数据将可被真正地用于交易。在目前的大数据交易模式当中，由于数据仍然缺乏唯一性而可被轻易复制，因此数据的出售方与交易中介方都存在着对数据进行复制，并在交易关系之外对数据进行私下倒卖的隐患。而一旦数字资源的唯一性、真实性被区块链所保证，数字资源的"双重支付"被杜绝，一个可信的大数据交易环境就形成了。

另一方面，大量的高密度、高价值数据来自政府、医院等机构，而这些数据在交易的过程中都存在着隐私泄露的问题。基于区块链技术的去中心化计算平台 Enigma 正被麻省理工学院的团队提出，以解决数据脱敏和隐私保护问题。Enigma 同样使用了类似于保全网的分层存储架构，数据层也同样仅留存数据指纹而非原始数据，从而保障了数据隐私，数据层最终也会通过锚定区块链获得数据真实、唯一和时间序列的保证。但不同于保全网的是，它将数据层也构造成区块链结构，Enigma 的数据层结构是非区块链的一般分布式网络，从而在牺牲一定安全性的前提下提高了数据接入的效率。而真正使得 Enigma 脱颖而出的是它的多方计算，极简的概念描述可类比为：你对两个来自不同匿名所有者的数据提出要计算它们的乘积，算法输出为乘积等于 6 的结果，但你并不知道这个 6 是来自于 2 乘以 3，还是 1 乘以 6，即实现了在不需要知道原始数据的情况下对原始数据进行计算，并获得所需要的数据计算结果（Zyskind, et al, 2015）。

Enigma 的隐私保密计算方式能够彻底改变大数据交易模式，数据的交易不再是针对原始数据本身的交易，而是对数据计算的接入权进行的交易（王毛路，2016）。原始数据能够永远地留存于所有人的私密空间当中,而这份隐秘却有价值的数据的计算权则能够在全互联网被交易、转让。就像所有类型的资源、资产只有通过不断流动才能够产生更大的社会价值一样，在区块链支撑下的比特世界中，当数据作为一种有价值的可竞争性资源真正实现了交易与流转时，它所支撑起的数字经济才真正地同传统经济活动一样成为人类社会进步的全新形态。

区块链作为比特世界所缺失的最后一块拼图，创造了数据信息的可信性与真实性，而也正是这份可信性与真实性，使得数据信息本身变得有价值，互联网也从单纯的信息"高速公路"变成了价值传输的网络，而建立在区块链所提供的可信价值基础之上的互联网数字世界，也因此成了跨区域全球价值链发展的新空间。

——本文收录于《中国数字经济理论与实践》

区块链产业为什么有前途

高航　　2017 年 10 月

　　区块链产业到底有没有前途？作为一直在区块链领域耕耘的科技初创公司，我们一直在思考一个问题，那就是区块链技术到底如何才能产生大规模的杀手级应用？它到底能够解决什么实际问题？这个探索的过程非常辛苦，最主要的困难是我们不应该在想象的乌托邦里去创造需求，而要在现实中取得成果，必须对现有业务进行深入的了解和渗透。举一个例子，我们曾做过一个基于区块链的电子病历解决方案，但是方案做出来以后，和某省级医院信息中心的负责人一交流，我们才发现方案根本没用，医疗是一个特殊的行业，中间涉及隐私、伦理、医生知识产权保护等各种复杂的问题。区块链产业的应用，必须要经历这种碰撞的过程，区块链绝对不是万能解药，实际上，目前的应用绝大多数也都是 POC 项目，离大规模的生产系统还有一段距离。我们认为这是行业发展的一个必然过程，但这种艰难并不会影响我们的信念，区块链产业绝对是一个有前途的方向，这个判断主要基于五点：

　　一、从信息技术发展的宏观趋势来看，去中心化技术（以区块链为代表）的发展是中心化技术（以云计算和数据库为代表）发展到一定阶段以后必然会出现的一种进化趋势。这是一种非常单纯的技术进化动力，所有从事信息产业的有识之士和技术精英都会思考和想去解决中心化系统带来的各种问题，如边界问题、管理问题、透明问题、信任问题、贪腐问题等。中心化的技术与去中心化的技术两者相辅相成，并不是相互平行的关系。以阿里为代表，当中心化系统发展到一定阶段，它的数据聚合垄断到可以完全凭借信息产业就成为世界第五大经济体的时候，它就要面临如何防范数据作恶、如何合规和监管、如何应对可能的风险等问题，此时去中心化技术是可能的出路之一。阿里要与国家建立监管互信，就必须应用区块链技术。技术就是技术，不存在哪个好哪个坏、哪个颠覆哪个的问题，不同的技术解决不同的问题，能解决问题的技术都值得我们去大力发展。

二、区块链是一种非常新的技术思想，这些技术思想里蕴含着巨大的能量。目前这种思想的应用价值还没有真正体现出来，还在探索的早期，由于应用模式还需要验证，还处于想象与试错的阶段，因此存在非常多的错误解读，大多数人对区块链的技术机理和技术思想并没有真正地理解。这个思想里面最精华的有两点，一是自信用体系的构建会推动在全球化和信息化背景下经济、贸易、金融的变革，并延伸到更加高效、更高文明的社会治理的变革中。这种变革对新兴经济体和大国（中国梦）是最有利的。二是信息价值的承载和交换。区块链装载的不是大数据，也不是元数据，也不仅仅是财务意义上的会计账本。区块链装载的是可流动的价值标记，是可证明的数字资产契约，是可验证比特世界唯一性的钥匙，是可自动化执行的智能合约代码。

三、区块链是互联网的一种新基础设施。只有完善这种基础设施，很多产业才能突破发展的瓶颈，以人工智能为例，人工智能产业要实现突破，要大规模地应用到我们的生活和工作中，第一，需要发展各种算法，这种算法会随着计算能力、数据处理能力的提升而更加社会化、平民化，不会如谷歌发展阿尔法狗那样只有顶尖的算法科学家和投入巨大的成本才能参与。这种计算能力未来一定是去中心化、快速配置、敏捷并且便宜的。这很可能会是现在比特币区块链的那种组织模式，大规模的专用卷积神经算法加速计算网络，任何人都可以接入，完善、公平、透明的利益分配和计算机制形成了专用的人工智能区块链。未来会有无数专用区块链叠加成一种新的网络协议层和算力层，这是下一代互联网的发展方向。第二，需要有大量真实的、新鲜的、可信的数据，包括静态的数据和活的数据，人工智能需要用数据"喂"出来，现在的互联网环境存在大量的假数据、伪数据、冗余数据、无效数据，数据质量低，再好的算法计算出来的结论也可能是错误的，或者是离实际应用需求很远的，我们知道了啤酒与尿布的大数据关系，其实对商场的经营并没有实质性的帮助。所有这些中心化的数据源突破边界能够被合规地使用，让人工智能能够突破人类大脑的局限，超大维度地获取数据、处理数据、挖掘数据，才是真正有想象力的场景所在。要实现这些构想，基于区块链的可信互联网和让数据如货币一样成为可流动的数据资产，都是必不可少的。

四、我们处在最好的历史发展机遇期，需要用新技术的进化来带动其他产业。区块链行业目前就能起到这种领头的作用，比特币作为一种利益激励机制，很好地发挥了财富效应的作用。任何一个新兴产业的发展都需要财富效应的推动，尽管有可能会存在泡沫，但是泡沫确实在一定程度上推动着新技术的快速进化。只有这种拥有巨大应用价值和想象空间，同时进化速度极快的新技术领域，才会成为资本的宠儿，才会吸引各种优秀人才的加入，然后才能取得突破。区块链的发展方向没有问题，值得我们为此奋斗，尤其是在中国，能够获得最大的新技术红利，同时目前国内的互联网环境确实存在极多的痛点，如互联网金融的虚单假单、灰色产业的非法数据交易和电信诈骗、电子商务领域的假货和刷单、食品安全领域的跟踪溯源问题、公众资源的不透明和暗箱操作等，所有这些痛点就是需求所在，这已经是最大的"民心"，也积累了足够的势能，一旦有成熟的模式激发出来，带来的价值会非常巨大，产业的体量也会足够巨大。这个突破能让我们提升一个代层的网络管理和信息产业能力，区块链经济是大势所趋，在区块链领域，我们与全球处在同一起跑线上，互联网不应该一直由西方国家来领导，这是我们弯道超车的好机会。

五、关于区块链与金融的关系，我们可以这样理解，区块链不是金融的分支，而科技金融是区块链的一个分支。三次技术革命中，第一次技术革命解放了体力，煤炭成为生产资料；第二次技术革命解放了距离，石油成为生产资料；第三次技术革命解放了脑力，数据成为核心资源。未来，数据是生产资料，计算是生产力。从支付宝的发展历程来看，只有通过互联网技术革命才能避开传统势力构建的强大"护城河"，错位竞争、错代竞争，国内的商业竞争如此，国际的商业竞争同样如此。防范科技金融风险和推动区块链产业发展，现在就是确立区块链经济规则最好的时期，我们不要错过这个时机。

现在，我们才刚刚触碰到区块链真正价值的边缘，如果以马克思主义的生产力三要素来进行剖析，我们会发现，在未来，数据是最重要的战略生产资料，这种虚拟的比特资源可能比石油还要珍贵，算力是最重

要的生产力，是整个网络世界最重要的发展动力。我们所有的科技产业发展都将和算力有关，算力的发展与效率关系到物联网、人工智能、基因工程等各种领域，算力的突破将给人类带来一个崭新的世界，而真正组织算力充分利用数据这种生产资料的背后，是区块链构建的分布式、高效能、可信的价值互联网络，区块链将深刻改变未来的社会关系。信任链接天下，算力驱动未来，我们拭目以待！

"数牛云"的区块链实践

高航　　2017 年 4 月

2016 年 3 月，区块链被写入我国"十三五"发展规划纲要，正式列入国家发展行动计划。今年刚刚落幕的全国两会上，区块链也首次出现在会议的议题之中。对于区块链的发展，两会送来了一股春风，可谓正逢其时。

对于区块链技术，周小川说："高度鼓励金融科技发展，但也注意和防范数字货币、区块链等技术会产生不可预测的影响。"作为我国推动数字人民币最重要的经济学家和官员之一，周小川此话说得非常谨慎。但在 2006 年的一次国际会议上，周小川其实就提出了超主权货币的理念，让人民币摆脱美元所主导的货币体系，并进一步成为超主权货币一直是中国经济精英们的一个梦想。如何让这个梦想变为现实？区块链提供了现实路径。由此，中国人民银行顺势启动了数字人民币项目，目前封闭开发中的央行数字货币也即将有所成果。

比特币作为区块链的第一大应用，最近也颇受关注。诞生于国外的比特币，在中国的交易量却占到了全球交易量的 80%。但从交易所的发展来看，目前都还处于集体"裸奔"、无人监管的阶段。就此，全国人大财经委副主任委员吴晓灵，作为中国区块链应用研究中心的发起顾问之一，则提出比特币交易应通过脱离撮合交易、竞价交易来减少其投机属性的建议。而中国人民银行营业管理部主任周学东建议："将比特币等虚拟商品交易平台纳入正在开展的全国互联网金融整治的范围整顿监管。"目前国内的交易平台也确实都在积极地进行整改。

基于区块链技术的比特币不仅间接影响了美国大选，而且中国比特币生产领域的优势，也使其成了中国出口海外的第一大虚拟商品，并在中国本地交易所整改的情况下在海外形成了高比例的溢价。因此，比特币是一个高度全球化、国际化的商品，能做到如此的比特币也得益于区块链这项底层技术。

如何理解区块链

我们可以从两个层面来理解它。

1. **区块链本质上创造了虚拟世界的唯一性**。电脑上的电子文件可以随意拷贝、随意复制，一旦有人在互联网上将电子文件发出，人们就很难再分辨文件的真伪。那么，在无法分辨真伪的互联网虚拟世界里，如何创造货币呢？货币的本质属性就是要求不可伪造、不可复制、不可双发。区块链就是把几种成熟的 IT 技术巧妙地组合在一起，区块链给出的解决方案是把数据打包成块，然后绑定时间。其中的关键点就在于时间，时间的校准是比特币"挖矿"产业最核心的技术，如果时间校对不准，比别人慢 0.1 秒，那就永远不可能"挖"出比特币。把这些数据块用不对称加密的方法首尾相连，就形成了一条数据链条，一旦这个数据块里记录的内容被更改，后面的链条随即断裂。P2P 模式就是通过进行数据广播的存储，以确保每一个节点都有完整的总账，一旦全网广播，数据就被永久固化。此时要用数据库 update 或者 delete 的方式替换整个链条就完全不可能了。所以，区块链构建的数据库是不允许更新和删除的。比特世界的唯一性得到确保，就可以和原子世界建立其一对一的映射关系，就可以把原子世界中资源的竞争性关系引入到比特世界中来，这样一来，区块链技术就创造了比特世界的竞争性资源，这种资源是唯一的、稀缺的。目前，货币就是区块链技术最主要的一种应用。

2. 区块链是人类思维等级提升的结果。 国内很多早期的区块链研究者对于这项技术都有一个共同的体会，那就是意识的觉醒。在某一个阶段，特别是在研究领域，研究人员的意识会突然打开，思维方式突然发生改变，这是一种很奇怪的现象。举一个例子，古代清政府是内陆思维，一心想着内陆的事，举全中华之物力，结与国之欢心，长期实行闭关锁国政策，"夜郎自大"；而欧洲列强和日本都是海洋思维，提倡开放，不断地向外拓展自己的势力范围，这就是民族与民族之间思维等级的差异。区块链本质上是一种账本，是一种记账的方式，是一种全新的处理记账权益的思维方式。记账是人的一种基本权益，如果仔细分析，我们会发现，这个世界就是构建在一个账本上的，个人的账本、公司的账本、国家的账本全都记录在一个账本上。区块链的思维角度是地球的账本，是全人类共享的一个基础账本，开放、共享，任何人都拥有自由查询这个账本的权利。为此，我们把用区块链思维方式构建的互联网称为价值互联网。这是互联网的一种进化方向。在价值互联网上，今天流行的一些互联网模式将会有非常大的改变，如靠假票房、假流量、假评价获得利益会变得很难。从价值互联网的角度思考比特币，我们会发现一个非常有意思的现象，就是可以将比特币假想成世界上最小的宏观经济模型，这个模型制定了一些简单的规则，却幻化无穷、高速进化。区块链是人类思维等级提升的结果，这种思维方式将对人类生产、生活方式产生十分深远的影响。

区块链行业的三个误区

1. 用去中心化的思想解决去中心化的问题。区块链是通过去中心化来建立公信力的，其技术发展建立在中心化技术高度发展的基础之上。现在很多人都说区块链是颠覆性的，区块链也确实具有颠覆性的效果，但它是渗透式地进行颠覆，而非另起炉灶。所以在技术进化的方向上，更多的是区块链+，而不是中心化解决中心化的问题、去中心化解决去中心化的问题。

2. 换股模型行得通。有家中国交易所提出，要做中国第一家去中心化的股权交易所，理由是纳斯达克也有这样的股权交易所，他们找数牛科技这样做过成功案例的公司，来帮助其构建平台。这个想法的初衷是好的，但用区块链技术构建一个强监管下的去中心化股权交易所这条路，在当前的中国体制环境中没有通路。这种换股模型行不通，除非中心化与去中心化两者进行融合、叠加，才有可能渐进地实现。

3. 无监管便可任意作为。比特币的区块链在早期确实是由一群无政府监督的极客凑在一起发明的，有着野蛮生长的历史，无人监管、任意发展，于是出现了传销、诈骗等市场乱象，这是法律所不允许的。对此社会必须保持高度的警觉。也正因如此，不论是周小川、吴晓灵、周学东，还是中国人民银行与各地金融办，都对比特币交易的监管规范化如此关注。

"数牛云"的区块链实践

在互联网金融领域，数牛金服旗下的浙金网做的一直是政府信用资产。对于政府信用资产来讲，越干净，越安全；越透明，越安全。怎样才能构建一个安全透明的体系呢？数牛金服团队为此进行了大量的区块链技术运用，把所有的数据节点全部进行存证，然后通过第三方，通过区块链，构建一个高度安全透明的交易体系。我们为此率先运用了可信电子凭证，国内第一份区块链电子公证书在数牛金服诞生，第一份区块链司法鉴定意见书也出在数牛金服。

在浙金网运营的过程中，数牛金服花了大量的成本来建立公信链，这个成本至少在2000万元以上，但是用户对此并不了解，因为用户没有专业的能力去感知，于是数牛金服就寻找一种方式让用户感知。比如，我们申请了某种资质，通过了国家的某种认可，建立了银行的存管，所有做的这些全部链接起来，到最后我们才发现，通过国家系统来走现在仍无法实现，因为中国治理的体系是垂直体系，横向通道无法打通，作为一家企业更没有力量来实现。所以我们就尝试通过区块链技术，用区块链式打通司法鉴定的方式，将所有的证据都组合起来，然后汇编成一个统一的入口，让用户能够感知。

在数牛金服的实践当中，从解决用户的实际问题出发，将所有的区块链有效实践与应用打包变成一种技术输出，然后在技术输出的过程中做出一些实际案例，并将这些技术输出汇总成一个数据，这就诞生了"数牛云"。"数牛云"是数牛金服旗下的一个科技云平台，它是一种区块链服务平台，所有和区块链有关的技术应用都组合在这个云里面，"数牛云"目前涉及的领域包括直销银行、联网金融营销服务、PPP项目运营、资产证券化、大数据等。

公司团队已为山西股权交易中心、北方工业股权交易中心、台州金控集团等提供整体业务平台建设、运营、维护等服务，并为宁波股权交易中心、贵州中黔金融资产交易中心、海口农商行、琼中农信联社、山西金融服务平台提供系统建设咨询服务。

"数牛云"将不断拓展区块链与金融科技应用的场景和外延，为各类中小微企业打造业界领先的企业级金融云平台。

——本文根据数牛金服总裁高航在银江2017合伙人大会上的演讲录音整理而成

我们正在经历第三次世界经济全球化

高航　　2017 年 10 月

新的生产力三要素

马克思认为，随着新生产力的获得，人们会改变自己的生产资料（即生产方式），继而也会改变自己的一切生产关系，这是原先的社会关系。如果将这样的社会关系映射到科技大爆炸的现在——区块链技术产生以后，在区块链的世界里，生产力的三要素则发生了变化——算力是新的生产力，数据是生产资料，价值互联网则是生产关系。

这里引出了算力的概念，什么是算力呢？狭义地讲，算力是指以比特币为代表的数字货币的密码运算能力；广义地讲，算力是整个比特世界信息与数据的处理与运算能力。

如果将算力从区块链经济里拎出来讲，那么比特币是算力金融第一个成功案例，而区块链应用的范畴更为广泛，科技金融是区块链的一个分支。

虚拟世界的唯一性让数据能转变成资产

数据要想有价值，就需要像货币一样流通起来。而算力的组织形式、运算速度的优化，是数据流通的两个基础条件。

人工智能需要大数据的驱动，而大数据交易的现状，使得数据流通工作举步维艰。关于大数据交易的痛点，我总结有以下几点：

1. 知情同意授权难度大。现有的大数据中心大多会对数据做留存，事实上，对数据做留存在法律上会遇到障碍——我国颁布的《中华人民共和国网络安全法》中明确规定，涉及个人隐私的数据，必须获取知情同意授权，而这通过原有的基础设施是无法实现的。

2. 数据权益的保护难度大。目前大数据面临的最大挑战是如何突破数据孤岛。现在的数据库都是中心化管理模式的。我们知道，如果数据可以留存，那么数据的价值也就减弱了一半，因为大家都想得到数据，却不想分享数据。

3. 数据必须是新鲜的、真实的、活的。数据交易是管道式的交易，我们需要将很多中心化的系统进行链接，让数据像货币一样流通起来，这种去中心化的系统一旦建立，就是一个非常大的社会治理工程，会让我们能想到的产业（如人工智能、基因工程产业等）都发生质的飞跃。

对于数据共享难、数据流通难的问题，区块链首先可以将数据进行确权，其次可以将数据变成资产，人们不用担心因为留存的问题而使得利益受到损害。数秦科技搭建了一款基于区块链的大数据可信流通和管理工具，利用区块链技术特点对数据流通进行授权管理、流程监控，为流通数据的不可篡改、隐私性、安全、质量可控构筑了前提，有效激发了内外部数据的全面配合，促进了流通的繁荣，实现了价值的转移，构建了诚信可靠的互联数据网络。

区块链使得货币、贸易、金融的元规则发生了改变

关于元规则的改变，我以"支付宝与 The DAO 的对比"为例进行阐述。支付宝是第三方担保交易平台，遵循的依然是机构中介参与的三角关系；而区块链众筹项目 The DAO 在短短 28 天时间里，有 20000 多人、40 多个国家参与，众筹了 1.5 亿美元，之所以能创造这样惊人的数据，是因为区块链实现了信任关系从机构到技术的转移，将三角结构转变成点对点的结构。随着基础设施的完善，这种规则会不停地演化下去，从而使得商业模式发生巨大的变化。

我们正在经历第三次世界经济全球化

第一次经济全球化浪潮出现在十九世纪后期到二十世纪初的大航海时代，最后被第一次世界大战打断。国际贸易的繁荣和国际资本、劳动力的大规模流动成为这个时代的特征。它成就了荷兰、西班牙等国家，演化了殖民时代，形成了英国这样的帝国，从而彻底改变了世界的格局。

第二次经济全球化是在第二次世界大战结束之后，这次浪潮在宏观上的体现是以美国实力支撑的国际金融和国际贸易体制，在微观上则是跨国公司，尤其是美国跨国公司，一直活跃于世界经济舞台。除了美国以外，我们中国也是这次浪潮的受益国，义乌小商品市场、互联网的崛起都发生在这个时代。

随着区块链的诞生、发展，世界空间相对变小，信任将变得简单，这种变化不论是对我们这些区块链创业者，还是对我们的国家来说，影响与意义都是非凡的。在信息互联、价值互联时代，我认为区块链

将是第三次经济全球化的"代言人",我们相信在这次浪潮中,一定会产生更有价值的公司。

从社会成本论区块链的共识价值与未来

高航　　2018 年 6 月

比特币的创世区块是一个起点，到今天，比特币区块链已经运行了 9 年多的时间。在这 9 年多的时间里，它没有出过一次错，没有宕过一次机，目前算力规模已经超过 30000P，这是一个奇迹！ IT 技术发展到现在，还没有一个人造的系统具有这样的属性。它是去中心化的，也是自成长、自激励、自运营的。人类在维护这个网络，在推动它扩张，但是单个的人或者组织不能主导或者控制这个网络，它与人类是平权的。

很多人会质疑，比特币网络消耗那么多的能源却只是在做简单重复的解密运算，这样做是否有意义？ "矿工"们的行为是单纯的投机，还是理性的新经济模型？我也问过自己很多次这个问题，我觉得对于这种全新的事物，我们至少要从正反两个方面来进行思考。

从反面来解读，比特币网络的耗能之巨确实是不科学的。今天比特币的算力规模，每年需要消耗 200 亿元左右的电力资源，而比特币网络的记账容量，极限也就是每年 2 亿笔记录，这也就意味着，每一笔记录平均需要消耗 100 元的成本。显然，这并不经济。同时目前比特币网络 10000 多个超级节点、30000P 的算力已经能够确保这个分布式账本的安全性了，节点的增长与算力的增长并不是同比例的，当算力达到动态平衡的时候，未来再继续扩张就失去了现实意义。

从正面来解读，我们把比特币和法定货币进行对比。从社会成本的角度看，军队的开支、执法的开支都是法定货币的社会成本，进一步来说，所有 IT 的投入、会计的投入、监管的投入、清算审计的投入都是维持整个金融系统赖以运转的社会成本。其实，金融系统的运行成本，远远超过我们的想象。而从比特币的设计来看，它构建的自信任体系、它的 UTXO 记账机制，单从"交易即清算"这一个特性来看，就对传统的金融系统具有足够的颠覆性。这种去中心化的设计思想，能够大大降低人类社会各种互不信任的中心化系统的协作成本。最让我们受到启发的是，比特币系统让整个地球上的人，不分国家、民族、语言、文化、信仰，都能够认同一串数字，它是唯一的，它是有价值的，它是可以用来作为交换的载体或是现实资源配置的工具的。而达到这样一个目标，它依靠的不是战争，不是霸权，也不是西方金融家或者政治家们的精心谋划，技术改变世界，从没有哪一刻如今天这样让极客和程序员们如此兴奋，我们完全可以下这样一个结论：比特币的区块链网络是人类文明史上第一个用最低的社会成本构建出来的超大规模的协作与共识系统。

协作与共识是理解区块链技术最重要的两个词，从 2017 年年初开始，区块链成了互联网圈与投资圈内最热的一个名词，然而到目前为止，除数字货币和 ICO 外，并没有出现能够产生大规模用户的商业应用场景。从数秦科技这五年的实践来看，区块链的应用要能够落地，要把除炒币以外的价值开发出来，定位非常重要，并不是所有的事情都可以区块链 + 的。从 IT 的架构来说，区块链不可能无所不能，对创业者来说，也更不是沾上区块链的概念就能够轻轻松松地实现财富自由的。中心化和去中心化千万不能混为一谈，更不能用去中心的方式解决中心化的问题。很多银行在实践了区块链的 POC 项目之后，都给出了效率低下、无法落地的结论，实际上在一个中心化的框架里去强推区块链的项目意义不大。我们认为，区块链应用一定要满足超限和跨域的特征，否则它的价值就体现不出来。所谓超限和跨域，就是要超出中心化的边界，建立更大跨度的协作，比特币可以在全球范围内进行转账，以太坊可以在全球范围内进行众筹，相对于传统的金融机构和资本市场，它们都符合超限和跨域的特征。我们在做区块链的解决方案时，首先思考的问题就是为什么一定要有区块链。我们的视野一定要更加开阔，这样才能真正挖掘出区块链非货币类杀手级的应用价值。

区块链应用的发展，至少还需要突破三个至关重要的瓶颈。

第一，需要进一步完善基础设施。 如果我们把公有链想象成一座桥，那么联盟链就更像是桥墩。推动联盟链的建设是非常有价值的，只有把这个基础设施完善了，公有链上才能产生新的应用、新的场景。目前最大的技术难点就是安全高效地实现跨链协议。此外，联盟链的竞争本质上就是现在互联网入口的竞争，谁拥有更多的基础设施，谁就能在链网的商业环境中胜出。

第二，虚拟世界需要建立新的秩序。 在虚拟世界里同样也不是为所欲为的，由区块链构建的价值互联网，更加需要现实当中的社会规则以及司法体系的认可和加持。智能合约，不论再怎么智能，它本质上还是合约，现实当中的合约，有《中华人民共和国合同法》的保护，有契约精神的约束，有商业环境的正向激励，人类对于合同形成的共识也是在文明的长期发展中逐步成形的。未来在价值互联网中同样也需要完善这样的秩序，它绝不仅仅只是"代码即是法律"那么简单，这也是我们目前行业的一个共识，在复杂的人性面前，价值互联网更是一项社会工程，否则骗子团伙和传销集团就有可能提前毁了这个进化的方向。目前在这个方向上，我们在保全网的发展中坚持了四年的艰难探索，也取得了很多有建设性的成果。

第三，以明确的规模边界来开发应用。每一个区块链系统都是一个共享与连接的生态，区块链创业者一定要有精准的定位，要找到合适的规模边界。这个规模不能太大，否则成本太高，因为我们知道共识是稀缺的，也是有成本的；规模也不能太小，否则它就失去了超限和跨域的特征。新技术的落地需要一个长期的新陈代谢过程，目前大量的ICO项目，其核心的工作目标就是撰写白皮书和到交易所炒作TOKEN。在这个虚拟的、没有边界的世界里，看起来海阔天高，各种空气币都会有市场，但实际上竞争已经非常激烈了。在发展的过程中，我们发现了大量非常有价值的、能够落地的切入点和创业机会，期待有更多的技术创业者投身到这个领域，能够耐心和执着地去推动应用落地，我们的区块链产业基金将非常乐意参与种子期的投资。

在区块链这个领域创业，我们一定要多看中国。我们的祖国是一个复杂多元的大国，具有非常典型的大国效应。在这种效应中，受制于原有的物理技术与社会技术，我们国家治理体系的纵向效率特别高，但是横向效率就相对较低，我们很多的社会问题、市场矛盾和用户痛点都和这种横向效率低有关。有痛点就有市场，在这样的市场需求面前，区块链将大有用武之地，所以中国将是区块链行业发展最重要的舞台。撸起袖子加油干，不要错过这个黄金时代。

展望一下更远的未来吧。在未来，计算能力将是最核心的生产力，数据会成为最重要的生产资料，一部分人的智慧会转化为算法，而区块链就是重新配置算力、重新调度数据资源和重新组织人类智慧的一种全新的社会关系。在这种全新的社会关系下，原子世界将会和比特世界进一步融合，新的商业模式将会进一步涌现，所有有价值的资产都有可能Token化，而数据交易、算力共享、算法分享将进一步释放人类的创造力，更大规模的协作将创造出更伟大的科技成果。

品读普洱人生——高航

《鸣金网》美嘉、小詹　　2015 年 10 月

茶不过两种状态，或浮或沉；人也不过两种姿势，拿起或者放下。人生如茶，或浮或沉，所谓品茶修心，修的不过是一种面对浮沉能够拿起放下的心境。拿得起琴棋书画的优雅，放得下柴米油盐的淡泊，上不上高楼，都能沏一壶茶静坐，道"天凉好个秋"。

秋日的早晨，在浙金网的办公室里与 CEO 高航的一番畅谈，让小编不禁感慨：现如今，他的人生正如那沸水中的普洱，历经几轮浮沉才散发出沁人的清香——少年时期的茫然、青年时期的拼搏，早早迎来了人生的收获期。苦尽甘来、芳香四溢，其实源于他内心的那壶"开水"——积极向上的心态。

第一道水，洗去了茫然

1977 年，高航出生于杭州的一户政工之家。他是家里的独子，祖父、父母都是老共产党员，而他，自小就非常独立。

都说棍棒之下出孝子，"我们家是典型的慈父严母。"高航说。每当叛逆时，老爷子就会给他写封书信，久而久之，书信就成了他和老爷子之间的沟通渠道。在往后的日子里，写日记成了高航坚持近二十年的习惯之一。

大学毕业后，高航的第一份工作是在一家传感器公司做技术售后。他用了一年的时间，跑了大半个中国，为了节省时间和开支，他出差都是晚上坐夜班车去，白天办事。高强度的历练，使他积累了丰富的社会经验，快速成长起来。

虽然他的志向是成为一名工程师，但父母希望他去机关工作。受家庭的影响，一次偶然的机会，他听说财税局正在招聘计算机人才，便参加了考试，最后以第一名的成绩被录取。自此他与财税信息化结下了不解之缘。

学以致用，他将所学的专业用于工作，全身心投入到财税信息化的事业当中。期间，他参与了浙江省财政、浙江省地税大大小小几十个项目，最让他引以为傲的是，浙江地税信息系统《税友龙版》分别在 2006 年、2012 年获得了浙江省科技二等奖，而他个人也因此荣获三等功。

随着年龄的增长，曾经被视为铁饭碗的机关工作，在他看来，已没有太大的发展空间，而创业的梦想之火却开始熊熊燃烧。他提出了辞职，却遭到全家的反对，纠结、困惑时，年迈的老父亲却说了："去做你想做的事情。"正因为老爷子的支持，高航说服了其他家人，顺利离职，奔向了创业的广阔舞台。

第二道水，沸腾了青春

有人说，只有万事俱备才可以扬帆远航；也有人说创业靠的是勤奋、毅力，然而支撑起他的创业之路的是技术基础。2013 年，随着全球化的民主金融意识的觉醒，数字货币这一种新生事物逐渐进入广大网络用户的视野中。它的出现，为创建一种开放、透明、全球化的新经济体系带来了突破性的创新。虽然，作为新生事物的数字货币本身还存在很多弊端和不确定因素，技术上也有很多瑕疵，但高航相信，当数字货币的技术思想发展到一定程度时，它必将影响和冲击现有的金融体系。

基于这种憧憬，他和几个小伙伴一起创办了壹比特，作为公司的CTO，迎接他的是一个又一个的挑战。"早期阶段，我最初的想法就是靠自己的努力改善生活品质。"在此期间，他也一直在虚拟的网络世界里扮演着极客的角色。和许多创业团队一样，从网站的设计到运行，从一个想法真正实施到落实的整个过程中，他们经历了快速的成功，经历了完全从 0 到 1 的创新突破，也经历了多个项目的失败，然后总结，寻求新的发展方向、新的视野、新的资源……在数字货币剧烈的行情变化中，高航也在思考创新金融的理想到底应该如何才能真正解决实际问题，如何才能真正创造出社会价值。

2014 年 8 月 8 日，成立 P2G 项目调研组，10 月份，创办了数牛金服，12 月 5 日，浙金网平台正式上线公测。曾经的壹比特团队也因为浙金网这个项目完整地保存下来，并快速发展到现在上百人的规模。这一切并非仅仅是远见，而更多的是时代的驱动，当然自己也要足够勤奋。

第三道水，融入了责任

是金子总会发光的。在互联网金融快速发展的热潮中，高航经历磨炼，提前迎来了第三道水，茶香浓烈绽放。壹比特的转型给了高航更多的思考。

2014 年，全国 P2P 行业在爆发式的发展之后，迎来了快速洗牌，平台的安全、信用等各种问题受到了人们的质疑。从长远来看，互联网金融才大潮初起，难免泥沙俱下，但处于鱼龙混杂、良莠不齐的情况下，

P2P 平台的发展空间将受到限制。

当人人都玩 P2P 时，浙金网独爱 P2G。2015 年 7 月 19 日，浙金网联合浙江乐创投资管理有限公司（乐创会）正式召开乐创资本战略入股数牛金服 - 浙金网发布会，率先提出 P2G 互联网金融创新模式，并把这一模式付诸实践，通过搭建民间资本参与政府民生项目的中间桥梁，为投融资两端提供传统金融业所不能及的高效率、低成本的优质金融服务。浙金网在鱼龙混杂的 P2P 平台中独树一帜，开辟出一条可持续的互联网金融发展之路。

与其他类型的 P2P 模式相比，P2G 等同于把投资项目由个人项目和企业项目置换成了政府直接投资、政府回购、国企保理以及其他有政府信用背景的项目。这里所说的"G"，它的资产本质上是直接投资，是实体经济当中的基础建设和民生工程部分，包括造城、筑路、治水等。浙金网的商业模式就是基于这种思考诞生的：P2G 作为 P2P 的垂直细分领域，引入 PPP，可谓是水到渠成、完美融合，这座搭建在政府项目与民间游资之间的桥梁，既满足了让金融扶持实体经济的需要，也符合了普惠金融的理念，造福于民。

我们一直诟病银行在选择客户群时一味选择高净值用户，但不可忽视的是银行的风险管理机制是比较完善且合规的，换言之，银行对于风险的承受能力远比一般金融机构的要强。不经有人会问，我们平日接触的那些平台所鼓吹的风控真有那么神吗？

浙金网的风控核心分为三个环节：资产的风控、平台的风控以及技术和数据的风控。

在资产的风控上，政信资产由政府下文，明确债务人，针对不同的项目做好尽调，还有双 A 级国有企业担保。另外，根据自身经验，高航还总结出一套经验风控 - 资产配比理论： 当所涉及的资产配比占据一个合理的比重时，P2G 的资产将作为整体项目的一部分，而非将整个项目转化为产品，来承担整个项目的风险。

平台的风控机制，首先要看平台没有资金池，其次要看资金流与信息流完全匹配的透明化运作机制。浙金网是行业中首家提出司法存证概念的互联网金融平台。

技术和数据风控则包括生物探针、数据指纹、大数据分析以及对黑客的防范。浙金网拥有自己的安全团队，为打造一个让投资人放心的、靠谱的平台而不惜投入重金。截至目前，浙金网成交额已经突破8.6亿元。下一步，平台将与银行合作，实现资金全面托管，也会是最早一批实现银行全面托管的平台之一。

成功的背后却也少不了整个团队的努力和付出。在前期创业最为艰难的日子里，队友的不离不弃让他万分感激，在外界看来，这个草根团队并没有太豪华的履历，但在他心中，这个团队就是他生平最为宝贵的财富。

第四道水，沉淀人生

说起他事业上的成功，自然不能不提及他的妻子和家中的 4 位"元老"。按他的说法，军功章里也有他们的一半。谈及妻子，一抹微笑不经意地挂在高航的嘴角，他透露，妻子曾是他的同事，同样出于体制内。她特别体谅他，做家务、带孩子几乎全包揽，为的就是让他能全身心地投入到工作中。

不同于别的茶贵在新，普洱茶却贵在陈，岁月的冲刷、时光的积淀，让这杯普洱茶香气独特、滋味醇香回甘，也许高航的人生还没有迎来人生的第四道水，但可以知道的是，这道水已然充满了茶香，甘甜而又回味无穷。

普鲁斯特问卷

1. 你最珍惜的财产是什么？

   团队

2. 你最喜欢的职业是什么？

   投资人

3. 你最喜欢女性身上的什么品质？

   坦诚

4. 你最看重朋友的什么特点？

   成就他人

5. 你目前的心境如何？

   还挺淡定的

6. 什么事让你觉得最快乐？

   陪儿子爬山

7. 如果你可以改变一件事情，那会是什么？

   多点时间休息

桥

高航　　2018 年 6 月

　　我和老寿认识至少有 16 年了，他比我大一岁，也比我高一届，我们是老乡，也是校友，又在同一年加入了青联。团市委领导下的青联是我们内部交流和外部连接的一个非常重要的节点，它非常符合现在流行的互联网创业社群私董会的特征，同时又带有一些官方的属性。当时，我和老寿在不同的领域创业，他做金融，而我是一名个人站长。老寿擅长演讲，喜欢高谈阔论、谈经论史，慢慢就成了青联社群的意见领袖，而我是青联中少数懂技术的委员，经常和大家分享各种互联网商业模式和技术方案，也逐步成了这群青年企业家们的技术顾问。

　　我和老寿都算白手起家，那是我们创业最早期的阶段，在一个小县城中，我们各自创办着一家小微企业，两个不停折腾、好奇探索着外部世界的少年，一个写文章，一个写代码，我们相互吹一些牛，也一起书写着诗和远方；我们就像是在小池塘里的两尾小鱼，生存空间狭小，创业的项目都很微小，但是在思想上却有着非常多的共鸣，都非常饥渴地捕捉着外部的信息，都在努力拓展着视野；我们在各自的领域里修炼，但互通有无、互相应和、互相鼓励，也见证着彼此的成长；我们内心深处都有着狂野的欲望，都期待着有一天能够鱼跃龙门、纵横四海。

　　我和老寿的第一次合作，是在 2003 年的夏天，老寿构想了一个叫"临安财富网"的网络，希望解决本地中小企业银行贷款和转贷资金的信息交换问题，我帮他开发了这个网站，这就是我们的第一次合作。现在回过头来看，这也可以算是互联网金融最早的雏形吧。浙江民营经济发达，并且一直处在高速成长期，但是很多工厂主并没有应对经济周期性调整的经验，当时就有很多非常好的企业因为资金链的问题而倒闭，对于银行只会锦上添花、不能雪中送炭的弊端，老寿的构想实际上正中其要害，但是我们要获得的信息成本太高，而能够让我们腾挪的空间也太小了，老寿的构想过于超前，这个网站因为各种原因而终止了运营。

但是在这一次合作中，我们第一次确立了"桥"的思想。老寿说："你做网联网，我做金融，我们都有一个共性，就是都在建立一座座桥梁，让信息和资金能够流动起来。如何让信息流和资金流突破各种瓶颈，畅通无阻地流通将是我们未来最重要的使命。"一语成谶，现在回想，这个思想真的是我们后来事业能够取得突破最重要的思想根基。

思想的启蒙对人的一生会产生非常重要的影响，而这种启蒙往往不是通过课堂的学习获得的。有一个网红老师叫李永乐，主要讲数学和物理，他讲的知识并不高深，很多都是书本上的基本知识。有很多同学在上学的时候不认真听讲，觉得他讲得没意思，但毕业后，反而愿意来听他讲课，为什么呢？关于这个问题他有个总结，他认为原因就在于他愿意下功夫把书本上的知识重新进行编排，把科学知识和生活中的实际事例联系起来，通过一种新的方法，来通俗易懂地讲给大家，让大家能够搭建起一座桥梁，明白深奥的科学知识在生活中是有用的。这种能够起到桥梁作用的课堂，自然非常吸引人。那些在传统学校环境里不爱学习的人，往往就是因为他还没有找到适合自己的桥梁。

我们今天能够在行业中取得一些成绩，最重要的一个原因，就是我们在正确的发展方向上，做的都是"架桥"的工作。浙金网能够成功，离不开创始人团队持续不断地学习，在"架桥"的过程中不断地填充着自己的知识库。转换时间轴、转换场景、灵活运用思考和实践的成果，这成了我们团队能够在区块链和科技金融行业立足最重要的元认知和元能力。今天我和老寿品茗对谈，笑对风云变幻，动静自如，且对未来充满自信，也是基于这种认知和能力的。我们赞叹这世界的精彩诡谲与波澜壮阔，也对过往的成长唏嘘和感恩。而这一切，追根溯源，都是因为那一场关于"桥"的讨论。

关于"桥"，还有另外一条脉络。我的祖父是一名木匠，有着一手好手艺。他的青年时期，正处于我们国家沧桑巨变的时代，他经历了近代史上几场著名的战争，新中国成立后，他加入了铁路部门，逐步成长为一名工程师，抗美援朝时，他参与了鸭绿江大桥的建设，战争结束后，在祖国的大好河山里，他参与建造了很多很多铁路与桥梁。我的父亲，跟随着祖父的步伐，也加入了铁路部门，他漂洋过海，参加了中国援助非洲项目"坦赞铁路"的建设，回来后还作为援非代表受到了周恩来总理的接见。对他们来说，这亦是一段雄阔的历史。**而我也在今天的比特世界里，努力构建着价值互联网的"桥梁"，希望在这个信息不对称的世界里，建立透明、高效的资金流和信息流的"桥梁"，通过资金流和信息流的有效交互来实现资源更高效的配置。**祖父在战争年代，父亲在改革年代，而我所在的是创新年代，我们三代人都是"架桥"人。

从 2014 年创办数牛金服，到 2016 年创办数秦科技，老寿和我一起谋划、构建了一个更加立体的"桥"系统，这个体系的核心就是"桥"

的价值观，**桥是利它的，桥是共享的，桥也是相互成就的，封闭自守不成桥，自私自利不成桥。这其实也是区块链最核心的思想，区块链技术可以让我们以更低的成本、更高的效率建立起更复杂、更大跨域的"桥"系统。**我们坚信在这个系统中，将会诞生更加伟大的企业，这份事业的愿景，使我们迸发出更强烈的战斗激情。回首过往，从两个懵懂少年，到如今横刀立马，写于文末，赠语老寿，一个新的舞台刚刚拉开序幕，老战友，走起！

第五章 诗与远方

> 选择了十五首诗歌，其实也不算是诗歌，只是某个特殊时点我内心的呢喃与嘶哑的叫声。谁没有年少轻狂的时候？谁没有被岁月坑过？谁能饶得过岁月？阴雨之后见彩虹，狂风吹过见阳光。忽然发现，不管到什么时候，我仍然是那个怀着诗歌梦想、骑着小白马、穿着一身白袍的江南少年。
>
> ——寿星林

雨天的下午　　　　　冬季提前来临

像唐诗一样生活　　　我就是那个人

曙光路上　　　　　　不敢说出我爱你

飞翔的咖啡馆　　　　盔甲

莲花　　　　　　　　我喜欢你的夸奖

瓶子　　　　　　　　想去旅行

微笑　　　　　　　　与你同行

台风即将到来

雨天的下午

寿星林　　1996 年 3 月 18 日

油菜花盛开的柔和的下午

你的倏然出现古老如斯

但我已学会平静

你偶尔走动

常常心绪安宁地沉默

我的目光越过雨天却无法沿着你的温柔

一闪即逝

不能爱上你

我说不看你，但一次一次被你说服

其实你只偶尔走动

且心绪安宁地坐在下午里

于是我逸出

面色苍白地温习刚刚学会的平静

一些隐隐作痛的、虚伪的表情

让我感到后悔

雨天的下午

油菜花盛开的柔和的下午

你偶尔走动

常常心绪安宁地沉默

像唐诗一样生活

寿星林　　2012 年 1 月 7 日

唐诗如同一轮照耀我们的明月

我们是月光下的孩子

当明月照松间，石上生清泉时

当天上一轮刚捧出时

所有的惊艳都在这一刻涌出

在唐诗以后，是否有唐诗一样的生活

在唐诗以后，生活是否像明月一样朗朗

好多人，像我一样，会背唐诗

满怀敬意于那个朝代

渴望有王勃一样的思绪，共长天一色

梦回李白一样的豪情，轻轻渡过万重山

曙光路上

寿星林　　2010 年 5 月 11 日

在曙光路上的 SEVEN

我告诉旁边的一个陌生人，我准备醉酒

然后放纵地站在吧台上舞蹈

我计算着，一定要在醉了的时候

痛骂一回道貌岸然的如来

然后厮打角落里那枚难看的椅子

酒入柔肠，从心底开出一朵温暖的花

有人拍拍我的肩膀

你这厮，还没醉呢，为什么哭

我想，这人必定是醉了，

我的眼里只是落入了一粒沙子

清洗剑器的泉水，荡漾出温润的种子

在春夜，曙光路，SEVEN

我问边上的陌生男人，晓得我回家的钥匙在哪吗

知道我的车停在何处吗

飞翔的咖啡馆

寿星林　　2008 年 4 月 28 日

下午，在南山路的咖啡馆停下来

我像一只疲倦的大鸟

时而清醒，时而糊涂着

连触手可及的爱情也熟视无睹

情愿这样麻木着，仿佛仍然在期待

这是一条陌生而熟悉的天路

我像一只疲倦的大鸟

我总是走错方向，走错路

我总是很奇怪，为什么每次路过这里

导航就会失灵，心情就会流放

下午，在南山路的咖啡馆停下来

我像一只疲倦的大鸟

好想，轻轻地倒下，让你的发丝掠过我的眉

让美丽浸湿我的思想，如红酒般

把醉人的醇香铭刻在我永恒的记忆中

总是一开始就想放弃

总是放弃了又心碎神飞

总是在面对一切的时候，轻轻飘然而去

总是喜欢悲剧的开始、喜剧的结果

总是喜欢给自己讲故事、给你讲故事

总是在一个微雨的清晨，悄然而逝……

下午，在咖啡馆

我像一只疲倦的大鸟，虽欲振翅

却难以高飞

心中期待着蓝天

身体拥抱着土地

在奄奄一息中，期待

期待着飞翔的咖啡馆

莲花

寿星林　　2010 年 5 月 11 日

每天从你身边走过

我只能远观你娇艳的身姿

几乎要触摸到你芬芳的心

却只好将记忆存入远行的包囊

不小心，将一枚莲花烙在心里

我有长剑，一汪锋利的秋水

却破不了莲花的劫

那一缕似有似无的爱意

化成蝶，化成仙，化成断桥上那一纸黄铜伞

真是不小心，被一枝莲花刺中，无可救药

瓶子

寿星林　　2010 年 5 月 10 日

想在一只瓶子里装上我

旁边的那只，装上你

透过瓶子，每天看着你

听你的呼吸，你的心跳

你也日复一日，将我注视

送来透明的目光

只要一点力量，透明的瓶子就会碎去

我能完整将你拥抱

所有的夜晚，只为白天

所有的白天，只为穿越

微笑

寿星林　　2012 年 4 月 12 日

你的微笑，似那些年苕溪河边的脚步，清澈、纯粹、没有杂质

你轻轻地走过来，坐在我身边，告诉我：等我很久了吧

我惊慌失措、我茫然无知、我自信自卑

像是早晨醒来时，发现自己坐在儿时的果园中

四周是清新的空气、露珠、鸟儿的鸣叫

幽幽的果香，透过纸包扑面而来，黄土中活动着昆虫的天真

在开满白色花朵的道路尽头，绽开着你丁香一样的微笑

刹那间，一颗心收藏了另一种悸动，一种呼吸渗透了另一种混浊

我窒息、我逃跑、我软弱、我坚强、我矛盾、我坦荡、我呼喊、我飞翔

也许在唐朝时，我们就认识

那时，我是一个心中有诗的美少年，你是一枚丁香一样的微笑

在长安偶遇、在洛阳分离、在江湖间笑傲、在故事里传说

经历多少世的轮回与因果，心中有诗，静静期待黎明

记不起当年的面容，也记不起当年的相依

只记得在铺满鲜花的道路深处

一个结着丁香的微笑，若有若无，在无常中飘移

台风即将到来

寿星林　　2009 年 8 月 8 日

台风即将到来，我已经等待了一个日夜

我等待着那激风快雨式的酣畅淋漓

我等待着摧枯拉朽式的张扬与放纵

台风即将到来，而天空显得异常平静

也许在风雨到来之前，总是以低调开始

我期待台风，因为我知道她是短暂的

一旦来到，就将远去

黎明般的光线与清新的空气，将完整地包围全新的我们

台风将把陈旧扫尽，将新的希望降临人间

这就是为什么我一直在等她的原因：让风雨来得更快些吧

前一个夜晚，我在充满思念中度过

怀旧的诗情一度占领我的全身

逝水年华流过这个城市，《超级女声》中的歌声如此动人

流光溢彩的道路

从近二十层的高度俯视更加美艳得像一杯醇香的拉菲

在台风即将到来了，门外天色渐黑，好像天空拉起了幕布

好戏即将开演，所有的观众，屏息期待着她美妙的舞姿

我知道，她的强大足以让黑暗感到畏惧、让大地战栗、让海洋狂笑

我知道，我知道，我知道，因此，我期待

哪怕只是一分钟，对我而言，就是永恒

冬季提前来临

寿星林　　2008 年 11 月 10 日

冬季提前来临

一场忽然而至的危机，让许多人失去保护

从而明白了，每天我们曾经与魔鬼同行

冬季提前来临，并不意味着，候鸟已经先行

更大的死亡停在空中

不是死于猎枪的阴谋，一场突如其来的流感

而是落进了季节的深渊里

虽然没有雪，死一样的潮湿已经蔓延

面对西湖，心中一泓秋水

缠在这最温暖的城市，拥这最风情的街道

世界已经将放弃留给许多人们

许多人们，一定死于冬季的提前到来

只为寻找一件棉袄，把期待燃烧

却忘记了温暖的意义、火的价值

风的知音是天空，而此时天空沉默是金

生灵涂炭啊，危机横跨海洋

冬天没有界限，直逼人心

在这样一个大前奏里，我们需要怎样

才能举起命运的火炬

难道再透支我们的自信吗

难道再透支我们的激情吗

难道让我们完全服从金钱、肉欲、无知和贪婪

不做一丝丝的反抗吗

不，我们必须战斗，与自己的可怜争斗

与住在我们里面的那个上帝争斗

与无休止的冬天争斗

不是你死就是我活

当冬季提前到来，爱情也无法让灾难止步

一切最凶狠的打击，将迅雷般落下

创造新的空间、新的时间、新的结构

当冬季提前到来，天空中星光依旧

我们最怕的是，在这样的夜晚

我们爱着的人们，因寒冷

无法入眠

我就是那个人

寿星林　　2010 年 5 月 20 日

其实，我就是那个人

在你降临人世之前，我先一步到来

为你准备好衣裳、粮食和火

为你在湖边搭一座简陋的小屋

我先一步到来，只为你后一步回家

可我也知道，我会先你一步回到上帝那里

那时，是你深情地将我送别

你为我准备好棉衣、鞋子和水

你知道，我将宿命般在时光中流逝

你还知道，我又将先行一步，在后一世，静静地将你等待

别再左顾右盼，我就是那个人

不敢说出我爱你

寿星林　　1994 年 3 月 22 日

（一）

在有风的日子

大街上人海茫茫

你是一场江南的春雨

轻轻击打我的窗棂

绵绵不绝恍如天空的一种暗示

可是我不敢说要见你

我怕

怕我的目光将你变成不安的小鹿

然后还是像一场温柔的梦

结束在蓝色桥首

我更不敢说会想你

可我虚伪的表情总是那么的言不由衷

其实我怕

怕透露我的心事

温柔的叹息让你感到惊奇

然后，再也听不见电话中你纯纯的语音

一段故事也从此没有结局

我再也不敢说出我爱你

我只想轻轻地，轻轻地将你注意

注意你珍贵的眼神

你淡淡的光彩的羽毛

你的树枝上，缀满星光

而我却失去所有的勇气

期盼与热忱

因为，我还是怕

怕你像蝴蝶悄悄遁去

怕永远一个人走很长的路

在有风的日子

大街上人海茫茫

你是一场江南的春雨

轻轻击打我的窗棂

（二）

我们的手心里握着一个美丽的谜底

我们紧紧地握着

像握住所有的幸福与猜想

我们像是进行着一场唯心的游戏

谁都不想事先认输

眼睛望着眼睛的时候

我们渐渐忘记那是我们一生的幸福与猜想

你闭上眼睛说：你猜

我同时关起了我的窗口

有一天，你说累了

我帮你掀开红头巾，掀开我一生的谜底

在白发中间，是我心爱的红颜

盔甲

寿星林　　2008 年 10 月 20 日

每次拖着沉重的盔甲，我就抱怨

没有战争为什么还穿着它

盔甲对我说：你离不开我，因为你太虚弱

难道是这难看的盔甲让我变得强大

每次我狠狠心，想要丢掉这可恶的东西

它这么沉重，虽然金光闪闪，但真的对我重要吗

外强中干，生活是苍白而无力的，没有真诚，无法通透

盔甲却说：别抛弃我，请你拥抱着我，我会让你得到一切

我对盔甲说：你总是在骗我

你让我一个人面对整湖的水，整个夜晚

我想去旅行，徒步，带着你，我将寸步难行

盔甲却说：大风雪即将来临，没有我你会裸死于荒野

盔甲啊盔甲，你不知道，其实是我在护着你

其实世界上最柔软的爱情就可以穿透你

只是我不愿意去接受改变

哈哈，盔甲笑道：那你说个啥，你爱的还是你自己

我茫然了，原来是因为我爱自己而无法爱上别人吗

还是因为盔甲占据了一个本来属于温柔的位置

我发狠地说，我再也不需要你了，因为我看透了你虚伪的面孔

你总是在骗我，你只是让我苍老

你总让我远离爱情

我要你有何用呢

盔甲说，那你试试看，没有我，你将一无所有

一湖的春水与一无所有的未来，让我选择

我想，就让我选择一湖春水吧

我穿着盔甲，与盔甲一起温柔地死在湖中

盔甲大惊，你当真要放弃我吗

是啊，我选择白衣飘飘了

我选择放肆地握住情人的手

我选择浪漫的山道与整个西湖的夜

我选择自由，再见了盔甲

我一定与你再见

我喜欢你的夸奖

寿星林　　2009 年 2 月 19 日

（一）

我是一个孩子，我的每一天，都需要你的夸奖

我的每一天都需要故事，关于灵魂、关于诗歌、关于历史

那么，你现在在哪里呢

晚上我做梦，梦到自己在一条绿色的乡间小道奔跑

前面是果园、小河、白色的围栏、童话的房子

我能在前面的世界里找到你吗

我遇见奥修，我问他，圣人，我的那个人在哪？

圣人说，一切在心，在你里面

我遇见波德莱尔，他说问树问花问山川大地，他们都能告诉你

假如，有幸让我遇到你，我一定将你拉住

在任何时候，在任何地点

我都会毫不犹豫地跑上去，将你牢牢地握在心里

因为，没有你的夸奖，天空不是天空，大海不是大海，时间静止不前

假如你真的已经来到世上，请在人群中第一时间认出我

认出那个需要你夸奖的、你生命中最重要的人

然后告诉他，跟我回家，我要好好夸奖你、欣赏你、把你握在心里

（二）

如果我们在一起，我希望你每天都能夸奖我、欣赏我

因为你的夸奖，就是我的早餐、中餐、晚餐

此外奖赏，对于我而言，都不重要

每天早晨，当阳光照亮东方的天际

我希望听到你的夸奖，只有你的夸奖

能够让我活在当下，在一天新的开始，蓄满奔跑的动力

每天中午，当我行色匆匆，疲于奔命

我希望听到你的夸奖，哪怕只是一个电话、一条短信

这些能让我微笑面对一切，内心不再空虚而惆怅

每天晚上，暮色如诗，浪漫降临

我希望听到你的夸奖，闻到一丝丝你做的晚餐的味道

我知道，因为有你，我每个晚上都如饮醇酒、陶然入醉

我是一个孩子，在你的面前，我变得如一一样简单

我一点儿心事也藏不住，也不想藏

是你温柔的夸奖，将我包围，把我保护

噢，我真是离不开你的夸奖，离不开你的欣赏

当然，人生如在路上，你的夸奖对应的是我对你珍宝般的重视

因为我就是你，你就是我，其中再也没有什么，再也跑不掉

两个彼此照耀的灵魂，一定能释放出更加灿烂的光、水和绿色

想去旅行

寿星林　　2006 年 10 月 13 日

想去旅行

去一个无人烟的山间，只有树、只有水、只有鸟

想去很远的地方旅行

让心情飞翔，飞得很高

飞得接近唐朝

没有翅膀，没有远行的盔甲

像一个农民一样

赤手空拳，步行在无人的山间

与风对话，与土地心灵相通

夜深人静，明月高挂

这个时候，最接近唐朝

只为寻找一首诗、一块净土

一段可以放声朗诵的时光

不惜放弃白天、放弃阳光、放弃水中的生活

很想旅行，不带走任何一点东西

来去自由，出入有无

纯净，山间，有神灵讲述天音

只有纯净的心灵

听得见。

与你同行
——写给一起创业的江南少年

寿星林　　2018 年 8 月 27 日

在前进的路上，与你同行，我们不会孤独

在创造的路上，与你同行，我们更加坚强

好兄弟，好姐妹，来吧，一同穿越荆棘，抵达彼岸

江山易老，酒未酣，世事浮沉，雄心在

年少轻狂，化成智慧与淡定

当年醉酒时的誓言，用脚步来表达

西湖边，杨柳岸，留不住，风光无限

美好年华里，征战是我们的责任

少年风景中，奋进是我们的宿命

让我们击鼓扬帆

每一步，都是江南少年的歌曲

风雨，无法打开我们紧握的双手

高山，无法阻挡我们征战的马蹄

雄鹰，惧怕我们飞翔的身姿

孤独，无法让我们再一次脆弱地哭泣

我们是鲲鹏，来吧，与你同行

在一切有知与未知的交织中

在光线、数学、文字、历史的融合里

过去、现在、未来将同时呈现出哲理与思考

双手握住历史，感受沧桑无限

双脚坚定地种在时代的土地上

双眼遥望灿烂的星空、湛蓝的未来

我们需要，你智慧的微笑、年轻激扬的喊叫

我们需要，你诚信的风范、知性理智的选择

我们需要，你创新的求索、白天黑夜的坚持

来吧，与你同行，让我们一起征战十年

来吧，与你同行，让我们共同谱写墓志铭

用年轻、用奋斗、用白天与黑夜

记住这个时代，我们一起度过的光辉岁月

后　记

艰难的戊戌

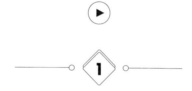

艰难的戊戌

2018 年（戊戌年）初的一个夜晚，一轮妖异血红的月亮当空。很多人觉得惊艳，我却觉得这抹血红色隐隐有些杀机。此时，没有人知道，热闹了一个周期的金融混业与资管创新潮将在 2018 年终结。2018 年我们的国家与这个国家的很多人都将很艰难。

2018 年春天的杭州，一整天都是热的、闷的、流汗的、焦虑的。百花齐放的季节，对于互联网金融行业而言，却是艰难时刻。4 月，清明节刚过，29 号文重磅落地，文件的主要意思是互联网平台不能再销售资产管理产品了，要卖可以，必须要有牌照。而互联网平台与金交所的合作也列入严格的控制与监管之中。在鼓励万众创新的年代，没有人告诉你，从事金融服务这个行当必须要有牌照，因为谁都知道，牌照需要多少钱。如果一定要有牌照，那就意味着政府要严格控制了。执牌是我意料之中的趋势，却也是出乎意料的严厉。对于从事金融服务这个领域的创业者而言，只要是本着善良初心的人们都会备感压力。金融这个游戏的规则是起步难，停下来也非常难。作为一个持续经营的企业，如果之前没有充分准备，那么很显然会在这一轮政策监管中被"抹杀"。

4 月底，互联网金融的重要板块 P2P 网络借贷的备案被紧急叫停，市场一片惨叫声。少数一些平台叫着自己有多合规，同业者一片沉默。P2P 网络借贷所付出的合规成本已经无法用钱去计算了，但是真的能搞合规吗？真的可以有空间持续经营吗？我个人持比较悲观的态度。没过多久的 5 月初，几个部委联合发布的关于规范民间借贷的重量级文件下发，超级放贷人噤若寒蝉。吓死人啊，创业创了半天，说你错，你就有可能全错了，还没有回头路。**P2P 网络借贷从某种意义上讲就是超级放贷人。在去杠杆的大背景下，国家还会允许这种模式存在吗？等待大家的也许是牌照制。那么有多少人可以获得牌照呢？**

5 月中旬，资管新规也正式发布，从而进一步压缩了金融机构表外业务的空间，政府平台更难了。房地产也将紧随其后。债市周期性违约风险的可能性正在逐步加大。天津、云南、湖南等地相继发生了零星的违约事件。3 月份，针对政府融资平台监管的 23 号文已经让政府融资平台叫苦连天，这份文件的意思很明确，严禁国有金融机构向政府融资平台违规输血，这将直接导致政府融资平台的资金断流。我在一篇文章中曾经为平台公司讲过话。**在过去二十年的经济发展中，政府融资平台可谓功不可没。没有平台公司的努力，地方建设投资的速度没有这个级数，中国经济在过去的增速也不可能存在。虽然过去的功劳已成为历史，但我们不能忘记历史。**江浙一带的一般性财政收入也不够公共事业的支出，更不用讲欠发达地区的了。除了地方发展需要花钱，扶贫、交通、教育、医疗等都是花大钱的地方。我个人认为不是所有地方政府花钱的初心都是奔着 GDP 考核的。钱花下去了，老百姓的生活确实改变了。财政部力推的政府融资平台转型方向是正确的，但是需要时间。比如江浙一带的平台经过两轮以上的周期已经调整到主流融资方式为发债、PPP 等。而中西部地区的融建模式，以金融机构贷款、表外非标融资为主流。用过于强硬的方式着陆，必将提前或局部引爆金融危机。

对于数牛金服而言，我们依然很庆幸，过去十来年我们服务的用户全部都是地方政府平台。平台公司将投资人的资金用到了新型城镇化建设领域，从公共部门投资角度看，这拉动了地方经济的发展。比如贵州，每个县基本上都通了高速；比如安吉，是"两山理论"的发源地，是中国美丽乡村的代表；比如阳泉，我们为其架起了浙江民间资本与山西城镇化的桥梁。我们做的每一个项目，都是真实的、落地的。我和团队也算对得起投资人的每一分钱。**过去多年的创业之路，我们所付出的努力，看得见、摸得着、能落地。**

在无数个小会之后，公司选在安吉的一处白茶山谷中召开主要骨干的战略升维会议。我在去机场前给大伙讲了一个半小时，回顾创业之路，检视初心与每一个细节，分析国内外形势。我想说的一个重要意思就是：**金融是需要被监管的，特别是民营金融，先天不足，是创新之源，也是混乱之源。我们要适应监管，并提升自我。只有适应常态化的监管，我们才有可能做好这个行业，才能获得可持续发展的生存基因。**这个会议很重要，让大家开始视监管为一种常态。在这个会议上，公司未来的基本战略被确定下来，同时，团队也深感自身的不足。2018 年，活下来，就是硬道理。创业就是一个折腾的过程，有时候前进与后退都在一念之间，天堂与地狱近在咫尺。

5月，中美贸易战开"打"，中兴通讯被禁购美国的芯片。此时，作为被全球不同人类接受的大型共识机制比特币出现了回升。还是5月，终于有人站出来讲，中国要从去杠杆转为稳杠杆。市场对未来的悲观情绪有了一丝回暖。也是在5月，中国民营企业百强之一、浙江民营企业的标杆DA集团向省政府行文救助，一笔6亿的公司债没有发行成功，导致了资金链断流。而让人莫名的是，就在这个月，一位专门为上市公司母公司与老板们提供临时过桥借贷的兄弟发财了，虽然有一亿坏账，但利润数亿，去杠杆之下，企业倒下了，钱依然按照规则流向远方。5月，贸易战开"打"，或将改变些什么。

创业的风险

创业是有风险的。在举国狂欢、热情追捧万众创新创业的时候，没有人会感受到风险。在流动性泛滥、垃圾也能值几十倍PE的年代，没有人会在意风险。但是创业却真正是有风险的。

1. 创业的人与成功率

并不是什么人都适合创业。**"能受天磨真铁汉，不遭人忌是庸才"**，左宗棠的这句话点出了一些意思。包括我在内的几乎所有的创业者都是奔着成功去的，可成功率又有多少呢？那些今天在台上刷脸的兄弟姐妹们，几个月后安在？不适合创业与极低的成功率，给我们的创业带来了巨大的风险。而今，又有几人想着从零开始，花上十年时间、不花亲朋好友的钱、不花投资人的钱去做一件事呢？新的创业常识一直在教我们要快，快点长大、快点融钱、快点卖掉！

政策的不确定性是创业最大的风险之一。时代的发展、科技的发展，让所有人都在无人区与深水区探索，这其中也包括了政府。在政府支持的环境下，很多项目看上去好看、美丽。然而政策一有变动，市场便会变化无常。民营金融就是这样一个灰色地带。哪怕你做得再认真、再干净，也会有无可奈何的时候。作为创业者，我也非常理解政府出台的相关监管政策，金融没有规矩就会出现像某租宝这样的公司，劣币驱逐良币，引发更大范围的民生问题。再比如之前力推的 PPP 模式，到了 2018 年，也开始反思、整顿、清理。在去杠杆的背景下，什么都会有做错的可能性。

那么，我们就需要从不确定性中突围出来。人生下半场到底要做什么？什么是可以一直做下去的？做什么、怎么做才能让我们平安地度过此生？

2. 团队的风险

创业十多年，我始终认为公司最有价值的是人。没有合伙人、没有团队，就没有公司的历史。公司的历史是由人写就的。所谓团队风险，一方面来自我这个领头人。公司领头人不学习、不提高、不升维，团队就会原地踏步，公司就会进入茫然的状态。在当下这个时代，创始人很难一辈子坚持做一件事情，机会主义时时会侵蚀我们的内心。另一方面来自中层干部，这历来是我们公司的短板。中层干部的质量决定了公司发展的深度与扎实度。中层干部的效率靠什么来保证？我想一是基本素质，选人的时候应提高一些标准；二是靠公司机制的引导与管理；三是靠文化的影响与教育。还有一方面是新生力量的培养。数牛学院就是为了培养新生力量而设立的，我们希望长江后浪推前浪。在带人、管人、培养人方面我做得还不够。

3. 用钱的风险

我们是一家在投资与花钱上相对保守的公司，公司从没有钱起家，一直倡导的是节俭的文化。我对公司的要求是，一定要能通过正向现金流活着。我们融过两轮资，却没有能力将融来的 5000 万元花掉，一是我们不敢乱花，花钱是要有目标、有效益的；二是由于高度不够，我们真的不知道钱花在哪里才是最踏实的。比如在买牌照方面我们一直没有舍得花钱，现在好了，样样都要有牌照，想花钱就要付出更高的成本。这是我本人的局限，也给公司带来了可持续经营上的风险。当然较为充足的现金准备也为公司转型与发展带来了稳定的心态。事物总是一体两面地折磨我们。也许这就是创业本来的面目。**在创业路上，往往是在不差钱的时候，人的心思最活、警惕性最弱、风险最大。**

4. 想做大的风险

一直有人教育我们要快，要快速做大，"天下武功唯快不破"。过去五年中，虽然我很想做大，却一直不敢做大。做大规模的方式有很多，有的要牺牲利润，有的需要放松风控，有的需要持续加大投入。公司的组织体系、团队素质、运营能力、资源配置等要素决定了公司很难通过单一方式而没有后遗症地做大。大而不强，或者说是虚弱的大，是我们宁可不要的。我们一直在平衡的就是系统建设与发展速度的关系。系统不足以支撑发展的速度就会出现大风险，而对于创业组织而言，要么赌一把，ALL IN 所有，要么还是静下心来，苦苦积累，尤其是与金融搭边的，更不能以做大为目标。

未来的选择

站在一个个路口上，创业的我们始终面临着选择。我们在文化上的选择一直是清晰的：**善意是公司文化之根本，真诚是团队相融之基石。心善志坚是我们做人、做事不二的选择。展望未来，一个科技时代扑面而来，我们能否跟得上节拍？**

然而，2018 年的压抑与闷热完全破坏了创业那种劳苦中的愉悦感，这种不确定性带来的是一种极度的不安全感。这种危险的感觉，只有冲在最前面、离炮声最近的人才能感受到。无边的灰色，漫过整个 2018 年的上半年。2018 年让人更直观地感受到，任何风花雪月式的创业与情怀，在严峻的现实面前都将变得一文不值。

每每到艰难时刻，我都会追本溯源。因果如丝如线，连接人生的每一个节点。源头指向根本，而这个根本就是内心。**我们创业的早期动力是什么？我认为源自恐惧，那是一种对贫穷与寂寞强烈的恐惧。**当我们勇敢前行或者压制恐惧负重向前的时候，我们深感焦虑，总是担心慢人一步，因此付出了很多。一晃人生已过去一半，白发挂上眉梢，什么才能抚慰我们的内心？所谓的上下求索而求之不得，也是十分平常的事情，我们又如何平复内心的悲伤，继续走得更远？恐惧不足以让我们平安地走完一生，我们如何升维？如何在一种巨大的不确定状态下获得内心的平静与健康呢？

焦虑源自恐惧，是一种节奏的失衡，而把握节奏需要我们拥有强大的自信与意志。这也许就是人生的修行。没有这个痛苦不堪的过程，我们很难真正意义上到达彼岸，那诗和远方也会在我们的"星空"一闪即逝。人生争渡之舟即是我们本身。"归去来兮，田园将芜胡不归？既自以心为形役，奚惆怅而独悲？悟以往之不谏，知来者之可追。实迷途其未远，觉今是而昨非。"少年，一路向前，内心之田园可荒芜？

昨晚我看了《复仇者联盟3》，当时没有理解：为何正义最终没有战胜邪恶？代表宇宙未来的六颗原石全部被灭霸获得，他一弹手指，我们喜欢了十年的英雄一多半灰飞烟灭，最后，这位仁兄带得宇宙第一人的寂寞，在一座草庐下俯瞰美丽的夕阳，影片结束。150分钟只告诉我们一个道理：真正的强大是不可战胜的。

那么，我未来的选择会是什么呢？也许是，不可名。2018终将成为过去。在人生道路上，回首这个时点也许只是增加了丰富的色彩，让我们本来寂寞的生命变得更加神秘而未知。江南的少年，恐惧未知；江南的少年，也在颤抖中，无限地渴望未知。

未知啊，多么让人敬畏。

寿星林

2018年5月

致我亲爱的团队

　　我和最早在一起的团队，从 2009 年算起，相识已经快 10 年了。在技术团队中，我与老高一路走来的团队，相识最早可以追溯到 17 年前。老高是我临安中学的学弟，比我低一届。我们一起从临安走出来，在杭州这块风水宝地成家立业。我们和亲爱的团队成员们，在这个百舸争流的年代，拼尽一切力量，只想让生活变得更加美好一些。多年以来，团队也早已与我们俩血脉相连、灵魂共舞。

　　合伙人是创业过程中不可或缺的支撑，是我们事业中的另一半。独木难成林，感谢我的合伙人高航先生，他如一面镜子，可以照见我之不足。在很多方面，我从合伙人那里看到了自身迭代与升维的方向。我们有很多次争论，甚至争得面红耳赤过，基本上每一次都是老高顾全大局，而我则幡然顿悟，于是我们便有了再一次的一拍即合。合伙人制度让我们学会了如何采纳与吸收团队的智慧，为公司的前进增加动力、降低风险。同时，我们也探索了一条合伙人之间共同创业、彼此成就的去中心化道路，从而达到你中有我、我中有你、共谋共进。

　　我们的团队中有太多优秀的伙伴。这个优秀不是指有多高的学历、从多高大上的学校毕业、有多少年留洋的经历。一群懂国情、会做事、接地气、有情怀的人聚在一起形成的诚实善良的文化是创业得以更上一层楼的重要力量。我们就事论事，我们敬业爱岗，我们视用户为自己的家人，我们不盲目、不赶时髦，我们聪明、肯学习、知底线。

因此，通向"远方"的我们的路是由我们整个团队走出来的。它由许多个细节组成，它由每个夜晚的灯光组成，它由每一串代码组成，它由每一次服务组成，它由朵朵灵感之花组成。

这本文集是由我和高航的一些随笔组成的，所思所想，皆来自亲身体验。所欲表达的思考，旨在进行一次系统的梳理，形成更好的公司成长逻辑。文笔之稚嫩、思想之浅薄，可见一斑。在此，我们俩虚心接受所有团队与合作伙伴的批评。假如有一天我们能更成熟一些，我们的公司能做得更好一些，我们会奉献更好的内容与诸位分享。

一个全新的时代来临了，时代承载了更多的机遇与恩赐。它必将给予我们更美好的生活。我相信，通过我们的努力，"持善念，讲真话，做好事"，一切都将水到渠成。

寿星林

2018 年 1 月